OLIVIER GUEZ | JEAN-MARC GONIN
Die Mauer fällt

OLIVIER GUEZ | JEAN-MARC GONIN

Die Mauer fällt

Ein Tatsachenroman

Aus dem Französischen
von Helmut Reuter

Piper
München Zürich

Mehr über unsere Autoren und Bücher:
www.piper.de

Mix
Produktgruppe aus vorbildlich bewirtschafteten
Wäldern und anderen kontrollierten Herkünften
www.fsc.org Zert.-Nr. GFA-COC-001223
© 1996 Forest Stewardship Council

ISBN 978-3-492-05233-7
© LIBRAIRIE ARTHÈME Fayard 2009
Copyright der deutschsprachigen Ausgabe:
© Piper Verlag GmbH, München 2009
Satz: Fotosatz Amann, Aichstetten
Druck und Bindung: CPI – Clausen & Bosse, Leck
Printed in Germany

»Betrete nie einen Raum oder ein Land, wo die Tür nicht von innen zu öffnen ist.«

UNGARISCHES SPRICHWORT

Dieses Buch beruht auf veröffentlichten Erinnerungen, historischen Dokumenten und privaten Berichten. Wörtlich belegte Zitate und Quellen sind im Text kursiv gesetzt. Alle anderen Dialoge und Protokolle von Gesprächen zwischen den unterschiedlichen Protagonisten sind auf der Basis von Interviews mit zahlreichen betroffenen Zeitzeugen sowie der Verarbeitung öffentlich zugänglicher Quellen gestaltet. Persönlichkeiten aus der Politik und Prominente treten unter eigenem Namen auf, die anderen unter Pseudonym. Wir wollten sie nicht dadurch in Verlegenheit bringen, dass wir die – manchmal intimen – Details weitergeben, die sie uns im Laufe vieler Gesprächsstunden mitgeteilt haben.

JEAN-MARC GONIN UND OLIVIER GUEZ

Inhalt

Die hundertjährige Mauer

Ostberlin, Nacht vom Sonntag, 5. Februar,
auf Montag, 6. Februar 1989

Zwei Männer, die Gesichter mit Kohle geschwärzt, gehen
am Kanal im Stadtteil Britz entlang. Vorsichtig und ungehindert überwinden sie eine erste Sperre, dann eine zweite,
die mit dem zentralen Sicherheitssystem der Mauer verbunden ist.

Eine Sirene durchschneidet plötzlich die kalte Nacht;
automatisch durchfluten Scheinwerfer den Bereich, in dem
sie in der Falle sitzen; von einem nahe gelegenen Wacht-
turm aus feuern drei Grenzposten Warnschüsse ab. Panisch
laufen die beiden Flüchtlinge im Zickzack, um den Licht-
kegeln zu entgehen; sie versuchen, die Spree zu erreichen,
um hineinspringen und an das andere Ufer gelangen zu
können.

Eine wie aus dem Nichts auftauchende Wachpatrouille
nimmt sie aufs Korn. Einer bekommt zehn Kugeln in die
Brust. Er stirbt sofort. Der andere wird am Fuß verletzt und
von den Grenztruppen festgenommen.

Plätz, Hauptquartier der ostdeutschen
Grenztruppen, Mittwoch, 8. Februar 1989

Mit einem Satz nehmen sie Haltung an. Generaloberst Klaus
Dieter Baumgarten, Chef der Grenztruppen der Deutschen
Demokratischen Republik, betritt den Raum. Verärgert blickt
er sich um, und es kostet die acht vom Generalstab abgeordneten Generäle und Obersten keine Mühe, den Grund dafür
zu erraten. Nachdem es Gerüchte gab, dass der seit dem Mauerbau am 13. August 1961 halboffiziell geltende Befehl zum
»tödlichen Schuss« hinfällig sei, haben schon zwei Männer
versucht, die Grenze zu überqueren. In der Nacht vom 5. auf
den 6. Februar hat sich ein »bedauerlicher Zwischenfall« er-
eignet.

»Genossen«, schnarrt Baumgarten, »feindliche Elemente
im Sold des Imperialismus sind bereit, jedes Risiko auf sich zu
nehmen, um sich unseren Feinden anzuschließen. Die Berliner Flüchtlinge haben sich eines Verbrechens der versuchten
Republikflucht schuldig gemacht. Die Grenzwächter, die sie
abgefangen haben, haben ihre Pflicht erfüllt und sich helden-
haft verhalten. Diese tapferen Soldaten haben schriftliche
Glückwünsche des Genossen Erich Mielke bekommen. Sie
werden demnächst ausgezeichnet, erhalten eine Prämie, und
die Staatssicherheit wird ihnen nächsten Sommer einen
zweiwöchigen Sonderurlaub in einem Feriendorf an der Ost-
see genehmigen. Was den vor zwei Tagen verhafteten jungen
Mann angeht, so wird er verurteilt werden. Und den Verwandten von Gueffroy, dem Opfer, ist mitgeteilt worden, dass
er bei einem tragischen Grenzzwischenfall verstorben ist.«[1]

---

1 Die Angehörigen von Chris Gueffroy konnten sich nie um seine sterbliche Hülle versammeln, da die Stasi den Leichnam sofort hatte verbrennen lassen, was in vergleich-
baren Fällen üblich war, damit niemand die Todesursache feststellen konnte.

»Diese Angelegenheit«, fährt der General fort, »kommt, Sie ahnen es bereits, äußerst ungelegen. Sollten die westliche Presse und das Kanzleramt zufällig etwas über die genauen Todesumstände Gueffroys erfahren, würde die DDR erneut verleumdet. Im Jahr des 40. Jahrestags unseres Arbeiter- und Bauernstaates dürfen wir jedoch nicht isoliert werden.« Er setzt seine Schildpattbrille auf und wiederholt mit erhobener Stimme:

»Die Grenze, die Berlin teilt, ist die am schwersten zu überwindende Grenze der Welt. Doch trotz der kürzlich erfolgten Errichtung zusätzlicher Metallsperren und der Konstruktion ferngesteuerter Pforten in gewissen Abschnitten haben meine Dienste in den letzten Jahren einen erneuten Anstieg gelungener Ausbrüche festgestellt. Zur Freude der westlichen Medien. Für die Zukunft müssen wir ein sehr hohes Sicherheitsniveau aufrechterhalten und die Grenzkontrollen weiter verstärken. Aber wir müssen das anders angehen. Die Anweisungen sind klar: Kurz gesagt, mehr Hochtechnologie als Blutvergießen. Deshalb ist es absolut notwendig, die Vorbereitungen und die Umsetzung des Plans für die High-Tech-Mauer-2000 zu beschleunigen.«

General Baumgarten zieht einen dicken Packen mit Plänen und Skizzen aus seiner Mappe. Während seine Untergebenen die Dokumente durchblättern, die er an sie hat verteilen lassen, geht er zum Fenster. Dichter Schneefall geht über der brandenburgischen Ebene nieder; auf der Straße schlittert ein Trabant über den weißen Puder.

Die High-Tech-Mauer-2000: seine letzte Herausforderung, die ehrgeizigste von allen! Seit 35 Jahren arbeitet er für die Sicherung und den Schutz der DDR-Grenzen, speziell an der Mauer. Vor ihrer Errichtung hatten jährlich bis zu 300 000 Ostdeutsche, von denen die meisten jung und gut ausgebildet waren, das Land verlassen. In den ersten Stunden des 13. August 1961 hat dann Erich Honecker, der künftige Generalsekretär der Partei, den Ablauf der für den Mauerbau unabdingbaren Umzingelung überwacht: Schließung von 13 U-Bahn-Stationen und der meisten Übergänge zu den West-Sektoren, Neuorganisation der gesamten Infrastruktur, der Verwaltung sowie der Gas-, Wasser- und Stromnetze. Die provisorischen Stacheldrahtsperren und die mit Stacheldrahtrollen gekrönten Mauern aus Hohlblocksteinen hat man anschließend durch vorgefertigte, oben mit einem runden Abschluss versehene Mauersegmente aus dickem Stahlbeton von 3,6 Metern Höhe ersetzt.

Der General ist mächtig stolz auf diesen an manchen Stellen 100 Meter breiten Grenzstreifen, wo nicht weniger als elf Reihen von Hindernissen auf die Grenzverletzer warten. Seinen Besuchern, Delegationsmitgliedern aus den Bruderländern, zeigt er gern Einzelheiten der Alarmsysteme, die Stolperdrähte, mit denen Leuchtraketen ausgelöst werden, die im Beton verankerten Stahlspitzen, die Hundelaufwege, die Panzergräben, die als Hindernisse für die Fahrzeuge allzu Wagemutiger vorgesehenen Spanischen Reiter, die am Fuß des inneren Gürtels ausgelegten Nagelbretter, deren zwölf Zentimeter lange Spitzen einen Menschen, der von der inneren Mauer herunterspringt, buchstäblich am Boden festnageln können. Vor der Spree, dem Fluss, der die beiden Stadthälften streckenweise voneinander trennt, erläutert er ihnen die Funktion der Unterwasseranlagen, der nagelgespickten Stahlplatten und der an Schwimmkörpern befestigten Sperren; er verweist auf die wirkungsvollen, unter Strom stehenden Gitter, die den Zugang zu den unterirdischen Kanälen zwischen den beiden Teilen Berlins verhindern. Von der asphaltierten Straße, die innerhalb des Grenzbereichs verläuft, können sie den Ring der 260 Wachttürme betrachten, die zwischen dem Westen und dem kleinen Volk von Berlin stehen, das von der Ausreise abgehalten werden muss.

Baumgarten denkt noch an diesen glanzvollen Tag im August 1961, als eine bunte Menschenmenge, begeistert kleine dreifarbige Fähnchen mit Ähren, Hammer und Sichel schwenkend, über die Straße Unter den Linden gezogen war. Auf diesen wie ein Volksfest wirkenden Mauerumzug waren in den Jahren darauf Militärparaden, Manöver, Vorbeimärsche und Versammlungen der FDJ (der Jungkommunisten) gefolgt, deren Glanz und Pracht er nicht vergessen hat.

Draußen ist der Schneefall heftiger geworden. Langsamen Schrittes, mit sorgenvoller Miene, wendet der General sich wieder seinen Leuten zu. »Damit wir die tödlichen Zwischenfälle reduzieren können, soll uns die High-Tech-Mauer-2000 ermöglichen, jeden, der sich der Mauer nähert, schon lange bevor er die ersten Sperren erreicht, aufzuspüren und zu verfolgen. Mit der Zeit werden alle Fluchtversuche durch ein elektronisches Überwachungssystem aufgezeichnet werden, das sich zunehmend weiter vor den Einrichtungen der Mauer befindet.« Mit monotoner Stimme spricht er von Bewegungsmeldern, die auf Kletterversuche reagieren, von akustischen Infrarot-Detektoren, von neuen Sensoren entlang der gesamten Grenze. Die Grenzpatrouillen werden künftig mit mobilen Sendern und Infrarotgeräten ausgerüstet sein.

»Sie verstehen, Oberst Hoffmann, warum die Ergebnisse des Geophysischen Zentralinstituts Potsdam in Hinblick auf die Registrierung von Erdbeben mit größter Ungeduld erwartet werden.«

Hoffmann, Vertreter der Abteilung für Materialplanung der nationalen Verteidigung, erhebt sich zögernd.

»Sie sind noch nicht fertig. Die letzten Versuche haben ergeben, dass unser System noch nicht imstande ist, Personen von Tieren zu unterscheiden. Auch hat sich die Lieferung von Zubehör und Chips seitens der Elektronikkombinate mangels Finanzierung verspätet.«

Baumgarten schlägt mit der Faust auf den Tisch.

»Die sind unfähig! Setzt euch zusammen, damit die ihre Planvorgaben einhalten. Die High-Tech-Mauer-2000 hat absoluten Vorrang!«

Erster Teil

Die Oktober-
revolution

1 Der Herbst des Patriarchen

Wandlitz, Waldsiedlung[1], Wohnanlage
für die Mitglieder des Politbüros der SED,
Freitag, 6. Oktober 1989

»Guten Morgen, Uli, gut geschlafen?«

»Sehr gut, danke, Genosse Erich«, antwortet die junge Hausangestellte mit schüchternem Lächeln, ehe sie sich davonmacht. Erich Honecker geht weiter zum Badezimmer.

Seit seiner Rückkehr aus der Klinik hat es sich der Generalsekretär der Sozialistischen Einheitspartei Deutschlands (SED) zur Gewohnheit gemacht, sich jeden Morgen zu wiegen. Er sieht schlecht aus. Er streckt die Zunge heraus: Sie ist weißlich belegt. Am Abend zuvor hat er sich unvernünftig verhalten. Gegen den Rat seiner Ärzte – einige Wochen vorher haben sie ihm einen bösartigen Darmtumor entfernt – hat er sein Lieblingsgericht vertilgt, Kassler mit Sauerkraut und Kartoffeln, das ihm sein Leibkoch überall auf der Welt zuzubereiten pflegt. Nach diesem Festschmaus hat Erich Honecker sich in seinem kleinen Kinosaal – eine der wenigen Extravaganzen, die er sich je gestattet – niedergelassen,

---

1 Aus Furcht vor möglichen Aufständen beschloss das Politbüro der SED im Jahr 1960, Berlin zu verlassen und in die Waldsiedlung umzuziehen. Einige Kilometer von der zur Stadt Bernau gehörenden Siedlung Wandlitz entfernt lag mitten im Wald das Anwesen Waldsiedlung. Es beherbergte neben den Mitgliedern des Politbüros auch eine Armee von Angestellten, die in der Umgebung wohnten. Bewacht wurde es durch Eliteeinheiten der Stasi. Jedes Mitglied des Politbüros mietete dort eine Villa.

um ganz allein zwei seiner bevorzugten Filme anzusehen: Einen Tierfilm über finnische Elche und anschließend – so ein Jahrestag verpflichtet – eine frivole Fantasie der DEFA mit dem Titel *Erotica in Weiß und Rot.*

Übermüdet, aber nervös hat er in dem kleinen Zimmer, in dem er seit Jahren allein schläft, keinen Schlaf finden können. Albträume haben seine Nacht verkürzt; in ihnen vermischten sich Folterszenen, der Arbeiteraufstand von 1953 und sein Vorgänger Walter Ulbricht – den er mit Unterstützung der Genossen aus der UdSSR geschickt abgesägt hat – mit Bommelmütze beim Schlittschuhlaufen in Thüringen. Er ist aus dem Schlaf aufgeschreckt, wie gelähmt von Schmerzen in den Eingeweiden. Dabei hatten ihm die Ärzte versichert, seine Operation sei perfekt verlaufen.

Honecker hat die Überzeugung gewonnen, dass die neuerdings abtrünnigen Mächte des Warschauer Paktes seinen überraschenden Klinikaufenthalt im Juli in Bukarest genutzt haben, um die Solidarität aufzuweichen, von der die Geschicke der sozialistischen Gemeinschaft seit Jahrzehnten geleitet werden. Sie haben die Breschnew-Doktrin aufgehoben: Es gibt kein allgemeingültiges Vorbild des Sozialismus mehr, jedem steht es frei, seine politische und gesellschaftliche Ordnung je nach der eigenen Lage, den eigenen Traditionen und Bedürfnissen ohne Einmischung von außen zu entwickeln.

Der Generalsekretär kennt die Schuldigen: Polen und Ungarn. Die polnischen Kommunisten haben die Ouvertüre gegeben und im Frühling die Solidarność legalisiert. Das ist Jaruzelski schlecht bekommen: Seit Ende August führt Tadeusz Mazowiecki, ein Nichtkommunist und langjähriger Berater Walesas, die Regierung. »Wir hätten 1981 besser mit Leonid [Breschnew] zusammen eingreifen sollen, als der Ausnahmezustand ausgerufen wurde. Die Polen kriegen nichts richtig hin; kein Volk hat uns im Lauf der letzten 30 Jahre mehr auf die Palme gebracht.« Doch, sagt er sich, als er genauer nachdenkt, es gibt noch Schlimmeres als die Polen: die Ungarn.

Die sind niemals gute linientreue Kommunisten gewesen. Seit den Siebzigerjahren haben sie ihrer Wirtschaft mit dem stinkenden »Gulaschsozialismus« das Gift des Kapitalismus eingeträufelt. Im Frühjahr haben sie sich vor den westlichen Kameras ein entehrendes Spektakel geleistet: Sie haben die Schlagbäume an der österreichischen Grenze abgebaut und sich dann mit den Österreichern zusammen zur Schau gestellt und gemeinsam Stacheldrahtabschnitte zerlegt. Und warum? Damit ihr Pöbel einen lustigen Tag in Wien verbringen und sich dem dekadentesten Konsumrausch hingeben kann. Schlimmer noch: Kaum war der Sommer da, haben die Ungarn angesichts der zu Zehntausenden hereinströmenden »Touristen« aus Ostdeutschland mit der Bonner Regierung diskret deren Übertritt nach Österreich ausgehandelt, »aus humanitären Gründen«, wie es hieß. Die Ungarn haben das Protokoll vom 20. Juni 1969 einseitig aufgekündigt. Es hat sie verpflichtet, ostdeutsche Flüchtlinge, die versuchen, in den Westen zu gelangen, an die DDR auszuliefern. Diese Verräter, die unsere Mitbürger für Hunderte Millionen, wenn nicht Milliarden Mark[2] an die BRD verhökert haben!

Nach Ansicht des Generalsekretärs hat die BRD auch den Exodus der vielen Tausend Ostdeutschen eingefädelt, die sich im September in die Prager Botschaft geflüchtet hatten. Der wackere tschechoslowakische Führer Miloš Jakeš, den er schon aus seiner Zeit als Vorsitzender der FDJ kennt, der

---

2 Ungarn erhielt aufgrund dieses Abkommens von der BRD 500 Millionen DM.

Massenorganisation für Jugendliche ab 14, hat es ihm bestätigt. Die Weigerung Westdeutschlands, seine Botschaft für die Ostdeutschen zu schließen, hat sie erst zur Desertion ermutigt; weil es den Bürgern der DDR sogleich westdeutsche Pässe ausgehändigt hat, stellt es die durch den Krieg geschaffenen Realitäten infrage.

Zwei Jahre zuvor hatte Ronald Reagan im Nachklang auf John F. Kennedys »Ich bin ein Berliner!« aus Westberlin ein schallendes »Tear down this wall!« ertönen lassen. Da hat Erich Honecker schon andere gesehen. Solange er das Ruder in der Hand hat, werden die DDR und der Sozialismus sich zu wehren wissen und den Frieden garantieren. Die tschechoslowakische Krise? Voller Nachsicht hat er den Botschaftsflüchtlingen gestattet, in die BRD auszureisen. Doch er hat sie gedemütigt, weil er sie gezwungen hat, einen Umweg über die DDR zu machen, damit man bei der Durchreise ihre Personalpapiere konfiszieren konnte. Künftig wird es diese von Bonn dirigierten Ausreiseszenen nicht mehr geben: Seit dem 3. Oktober muss man ein Visum beantragen, wenn man in die Tschechoslowakei will, nach Polen ebenso. Die DDR ist zweifach abgeriegelt; Erich Honecker hat eine zweite Mauer errichten lassen.

Heute, am 6. Oktober, kommt Michail Sergejewitsch Gorbatschow, der große Bruder, um die 40 Jahre der Deutschen Demokratischen Republik mitzufeiern. Seit mehr als 18 Jahren ist er, Erich Honecker, deren unbestrittener Führer. »Falls einige langhaarige Spinner auftauchen sollten, um die Feiern zum 40. Jahrestag zu stören, dann wird man nett zu ihnen sein – auf die chinesische Art!« Während er sich rasiert, geht Erich Honecker zur Sicherheit noch einmal die Fakten durch: Ein vom 1. Juni stammender Bericht der Stasi schätzt das maximale Potenzial der Opposition auf 2500 Personen, zusammengeschlossen in ein paar Hundert kleinen feindseligen Gemeinschaften, die den protestantischen Kirchen nahestehen. Alle sind von der Geheimpolizei unterwandert und werden von »Kämpfern an der unsichtbaren Front« beobachtet.

Ein leises, von draußen kommendes Geräusch lässt ihn aufspringen. Er geht zum Fenster: Erich Mielke nähert sich mit lebhaftem Schritt, gefolgt von seiner Gattin, der getreuen Gertrud. Der Chef der Stasi, im kastanienbraunen Trainingsanzug mit den gelben und roten Litzen des SV Dynamo, der Sportorganisation der inneren Sicherheitsorgane der DDR, dessen Präsident er seit 1953 ist, kommt von seiner täglichen Schwimmrunde im Becken der Waldsiedlung zurück.

Erich & Erich. Der Polizist, ein ehemaliger Agent des sowjetischen Geheimdienstes NKWD, und der Diktator des roten Preußen vereint im Geschmack an der Macht, die umso unerbittlicher ist, als sie beide glauben, Träger einer historischen Mission zu sein. Mielke und Honecker, geformt durch die harte Schule der KPD der Zwanziger- und Dreißigerjahre, treffen sich jeden Mittwoch nach den Sitzungen des Politbüros abseits von den anderen; sie teilen eine Leidenschaft, die Jagd, der sie im Reservat Schorfheide nachgehen. »Erich, dieser Teufel, 82 Jahre und immer noch so gut in Form ...«

Unter der Dusche findet Erich Honecker wieder ein wenig zu seiner legendären Kampfeslust zurück. Sein ganzes Leben lang hat er für den Sozialismus gekämpft. Als junger antifaschistischer Aktivist hat er nach seiner Verhaftung im Jahr 1935 den Rohlingen der Gestapo widerstanden, den physischen und psychischen Torturen in ihrem Hauptquartier an der Prinz-Albrecht-Straße in Berlin. Zehn Jahre hindurch hat er weder im Gefängnis noch während der Zwangsarbeit jemals klein beigegeben. Nie hat er seinem kommunistischen Glaubensbekenntnis abgeschworen – er, dessen erste Erinnerung der Streik der saarländischen Bergarbeiter im Jahr 1919 ist, er, der beim Tod Lenins die heißen Tränen der Jugend vergossen hat.

Er greift nach seinem Shampoo der Marke Guhl, das er vor zwei Jahren auf seiner triumphalen Reise durch die BRD entdeckt hat. Uli hat es im Supermarkt der Waldsiedlung für ihn gekauft, wo die Mitglieder des Politbüros alle geächteten Güter des Westens zu konkurrenzlosen Preisen erwerben können. »Ach, diese herrliche Reise nach Westdeutschland... Nie werde ich den geschlagenen Ausdruck des dicken Helmut Kohl vergessen, als er an meiner Seite die Ehrengarde abschreiten musste.«

Er hat es ihnen gezeigt, den Imperialisten! Er hat den Terroristen der Roten-Armee-Fraktion Asyl gewährt und dem großen Carlos unschätzbare logistische Hilfe zukommen lassen. Sein Meisterspion Günter Guillaume hat Willy Brandt gestürzt; seine Agenten, gefürchtete »deutsche Liebhaber«, Asse der Verkleidung und Tarnung, haben Hunderten Sekretärinnen das Herz gebrochen, sich die neuesten Schlachtpläne der NATO besorgt und sich der bestgehüteten Patente der bundesrepublikanischen Industrie bemächtigt: Sie sind die besten auf der Welt.

Dank Honecker ist die DDR zu einer von allen anerkannten und geachteten Macht geworden, sie ist in der UNO und allen internationalen Organisationen vertreten. Seit seiner Inthronisierung eilt er an Bord seiner Iljuschin von der Interflug durch die Welt, predigt das wahre Wort des Marxismus-Leninismus und verteilt Pfründen und Ratschläge für nationale Befreiungsbewegungen und blockfreie Länder. In

Vietnam hat er Ho Chi Minh eine mitreißende Huldigung dargebracht; er hat sich begeistert angesichts der Mildtätigkeit der nordkoreanischen Bruderpartei, die ihre Kinder so hervorragend nährt. In Libyen hat Gaddafi ihm den Bruderkuss gegeben, um die Jahre gemeinsamen Kampfes zu feiern, und in Begleitung Fidel Castros hat er Kuba, die »Insel der Freiheit«, kreuz und quer bereist.

Erich Honecker hat sich auch am Tisch der Mächtigen eingeladen. Der japanische Kaiser hat ihm eine tolle Toyota-Limousine des Typs Silverfire geschenkt, die er sehr schätzt, ohne sie selbst zu fahren – er hat nie den Führerschein gemacht. Doch ab und zu pilotiert er sie heimlich durch den an die Waldsiedlung anschließenden Wald. In seiner Sammlung fehlt nur noch eine offizielle Visite im Weißen Haus, aber er ist voller Zuversicht, dass man ihn demnächst dorthin einladen wird.

Erich Honecker begibt sich zu seinem Zimmer; er freut sich bei dem Gedanken, dass er am nächsten Tag seine lieben alten Freunde wiedersehen wird: Jassir Arafat, dem er ständig Waffen geliefert und geholfen hat, den Häschern Syriens und Israels im Libanon zu entkommen; Nicolae Ceaușescu, das Karpaten-Genie...

Er geht seine diversen Anzüge durch. Den Wüstenanzug, ein Geschenk des sambischen Staatspräsidenten Kenneth Kaunda, lässt er ebenso beiseite wie den glänzenden olivgrünen Drillichanzug, den er von Freund Fidel bekommen hat. »Zurückhaltung, Zurückhaltung«, sagt er sich und entscheidet sich schließlich für einen klassischen dunkelblauen Flanellanzug und ein Hemd in Beige. Mit der Hand auf dem Geländer schickt er sich schließlich an, die Granittreppe hinabzusteigen, die Margot mit einem dicken roten Läufer hat belegen lassen.

»Da ist der General ja endlich!«, ruft sie aus, als er das Wohnzimmer betritt. In letzter Zeit mag Erich Honecker diesen
Spitznamen, mit dem Margot ihn schon vor langer Zeit ausgezeichnet hat. Sie steht vor ihm, die Hände leicht auf eine
Konsole gestützt, auf der eine Büste Lenins und fein gearbei-
tete Bronzefigürchen stehen. Seit sie sich im Dezember 1949
beim 70. Geburtstag Stalins in Moskau zum ersten Mal getroffen haben, hat sie sich kaum verändert.

Erich Honecker hatte sich auf den ersten Blick unsterb-
lich in Margot Feist verliebt, die für die Jungen Pioniere, die
Organisation für Kinder im Alter von 6–14 Jahren, verantwortlich war. Diese Liebe war vom Schicksal begünstigt: Auf
dem Rückflug aus der UdSSR fiel so viel Schnee, dass ihr Flugzeug in Polen notlanden musste. In einem eisigen Zimmer
liebten sie sich zum ersten Mal. Mehr als ihre kalte Schönheit
waren es die Kraft der Überzeugungen Margots und ihr großes
Engagement innerhalb der Partei, was den Vorsitzenden der
FDJ so durcheinanderbrachte, dass er ihretwegen seine erste
Frau Edith Baumann verließ. Von dem Moment an haben
Erich und Margot gemeinsam die Stufen der Macht erklom-
men bis zum nunmehr einflussreichsten Paar des Landes.

»Du bist spät dran. Was hast du die ganze Zeit gemacht?«,
fragt Margot. Erich Honecker senkt den Kopf und geht in
den anschließenden Speisesaal. Uli hat das mit den Initialen
E.H. versehene und mit epischen, revolutionären Szenen
dekorierte Geschirr aufgelegt. Margot und Erich frühstücken
schweigend. Flex, ihr furchterregender Cocker, bester Wach-
hund der Waldsiedlung, der alle Nachbarn nervt, wedelt zu
ihren Füßen mit dem Schwanz. Da die Gemahlin des Generalsekretärs in die Lektüre des Parteiorgans *Neues Deutschland* vertieft ist, gibt er Flex heimlich ein Plätzchen.

Das Zentralorgan hat Erich Honecker schon am Vorabend

gelesen: Joachim Herrmann bringt ihm regelmäßig die Fahnen, die er durchgeht und ändert, wenn es ihm notwendig erscheint. Er schlägt die *Junge Welt* auf, die Tageszeitung seiner geliebten Kommunistischen Jugend. Auf den Seiten acht und neun der Zeitung werden die größten Erfolge des ersten deutschen sozialistischen Staates aufgeführt. »Margot, anlässlich des 40. Jahrestages spielen wir jetzt ein kleines Spiel«, verkündet Honecker mit näselnder Stimme.

Neugierig schaut Margot auf. Erich lächelt. Seit Monaten wirbt er um ihre Aufmerksamkeit: Sie ist zurückhaltender als je zuvor und verbringt immer mehr Zeit bei ihrer Tochter Sonja. In der Waldsiedlung hat sie sich nie wohlgefühlt, doch in jüngster Zeit hat sich ihr Unbehagen noch verstärkt. Nostalgisch denkt Erich an ihre einstige Vertrautheit zurück. In seinen Augen ist dieses Jubiläum auch ein wenig ihr eigenes – das Jubiläum ihrer Liebe und ihres der Sache des Sozialismus gewidmeten Lebens.

»Ich schlage vor, du zählst die herausragenden Triumphe unserer schönen DDR auf!«

Ein rascher Blick auf die Uhr zeigt ihr, dass sie noch ein wenig Zeit haben. Da kann sie ihm die Freude ruhig machen.

»Gut, Genosse General. Geben wir dem Kaiser, was des Kaisers ist: der VIII. Kongress der Partei im Jahr 1971, dein erster Sieg als Generalsekretär.«[3]

»Ja, dass die DDR heute die zehntstärkste Industriemacht der Welt ist, hat sie diesem Kongress zu verdanken«, fügt Honecker hinzu und wirft sich in die Brust.

»Was mich betrifft, so werde ich das Gesetz zur Chancen-

---

3 Auf diesem Kongress verkündet Honecker die Einheit von Wirtschafts- und Sozialpolitik, eine mit hohen Ausgaben – öffentliche Investitionen und Sozialausgaben steigen im Lauf der Jahre exponentiell an – verbundene Politik, mit der die DDR in den Konkurs geführt wurde.

gleichheit in der Schule von 1950 ansprechen, die Verordnung über die Schulkantinen von 1965, die erste Damenmodenschau in Berlin zwei Jahre darauf und natürlich den Bau des Fernsehturms.«

»Und wenn ich Leningrad sage?«

Margot streicht über eine Locke ihrer silbernen Dauerwelle. Sie hat keine Antwort.

»Nun?«

»Ich weiß es nicht mehr.«

»Das erste Fernsehgerät der DDR, das Modell Leningrad! Erinnere dich – wir haben uns die Intervention der sowjetischen Genossen in Ungarn angesehen. Außerdem hast du die Erfolge von Helmut Recknagel, dem Olympiasieger im Skispringen 1960, vergessen, auch die von Täve Schur, dem Radrennfahrer, der zweimal Weltmeister wurde, oder die erste olympische Medaille eines ostdeutschen Sportlers in Melbourne durch den Boxer Wolfgang Behrendt...«

Aufgeregt wie ein Kind hört Erich gar nicht mehr auf, Rekorde, Siege, Triumphe, Namen und Daten aufzuzählen: vom Beginn der Serienproduktion des Trabant 500 im Jahr 1959 bis hin zu den Dreifach-Axeln von Katarina Witt...

»200 Medaillen bei den letzten Spielen in Seoul: Nur die UdSSR war besser. Und ohne Betrug! Nicht wie dieser Ben Grohnson...«

»Johnson«, korrigiert Margot.

»Johnson, wenn du meinst, dieses wie eine Weihnachtsgans aufgeblasene Monster – mithilfe von Anabolika. Ich rufe gleich Aurich[4] an, um ihm zu sagen, wie ich darüber denke...«

»Mit ihm kannst du heute Abend bei der Gratulationscour sprechen. Komm jetzt, sonst verspäten wir uns noch.«

---

4 Eberhard Aurich war im Herbst 1989 Vorsitzender der FDJ.

Einige Minuten später fährt ihr gepanzerter Volvo 760 los –
über seinen Scheinwerfern ist je eine Standarte der DDR und
der UdSSR aufgepflanzt. Als er am Wachhäuschen der Pforte
vorbeikommt, werfen sich die Wachposten des Regiments
Dserschinski, die über die Sicherheit der verbotenen Stadt
Ostdeutschlands wachen, in Habtachtstellung, während
mehrere Mitglieder der Politbüro-Delegation ihren großen
Mann erwarten.

Mielke, angetan mit einer elfenbeinfarbenen Prunkuni-
form, diskutiert erregt mit Willi Stoph, dem Vorsitzenden
des Ministerrats und ewigen Zweiten nach Honecker in der
Hierarchie der Partei. Joachim Herrmann plaudert liebenswürdig mit Günter Mittag, dem großen Strategen der ostdeutschen Wirtschaft. Es fehlt nur Egon Krenz, der im Politbüro für die innere Sicherheit verantwortliche vermutliche
Nachfolger Honeckers.

»Habt ihr Egon gesehen?«, fragt der Generalsekretär verkniffen durch das heruntergelassene Fenster.

»Nein. Wenn du willst, Erich, kann ich bei der Wache anrufen«, schlägt Herrmann eilfertig vor.

»Na ja, wahrscheinlich ist er noch in der Badewanne«,
meint Mittag in aufgeräumter Stimmung.

Einige Wochen zuvor hat Egon Krenz sich eine großartige
Badewanne liefern lassen, deren Vorzüge er schon gegen-
über vielen seiner Genossen vom Politbüro gerühmt hat.
Alle prusten vor Lachen. Honecker wird blass.

»Lachen, das können sie, diese unfähigen Gestalten! Aber
in meiner Abwesenheit haben sie sich von den Ungarn und
Polen an der Nase herumführen und von der Kohl-Clique und
den Amerikanern umschmeicheln lassen. Vor allem Egon.
Dabei habe ich ihn wie einen Sohn gehegt; ich habe mich bemüht, ihm alles beizubringen. Nichts zu machen. Es hat nicht

diese Charakterstärke wie...« Margot unterbricht ihn. Gerade kommt ein Volvo angefahren. Mit breitem Lächeln hat Krenz es sich auf der Rückbank bequem gemacht.

»Mit der Mikroelektronik zum Kommunismus!«; »Für uns ist immer Oktober!«; »Sowjetunion, Freunde für immer!«

Erich und Margot Honecker lesen die an den Autobahnbrücken befestigten gigantischen Spruchbänder. Die Propagandaabteilung Joachim Herrmanns hat die Transparente vom 30. Jahrestag ausgegraben. Honecker erinnert sich an den 7. Oktober 1979: Damals stand Leonid I. Breschnew an seiner Seite, sein Protektor, der ihn beim Putsch gegen Walter Ulbricht unterstützt hat. In der gastlichen Atmosphäre der Datscha auf der Krim, wo der Deutsche jeden Sommer hinfuhr, haben sie ehrgeizige Programme ausgearbeitet, um den Sozialismus zum Sieg zu führen. Im Herbst jagten die beiden Genossen in der Schorfheide Hirsche und Hasen.

»Margot«, seufzt er. »Leonid fehlt mir. Er war ein leidenschaftlicher Kämpfer für den Frieden, ein Ausnahmekommunist. Und ein hervorragender Schütze, anders als Michail Sergejewitsch, der nie im Leben ein Gewehr in der Hand gehalten hat...«

»Du weißt genau, dass ich die Gorbatschows auch nicht sehr schätze. Michail Sergejewitsch redet und redet und hält sich für unwiderstehlich. Und Raissa, Raissa ist eine dumme Pute. Erinnerst du dich an die Peinlichkeit beim XI. Parteikongress? Sie wollte, dass ich sie zur Siegessäule begleite! In Westberlin! Sie hat sich tatsächlich eingebildet, ich, die Erziehungsministerin der DDR, würde ihrer schönen Augen wegen wie eine Touristin über die Straße des

17. Juni[5] marschieren. Diese Frau hat überhaupt kein politisches Format. Sie denkt nur an ihre Pelzmäntel. Sie ist übrigens eine Freundin von Barbara Bush.«

Seit er aufgewacht ist, hat Honecker sich gezwungen, seine Ressentiments gegenüber seinem sowjetischen Amtsbruder zurückzudrängen. Doch jetzt kann er sich nicht mehr zurückhalten: »Wenn ich an unser erstes Treffen 1966 zurückdenke, dann kann ich es gar nicht fassen. Michail Sergejewitsch ging in seiner Delegation unter, ein kleiner unbedeutender Apparatschik, auf den ich keinen Pfennig gewettet hätte! Heute gibt er im Westen mit seinem Heiligenschein als großer Reformator und als universeller Friedensbringer an.«

»Ja, die imperialistischen Medien haben ihn zu einem Übermenschen aufgeblasen ... Erich, ich muss dir was sagen: Der Architekt der Entspannung mit dem Westen bist du. Michail Sergejewitsch wildert nur in deinem Gehege.«

»Wer hat denn während der Raketenkrise für Mäßigung und Ausgleich gepredigt? Das war ich. Wer hat die Annäherung an die BRD in Gang gebracht? Ich. Nur dass ich diese Schlachten im Namen des Sozialismus schlage. Erinnerst du dich an 1984? Als Tschernenko[6] mich aufgefordert hat, meinen Besuch in der BRD abzusagen, um die Sicherheit der DDR nicht zu gefährden, wer hat mir das mitgeteilt? Michail Sergejewitsch!! Und wer hat erst vor ein paar Monaten in der BRD den Helden gespielt? Michail Sergejewitsch! Mit Kohl hat er elf Kooperationsabkommen

---

5 Die Siegessäule befindet sich auf der Straße des 17. Juni in Westberlin. Am 17. Juni 1953 kam es in der ostdeutschen Hauptstadt und in vielen Städten der DDR zu großen Arbeiterdemonstrationen. Sie wurden durch sowjetische Panzer gewaltsam aufgelöst.
6 Konstantin U. Tschernenko, Generalsekretär der KPdSU 1984/85, Vorgänger von Michail Gorbatschow.

paraphiert – elf, ist dir das klar, Margot? Hat er sich denn da gefragt, ob ›die Sicherheit der DDR gefährdet‹ sei, wie er mir vor fünf Jahren vorgeworfen hat? Ach was! Und all das, um zu verkünden, dass Helmut Kohl und er ›einen Schlussstrich unter die Nachkriegszeit gezogen‹ hätten!«

Erich Honecker ist kurz davor, in die Luft zu gehen.

»Nachkriegszeit? Was weiß der denn vom Krieg und vom Faschismus? Nichts! Er war kaum vier, als ich von der Gestapo verhaftet wurde. Und er war noch nicht einmal auf der Welt, als ich zum Studium an die Leninschule der Komintern nach Moskau gegangen bin. Damals waren die Völker der Sowjetunion voller Begeisterung; es war ihnen bewusst, dass sie die Geschichte jeden Tag weiter voranbrachten. In der UdSSR von Michail Sergejewitsch ist nichts von alledem mehr übrig, glaube mir: Die kleinbürgerlichen Interessen haben Vorrang, die Durchlässigkeit für westliche Ideen fördert den Sittenverfall. Gar nicht zu reden davon, dass er mich seit drei Jahren bei jedem unserer Treffen mit seinen Ratschlägen löchert! Perestroika, Glasnost[7], er redet von nichts anderem! Er sollte besser vor der eigenen Tür kehren, ehe er mir etwas über Reformen erzählt.«

»Du hast recht, Genosse General. Wie es aussieht, haben Hunderttausende Überlebende des Erdbebens in Armenien immer noch kein Obdach. Und diesen Sommer sind bei einem Eisenbahnzusammenstoß im Ural fast 200 Menschen ums Leben gekommen.«

»In Moskau und Leningrad gibt es nichts mehr zu essen. Michail Sergejewitsch zerstört die Planwirtschaft, seine wirren ›Neuerungen‹ nützen nur einer kleinen Schicht von

---

7 Der Begriff Perestroika stand für die von Gorbatschow angestoßenen wirtschaftlichen Reformen; Glasnost (russisch für »Transparenz«) bezeichnete die neue Meinungsfreiheit in den Medien der Sowjetunion.

Privilegierten und verbessern die Lebensbedingungen des Volkes überhaupt nicht.«

»Michail Sergejewitsch ist ein Zauberlehrling.«

»Michail Sergejewitsch ist ein Abenteurer.«

2 Ein Held unserer Zeit

Zwischen Moskau und Berlin,
an Bord des Präsidentenflugzeugs
von Michail S. Gorbatschow,
Freitag, 6. Oktober 1989

Michail Sergejewitsch sieht zu, wie das Aspirin sich sprudelnd auflöst und dabei das Dossier über die DDR bekleckert, das seine Berater und die *Germanisty* der dritten Europa-Abteilung des MID[1] in den letzten Wochen für ihn zusammengestellt haben. Ein Packen diplomatischer Depeschen und vertraulicher Analysen, die er lieber schon am Vorabend überflogen hätte. Eine dringende Sitzung im Kreml und ein Anruf von Nikolai I. Ryschkow haben ihn daran gehindert. Der Vorsitzende des Ministerrats hat ihm mitgeteilt, dass der Mangel an Zucker, Treibstoff und Seife in den Städten anhalten werde. In den Moskauer Hotels fehlten Milch und Mineralwasser, für die Gäste sei nicht mehr genug Kaffee vorrätig. Und das ist noch nicht alles: Der Streik der Minenarbeiter im Donez-Becken droht auf Sibirien überzuspringen.

»Ich wollte nicht kommen und hätte nicht kommen sollen«, murmelt er. »Man wird mir wieder vorwerfen, dass ich im Ausland den Charmeur spiele, anstatt mich um die Pro-

---

1 Das MID war das Außenministerium der UdSSR.

bleme des Landes zu kümmern. Und wenn es durch einen unglücklichen Zufall wieder zu einer Naturkatastrophe kommt, was werde ich dann zu hören bekommen? Michail Sergejewitsch stößt auf die Gesundheit des Genossen Honecker an, während sein Volk stirbt ...«

Vergangenen Dezember, als in Armenien die Erde bebte, hielt sich das Präsidentenpaar in New York auf. Ohne sich auch nur umzuziehen, kehrten die Gorbatschows eilig zurück, und im sowjetischen Fernsehen erschienen sie weiter von der Gesellschaft entfernt als je zuvor: er in einem Anzug aus der Savile Row, sie im Nerz – inmitten der Trümmer und der Obdachlosen. In der Sowjetunion schlagen die entfesselten Elemente seitdem unablässig weiter zu, und Michail Sergejewitsch wird zunehmend angespannter.

Er muss sich auf die DDR konzentrieren, aber seine Gedanken wandern von Vilnius nach Wladiwostok über dieses ungeheuer große Imperium, in dem mehr als 170 Nationalitäten unter zunehmend schwierigeren Bedingungen leben. Die Ostseevölker fordern Selbstbestimmung, die Litauer Unabhängigkeit. Armenier und Aserbaidschaner bringen einander wegen der Provinz Bergkarabach um, in Moldawien brechen Unruhen aus. Auch Georgien hat sich in den Tanz eingereiht und droht seit dem blutigen Sonntag von Tiflis, an dem die Rote Armee Zivilisten massakriert hat, mit der Abspaltung.

Zu Beginn seiner Amtszeit hat Michail Sergejewitsch den sowjetischen Massen hingegen Anlass zum Träumen gegeben. Er ist jung, energisch und umgänglich und will das durch zwei Jahrzehnte der Stagnation und der Korruption – jene zwei Jahrzehnte unter der Ägide Breschnews – ausgehöhlte Kollektiv wieder in Schwung bringen. Sein Plan: die Sowjetgesellschaft reformieren und humanisieren. Sein

Mittel: eine regenerierte, entschlossen leninistische Partei, die der Emanzipation der Volksmassen erneut als Avantgarde dient. Und seine Methode: das Volk dazu zu bringen, sich auszudrücken und die Ärmel hochzukrempeln, um die ungeheure Herausforderung zu meistern, die er ihm zugedacht hat. Inspiriert wird er von seiner einflussreichen, ehrgeizigen und anmutigen Ehefrau Raissa, die ihn auf all seinen Auslandsreisen begleitet. Und er hat einen Kreis von ihm nahestehenden, treuen Ratgebern um sich geschart. An erster Stelle sind das sein loyaler, rühriger und gebildeter Außenminister Eduard A. Schewardnadse, der ihn auch jetzt nach Ostberlin begleitet, sowie Alexander N. Jakowlew, ein nonkonformistischer Intellektueller, der ihn davon überzeugt hat, statt in Begriffen des Klassenkampfes eher in Kategorien menschlicher Werte zu denken.

Michail Sergejewitsch hat das Blaue vom Himmel versprochen: Verdoppelung des Nationaleinkommens in 15 Jahren, Modernisierung der industriellen Ausrüstung, Steigerung der Produktivität, Ende der Fehlzeiten und des Alkoholismus am Arbeitsplatz, nachdrückliche Bekämpfung der Privilegien für Parteikader und am Ende eine gerechtere Gesellschaft mit mehr Gleichheit.

An diesem 6. Oktober 1989 kann man auf den »neuartigen neuen Menschen«, zu dessen Propheten er sich gemacht hat, nur verzweifelt hoffen. Und der alte, der nicht verschwunden ist, bereitet ihm große Sorge. Er lässt sich nicht mehr hypnotisieren durch die großen Worte, die er sich in Stawropol am Fuße des Kaukasus angeeignet hat, wo er sein Rüstzeug als erster Regionalsekretär der Partei erwarb. Die Kampagne gegen den Alkoholmissbrauch hat zu einer Zuckerknappheit geführt und entwickelt sich zur Katastrophe. Auf dem Land und in den Gemeinschaftswohnungen destilliert man aus Insektiziden und Reinigungsmitteln so manch »köstliche« Spirituose, und jedes Jahr sterben Tausende an diesem giftigen Gebräu. Enthüllungen über die Verbrechen Stalins und die Entdeckung gigantischer Massengräber[2] haben die Bevölkerung, deren Lebensstandard sich verschlechtert hat, am Ende demoralisiert. *Ogonjok* und *Znamja*, zwei herausragende Zeitschriften der von ihm eingeführten liberalen Presse, haben nun ihn im Visier und zerpflücken unnachsichtig seine Lebensführung sowie die kleinsten Launen seiner Frau. Die Parteihäuptlinge und Neostalinisten beschuldigen ihn, er mache 60 Jahre revolutionären Kampfes zunichte; die Liberalen werfen ihm vor, er trödle auf dem Weg des Fortschritts, und die Mafia genießt das alles aus vollem Herzen...

Das wird sicher wieder alles in Ordnung kommen. Gorbatschow entspannt sich ein wenig. So ist er eben, immer optimistisch und von unzerstörbarer Hoffnung. Ein wenig später lächelt er sogar wieder, als er eine kleine Hand spürt, die seinen Schenkel streift. Raissa Maximowna ist aufgewacht. Ihre großen dunklen Augen sind noch verquollen vom Schlafen, und im Gesicht sind Abdrücke des Sitzbezuges zu sehen.

»Mischa, sind wir bald da?«

»Nein, Genosse General[3], ich glaube, wir haben noch nicht einmal die polnische Grenze überflogen.«

Er beugt sich vor; durch das Fenster erkennt er ein Mosaik unregelmäßiger Rechtecke in honiggelben und tabakbraunen Farbtönen und dazu dunkle Nadelwälder. »Weißrus-

2 Bei der Aufdeckung der Verbrechen Stalins ist Gorbatschow sehr viel weiter gegangen als Chruschtschow. Erst gegen Ende der Achtzigerjahre werden Existenz und Modalitäten des deutsch-sowjetischen Paktes von 1939 für alle Sowjetbürger enthüllt. Zu jener Zeit leben übrigens 80 Millionen Sowjetbürger unter der Armutsgrenze.
3 Wie bei Honeckers war auch bei Gorbatschows dieser Spitzname gebräuchlich.

sische Kolchosen«, sagt er ihr. In der Ferne, im Westen, glaubt er die funkelnden Seen Masurens auszumachen.

»Umso besser. Ich bin nämlich wirklich nicht scharf darauf, die Honeckers so schnell wiederzusehen.«

»Wie du weißt, habe ich lange gezögert, ehe ich ihre Einladung angenommen habe. Wir kommen nicht ihretwegen, sondern zur Unterstützung der Ostdeutschen. Ich konnte sie nicht genau in dem Augenblick enttäuschen, in dem Stimmen laut werden, die für die DDR die Perestroika fordern.«

Raissa findet Berlin langweilig. Die ständig graue Stadt stinkt nach Kohle. Sie zieht das pulsierende New York vor, oder die klassische Schönheit von Paris und von Rom; statt des überlebten Dogmatismus der Honeckers und ihrer kleinbürgerlichen Mittelmäßigkeit hält sie es lieber mit der raffinierten Kultiviertheit eines Mitterrand oder dem britischen Humor Margaret Thatchers, auch wenn diese ein wenig zu vertraut mit Mischa tut.

»Mutter Honecker wird mich wieder belehren. Die mit ihrem überheblichen Getue, für wen hält sie sich eigentlich? Ich habe immerhin an der Universität Philosophie mit Auszeichnung abgeschlossen und bin promoviert! Ich habe nicht auf diesen Trampel Margot gewartet, um den Marxismus-Leninismus zu entdecken. Übrigens habe ich Nancy Reagan in dessen Feinheiten eingeweiht, und auch einige Grundlagen der russischen Geschichte habe ich ihr eingetrichtert. Sie wusste das zu schätzen.«

»So sind die Honeckers eben: anmaßend und herrisch. Sie halten sich für die alleinigen Erben ihrer Landsleute Marx und Engels. Wann immer wir uns treffen, fängt Erich an, mir seine Liebe zum Marxismus-Leninismus zu gestehen, um dann hinzuzufügen: Das Land Lenins ist sein Vaterland, die Partei der Sowjetunion ist seine Partei ... Und immer die gleichen Geschichten über sein Studium in Moskau und seine Arbeit in der Metallfabrik Lenin in Magnitogorsk, wenn ich mich recht erinnere.«

»Ein Schwätzer. Einmal hat er mir erzählt, dass er Stalin zweimal begegnet ist. Damit gibt er 1989 immer noch an!«

»Weißt du, Erich ist sentimental, glaube ich.«

»Sentimental bist du, Mischa! Die Honeckers leben in einer anderen Zeit. Diese beiden Dinosaurier lehnen Perestroika und Glasnost völlig ab.«

Raissa Maximowna verlässt ihren Gatten für einige Zeit, um sich mit Eduard Amrossjewitsch zu unterhalten. Michail Sergejewitsch bleibt nachdenklich zurück. Derzeit fällt es ihm leichter, mit Helmut Kohl zu sprechen als mit Honecker. Ihren Spaziergang im Park des Kanzleramts in Bonn außerhalb des Protokolls hat er nicht vergessen, auch nicht das vertrauensvolle Gespräch über ihre jeweilige Herkunft, ihren Werdegang und ihre Kriegserfahrungen als Jugendliche, die sie damals gewesen sind. Dagegen ist er jedes Mal, wenn er versucht hat, Erich Honecker von den notwendigen Reformen in der DDR und der SED zu überzeugen, gegen eine Mauer der Verständnislosigkeit gerannt. Alle seine Emissäre, angefangen bei Wadim Medwedew, dem Sekretär des Zentralkomitees, bis hin zu Kotschemassow, dem sowjetischen Botschafter in Ostberlin, sind gleichermaßen zurückgewiesen worden. Dabei kennen die beiden sich seit den Vierzigerjahren und treffen sich jede Woche zu langen Gesprächen. Eigentlich hätte der Diplomat den Generalsekretär zu einer allmählichen Weiterentwicklung veranlassen müssen, doch Honecker hat sich quergelegt und ist sogar so weit gegangen, dass er ihm verkündet hat, von jetzt an werde der Begriff Perestroika aus allen in der DDR verbreiteten sowjetischen Dokumenten verbannt. Angeblich ist ein Teil der Äußerungen von Michail Sergejewitsch und seinen wichtigsten Reformberatern für die Öffentlichkeit nicht mehr zugänglich. Einige Monate später ist dann die Zeitschrift *Sputnik*, die ausgewählte sowjetische Pressebeiträge auf Deutsch veröffentlicht, ebenso verboten worden wie die deutsche Ausgabe der *Moskauer Nachrichten*, deren Redaktionsleiter Jakowlew ist. Dagegen sind die Lobredner der harten Linie in der UdSSR und in China in der offiziellen Presse stets willkommen.

»Erich ist nicht nur starrköpfig und beschränkt, er lügt auch, dass sich die Balken biegen«, wettert Gorbatschow. Kotschemassow hat ihm berichtet, die Durchfahrt der Flüchtlinge aus der Prager Botschaft der BRD durch die DDR sei eine schreckliche Demütigung für die Regierung gewesen. Entlang der Gleise haben ihnen Tausende ihrer Landsleute Beifall gespendet. In Dresden haben sie sich geweigert, ihre Papiere auszuhändigen, und vorgezogen, sie zu zerreißen und aus den Zugfenstern zu werfen. Ausreisekandidaten haben die Schienen blockiert und sogar den Hauptbahnhof belagert. Am Abend vor ihrer Abreise sind Mitarbeiter der Kulturstiftung zu Raissa Maximowna gekommen, um sie zu informieren, dass es nach Ansicht des Kulturbunds[4] »in der DDR fünf vor zwölf« sei.

Michail Sergejewitsch streckt seine eingeschlafenen Glieder aus und schlägt schließlich eine dicke ostdeutsche Akte auf, die ihn schon seit mehreren Tagen zu belasten scheint. Seit der Gründung der DDR weiß Moskau alles – fast alles – über seinen Satellitenstaat. Stalin hat geschworen, dass die Russen Deutschland nie verlassen würden: Die DDR ist der Vorposten seiner Einflusssphäre in Mitteleuropa.

---

4 Der Kulturbund war der Kulturverband der DDR. Er vereinte Künstler und Schriftsteller und war mit der SED verbunden.

Sie soll im Fall eines Krieges gegen die NATO den Kriegs-schauplatz abgeben und schützt die Nordwestflanke des Reiches, diese Abfolge von Ebenen, über die sich die Armeen Napoleons und Hitlers ergossen hatten, ehe sie in den Metropolen und Steppen Russlands zusammenschmolzen. 400 000 Mann der Roten Armee sind ständig in der DDR sta-tioniert. Die NVA ist immer von der großen sowjetischen Schwester ausgerüstet und ausgebildet worden. Im War-schauer Pakt ist sie mittlerweile die zweitstärkste Armee.

Um jeder Bedrohung gegen den ostdeutschen Verbünde-ten begegnen zu können, müssen die Sowjets die aller-neuesten Informationen sammeln. Der KGB wacht hier un-ermüdlich – dank der wirksamen Unterstützung durch die Stasi und des eifrigen Einsatzes von Erich Mielke, der im Geiste Iwan A. Serows[5] wirkt. Zwischen den sowjetischen und den ostdeutschen Tschekisten besteht eine fast voll-kommene Harmonie. Neun geheime bilaterale Abkommen haben ihre Zusammenarbeit besiegelt. Der KGB ist mit der operationellen Ausbildung der Stasioffiziere befasst. Im Gegenzug sind mehr als 2000 beim Generalstab der sowje-tischen Truppen in Karlshorst und in den Abteilungen des militärischen Geheimdienstes in Potsdam tätige Agenten in die bestgehüteten Geheimnisse des Landes eingeweiht. Das Kontingent des KGB in der DDR ist das stärkste außerhalb Moskaus und dient als Zentrum aller Spionageaktivitäten in Westeuropa.

Seufzend schaut der Generalsekretär der KPdSU auf die Tabellen der ostdeutschen Wirtschaft. In den Fabriken spielt die Partei, die seit zwei Jahren absolut nichts unternommen hat, keine Rolle mehr; ihre Mitglieder treten einer nach dem

---

5   Iwan A. Serow war 1954 der erste Chef des KGB.

anderen aus, und die Gewerkschaften haben darauf verzichtet, die Arbeiter weiterzubilden. Im Chemischen Kombinat Bitterfeld werden Dutzende Gebäude mit schweren strukturellen Mängeln gemeldet; mehrere drohen einzustürzen, und die Produktivität nimmt unaufhaltsam ab. Der Bausektor mit seinen hinfälligen Infrastrukturen und den unzureichenden menschlichen und technischen Ressourcen ist nicht besser dran. »Ich habe den Eindruck, ich lese einen Bericht über die sowjetische Wirtschaft!«, schimpft Michail Sergejewitsch.

Er legt eine Pause ein und ruft Natascha, die fesche Stewardess von Aeroflot, zu sich. Sie bringt ihm ein khakifarbenes Gebräu, dessen geheimnisvolle Zusammensetzung zurzeit die herausragendsten Kremldeuter und die sowjetischen Medien fasziniert. Diesen Energietrank, der auch ein homöopathisches Heilmittel gegen Diabetes ist, nimmt er inzwischen gewohnheitsmäßig überall und bei jeder Gelegenheit zu sich. Das Getränk wird ihm, ehe er sich mit Honecker trifft, sehr guttun.

Michail Sergejewitsch schreibt ein paar Sätze in den Louis-Vuitton-Notizblock, den Raissa ihm während ihres letzten Aufenthalts in Paris geschenkt hat. Er schließt mit den Worten: »DIE DDR LEBT ÜBER IHRE VERHÄLTNISSE UND FÄHRT GERADEWEGS GEGEN DIE WAND. DIE LAGE KANN JEDEN MOMENT UMKIPPEN!«

»Wenn diese Politik wenigstens die Zustimmung der Bevölkerung verbessern würde, dann ginge es ja noch...« Doch wenn man den Umfragen der Stasi über den Stand der öffentlichen Meinung in Ostdeutschland glauben darf, ist das nicht der Fall. Offensichtlich identifiziert die Jugend sich immer weniger mit der Regierung: Dessen Wertschätzung bei Arbeitern und Lehrlingen ist im freien Fall begriffen, ebenso bei den doch eigentlich gehätschelten und ideologisch zuverlässigeren Studenten – andernfalls wären sie gar nicht an die Universität gekommen. Die kürzlich vorgenommene Schließung der Grenzen zur Tschechoslowakei wird in den unterschiedlichsten Milieus mehrheitlich sehr kritisch bewertet. »Diese Entscheidung ist eine Bankrotterklärung der Regierung. Ein schönes Geschenk zum Jahrestag der Republik. Es bleibt einem nichts anderes mehr übrig als der Versuch, das Land um jeden Preis zu verlassen…«, liest Michail Sergejewitsch. Zwischen zwei leeren Blättern stößt er plötzlich auf eine ebenso vertrauliche wie alarmierende Information des sowjetischen Generalstabs in der DDR: »Elemente der FDJ könnten die Parade an diesem Abend dazu nutzen, bis zum Brandenburger Tor an der Mauer vorzudringen.«

Abrupt schließt er die Akte und gibt Schewardnadse ein Zeichen. Sein Außenminister unterbricht die Partie Dorak[6] mit Georgij Schachnasarow, einem der Berater Gorbatschows und dem in Moskau bevorzugten Gesprächspartner der sowjetischen Botschaft in Berlin, und eilt sofort herbei.

»Eduard Amrossjewitsch, die Lage in der DDR ist offensichtlich schlimmer, als ich dachte. Worauf warten sie, um die Liberalisierung der Wirtschaft und die Demokratisierung der Institutionen anzugehen? Die Ostdeutschen wissen, dass in der UdSSR, in Polen und in Ungarn bedeutende Änderungen vonstattengehen. Mit der Auswanderung der letzten Monate zeigen sie ihre Unzufriedenheit.«

»Honecker sollte begreifen, dass es für niemanden Freiheit gibt, wenn es keine Freiheit für den Andersdenkenden gibt. Das stammt nicht von mir, sondern von Rosa Luxemburg. Wenn die ostdeutsche Regierung die Bürger stärker in

---

6 Dorak »der Idiot« ist ein russisches Kartenspiel.

seine Entscheidungen einbinden würde, könnte es seine Legitimität zurückgewinnen. Insgesamt gesehen sollte es sich nicht davor fürchten, aus dem Kapitalismus das Beste zu übernehmen, damit der Sozialismus besser funktioniert und die Modernisierung beschleunigt wird. Denk dran, wenn man es genau überlegt, hat das alles nichts mit Kapitalismus zu tun: Der Markt ist eine vorkapitalistische Einrichtung ohne politische Einfärbung.«

»Du gehst wie immer zu weit! Man sollte Erich nicht erschrecken, er ist sowieso schon auf der Hut. Ich werde ihn eher noch einmal davon zu überzeugen versuchen, dass seine Autorität und das Ansehen des Kommunismus in der DDR durch Liberalisierungsmaßnahmen gestärkt würden. Er sollte zum Beispiel die Regeln für Ausreisegenehmigungen mildern: Diese Beschränkungen untergraben den Sozialismus und dienen letztlich den Interessen der BRD.«

»Letzte Woche habe ich Oskar Fischer[7] Folgendes mitgeteilt: Die DDR könnte ruhig ein wenig mehr Bürger ausreisen lassen. Ich habe ihm sogar vorgeschlagen, die Regierung solle eine Kommission einrichten, um ihre Politik in Hinblick auf Ausreisen zu überdenken. So könnte sie einen Dialog mit den oppositionellen Kräften aufnehmen und sie nötigenfalls spalten. Honecker könnte damit nur gewinnen: Er würde zeigen, dass die SED für Veränderung steht, und seine Popularität würde steil ansteigen. Weißt du, Michail Sergejewitsch, vielleicht hat diese Flüchtlingskrise auch etwas Gutes. Ich denke, sie ist so besorgniserregend, dass sie die Regierung am Ende davon überzeugen könnte, Reformen einzuleiten, doch zum Glück besteht nicht die Gefahr, dass es deswegen total zusammenbricht.«

---

7 Oskar Fischer war Außenminister der DDR.

Einige Minuten später verlässt Michail Sergejewitsch, gefolgt von Raissa Maximowna und Eduard Amrossjewitsch, seinen Platz und geht zu seinen anderen Mitarbeitern zurück; es ist Zeit für ein letztes Briefing vor der Landung. Georgij Schachnasarow ist eingenickt. Zwei Reihen hinter ihm sitzt schweigend Valentin M. Falin, ein hervorragender Germanist und ehemals Botschafter in Bonn – und zurzeit Vorsitzender des Ausschusses des ZK der KPdSU für die Probleme der internationalen Politik. Er ist in die Lektüre der Zeitschrift *Argumenty i Fakty* vertieft, wo einer Umfrage zu entnehmen ist, dass nun Jelzin und Sacharow die beliebtesten politischen Persönlichkeiten der UdSSR sind.

»*Towarischtschi*[8], an die Arbeit«, fordert der Generalsekretär sie auf.

Eduard Schewardnadse geht ihn von der Seite an: »Michail Sergejewitsch, kennst du den neusten Witz? Du, Bush und Honecker werden im Dschungel von Kannibalen gefangen genommen. Bush versucht sich zu retten, indem er ihnen einen Haufen Dollar anbietet. Sie lehnen ab. Du versprichst ihnen das Paradies auf Erden. Das wollen sie auch nicht. Honecker teilt ihnen mit, sie seien nur 200 Meter von der Grenze der DDR entfernt. Da hauen die Wilden ab!«

Alle fangen zu lachen an, abgesehen von Falin, der nur höflich lächelt:

»Michail Sergejewitsch, welche Haltung wirst du während deines Besuchs einnehmen? Die Lage ist äußerst angespannt...«

»D.D.R.!«

»Wie bitte?«

---

8 Genossen.

»D.D.R.: *Dawai, Dawai, Rabotai*[9]!«

Wieder prusten Schewardnadse und Schachnasarow los: Diesen schönen Spruch haben sie schon oft gehört; in Hinblick auf die DDR ist es der Lieblingsspruch ihres Präsidenten.

»Im Ernst, Valentin Michailowitsch«, fährt Gorbatschow fort. »Die Ostdeutschen sollen sich wieder an die Arbeit machen. Mit ihrer Wirtschaft steht es zwar nicht zum Besten, aber sie ist die leistungsfähigste des ganzen RGW. Die Arbeiterschaft ist gut ausgebildet, und auf einigen Sektoren ist die Industrie noch konkurrenzfähig. Die DDR muss den Schwung und die Energie wiederfinden, die ihr zuletzt gefehlt haben. Es ist Sache der Regierung, neue Impulse zu setzen.«

»Hier an diesem Tisch sind alle deiner Meinung. Die Haltung Honeckers ist frustrierend. Ich will hier nicht den *Advocatus Diaboli* spielen, aber ist es nicht ebenso riskant, den Kurs der DDR wieder auf Unterdrückung zurückzuwerfen?«

Der erfahrene Falin streicht sich eine graue Strähne aus der Stirn. Seit Tagen versucht er, die Lage in Deutschland mit Michail Sergejewitsch zu erörtern.

»Der Schlüssel ist die sozialistische Identität der DDR. Was das angeht, erkennt man eindeutig einen prinzipiellen Unterschied zwischen der DDR und den anderen sozialistischen Ländern. Vor ihrem sozialistischen Wiederaufbau waren sie alle eigene Staaten mit einer kapitalistischen oder halbfeudalen Ordnung. Bei der DDR ist das anders.«

Durchsage des Bordkommandanten: Die Präsidentenmaschine überfliegt Warschau.

---

9 Mit dem Ruf »Los, los, arbeiten!« trieben die deutschen Wachen während des Zweiten Weltkriegs die sowjetischen Gefangenen an. Nach dem Krieg wurde er in der UdSSR zum geflügelten Wort.

»Schaut euch Polen an«, spricht Valentin Michailowitsch weiter. »Es wird nicht mehr von einer sozialistischen Regierung regiert. Auch wenn es immer noch Mitglied des Warschauer Paktes ist, hat es unseren Kreis verlassen. Doch Polen existiert: Die polnische Nation, die polnische Sprache, die polnische Kultur sind Realitäten. Welche Existenzberechtigung hätte dagegen eine nichtsozialistische oder gar kapitalistische DDR neben der BRD? Offensichtlich keine: Die DDR ist einzig als sozialistische Alternative zur BRD denkbar! Sieh dich vor, Michail Sergejewitsch: Wenn du die DDR verlierst, wird dir das sowjetische Volk das nicht vergeben…«

»Du wirfst mir vor, ich würde Westdeutschland in die Hände spielen? Du hast den Kopf verloren, Valentin Michailowitsch! Es steht außer Frage, die DDR fallen zu lassen oder sie gar zu verlieren. Zwar sind unsere Beziehungen zur BRD in letzter Zeit gefestigt worden. Aber du weißt sehr wohl, dass Bonn ein entscheidender Mittler ist, um Unterstützung durch den Westen zu bekommen, und dass es in Hinblick auf militärische und finanzielle Kraft in Mitteleuropa heute fast auf der Höhe der USA steht! Wenn wir die westdeutsche Karte spielen, so verschärfen wir damit auch die Widersprüche innerhalb der NATO. Du selbst arbeitest doch seit Jahren an dieser Politik, oder? Dennoch, und darauf bestehe ich, geht unsere Annäherung an die BRD nicht zulasten unseres Bündnisses mit der DDR. In diesem diplomatischen Dreiecksspiel hat die UdSSR gute Karten. Bei meiner Reise nach Westdeutschland habe ich keinen der von Helmut Kohl angebotenen Köder aufgegriffen. Als er Honecker kritisierte, bin ich ausgewichen, und als er mir sagte, die Deutschen würden sich mit der Teilung ihres Landes nicht abfinden, habe ich geantwortet, sie sei ein Ergebnis der Geschichte. Du betreibst Fantasiepolitik, Valentin Michailowitsch: Die

Zeit der deutschen Wiedervereinigung ist nicht gekommen, glaube mir!«

Schewardnadse mischt sich ein: »Ich sage dir, letzte Woche habe ich die BRD und ihre ›revanchistischen Kräfte‹[10] bei der UNO feierlich davor gewarnt, den Status quo vom Ende des Krieges in irgendeiner Weise infrage zu stellen. Die Westmächte würden das übrigens gar nicht akzeptieren. In Europa haben alle Angst vor einem Großdeutschland. Franzosen und Briten liegen mit uns auf einer Linie: Dumas und Major[11] haben mir das bestätigt. Die Amerikaner haben gewisse Deklarationen abgegeben, ich bin aber sicher, dass sie selbst nicht daran glauben. Sie waren vor allem an Helmut Kohl gerichtet: Washington sieht die Verbesserung seiner Beziehungen zu uns nicht gerade gern und versucht auf diese Weise, ihn zu beschwichtigen. Die DDR ist für alle unverzichtbar.«

»Und für die sowjetische Wirtschaft bleibt sie ein wichtiger Faktor: Von unseren Verbündeten in Mitteleuropa beliefert nur sie uns mit ausgezeichneten Werkzeugmaschinen sowie mit Traktoren und landwirtschaftlichen Gütern erster Qualität. Anlässlich des 70. Jahrestags der Oktoberrevolution ist ein Programm zur verstärkten Zusammenarbeit und zur gemeinsamen Planung beschlossen worden. Wir haben keinerlei Interesse daran, die DDR zu beerdigen, Valentin Michailowitsch«, fügt Georgij Schachnasarow hinzu. Seine Augen glänzen beim Anblick des Kruges mit Kwass[12], den Natascha gerade auf das Tablett stellt.

---

10 Beim Bremer CDU-Parteitag am 11. September 1989 hatten einige Delegierte offen die Rückkehr Deutschlands zu seinen Grenzen von 1937 angesprochen.
11 Während des Geschehens war Roland Dumas französischer und John Major britischer Außenminister.
12 Ein schwach alkoholhaltiges, in Russland und der Ukraine sehr beliebtes Getränk aus vergorenem Roggenbrot.

»Aus all diesen Gründen versuchen wir die Führung der SED davon zu überzeugen, die Reformen anzugehen und die Bevölkerung besser in ihre Entscheidungen einzubeziehen ... Eduard Amrossjewitsch hat eine hervorragende Synthese unserer Ziele geliefert: Wir sind keineswegs bestrebt, die DDR zu destabilisieren; wir haben genügend andere Sorgen. Unsere Politik ist im Gegenteil darauf ausgerichtet, die Lage unter Kontrolle zu behalten. Kern der Perestroika ist die sozialistische Erneuerung der Gesellschaft. Seitens des ostdeutschen Politbüros läuft das über Liberalisierungsmaßnahmen, die für eine neue Dynamik sorgen sollen ...«

»Das habe ich sehr wohl verstanden, Michail Sergejewitsch. Aber wie willst du es anstellen, Honecker zu überzeugen?«, fragt der nach wie vor skeptische Falin schulterzuckend.

Unvermittelt fährt Raissa dazwischen:

»Mehr Vertrauen, Valentin Michailowitsch! Reagan, Mitterrand, Kohl, Thatcher, Andreotti: Michail Sergejewitsch hat die größten Politiker der Welt für sich eingenommen und sie überzeugt. Das gemeinsame europäische Haus wird in Moskau entworfen; nie zuvor war die UdSSR im Ausland so beliebt. Erich Honecker hat nicht das Format, sich dem zu widersetzen. Und hier geht es um sein Überleben.«

»Und wenn er sich weigert, was wahrscheinlich ist – verzeih, liebe Raissa Maximowna, dass ich deinen Optimismus nicht teile –, ja, wenn er dich wieder abblitzen lässt, was willst du dann machen?«, wiederholt Falin unerbittlich.

»Nichts«, antwortet Gorbatschow zunehmend genervt. »Wir achten die Souveränität und Unabhängigkeit aller Länder und mischen uns nicht mehr in die inneren Angelegenheiten der sozialistischen Bruderstaaten ein, wenn ich dich daran erinnern darf. Jedenfalls verfügt die UdSSR nicht mehr über die Mittel, ihren Satelliten zu Hilfe zu eilen. Soll sich doch die DDR selbst eine Lösung für ihre Probleme einfallen lassen.«

Der Flugkapitän teilt ihnen mit, dass der Landeanflug auf Ostberlin beginnt. Natascha bittet die Damen und Herren, ihre Plätze wieder einzunehmen. Michail Sergejewitsch geht sich frisch machen. Trotz der Zweifel der einen und der Vorwürfe der anderen haben seine Augen jenen intensiven Glanz, der seine Gesprächspartner hypnotisiert. Dieser Blick hat ihn zu einer modernen Ikone werden lassen – bei jedem seiner Auftritte im Ausland skandieren Menschenmassen seinen Namen. Seit seinen Anfängen in Stawropol, wo er seine Gäste in den Thermen von Mineralnye Vody empfing, hat er gelernt, das Wesen der Menschen auszuloten, ihre Stärken, ihre Schattenzonen. Seine Rhetorik ist ausgefeilt: ein Schauspieler ohnegleichen. Er ist sich sicher: Es wird ihm gelingen, Erich Honecker sachte und ohne ihn vor den Kopf zu stoßen von den Vorzügen seiner Therapie zu überzeugen.

Michail Sergejewitsch kehrt zu seinem Platz zurück und schließt den Gurt. Er legt den Arm um Raissa und murmelt ihr etwas ins Ohr. Während die Iljuschin sich dem Boden nähert, fliegt sie immer engere Kreise um Berlin. Durch das Kabinenfenster beobachtet Gorbatschow den morgendlichen Trubel und den Autoverkehr im Westteil der Stadt. Zwischen den beiden Städten schlängelt sich die Spree friedlich dahin. Im Osten herrscht Ruhe. Er kann die Mauer ausmachen, dieses endlose Korsett aus Beton und Stahl, rechtwinklig und im Zickzack verlaufend – die Mauer, das einzige irdische Bauwerk neben der Chinesischen Mauer, das man vom Mond aus mit bloßem Auge sehen kann ... so wird zumindest behauptet.

Punkt zehn Uhr setzt das Fahrwerk der Präsidentenmaschine auf dem Asphalt des Flughafens Schönefeld auf. Die sowjetische Delegation macht sich bereit. Während Raissa Maximowna ihre Föhnwelle korrigiert, wirft Gorbatschow einen letzten Blick auf die Piste. Sowjetische und ostdeutsche Fahnen flattern im Wind; eine bunte, durch Barrieren auf Abstand gehaltene Menschenmenge erwartet sie ebenso wie die Abordnung des Politbüros der SED. Egon Krenz, in einen zu engen Regenmantel gezwängt, wirkt wie ein Konfirmand. Honecker plaudert mit der Meute der Journalisten und Fotografen.

Endlich ist Raissa Maximowna fertig; in ihrem dreiviertellangen Pelzmantel mit hochgeschlossenem, kastanienbraunem Persianerkragen sieht sie hinreißend aus. Noch ein paar Minuten, dann geht die Tür auf. Am Fuß der Gangway stehen Erich und Margot Honecker, steif und mit eingefrorenem Lächeln.

3 Die große Parade

Ostberlin, Freitag, 6. Oktober 1989

»Jürgen, komm doch bitte mal her.«

Im Flur taucht ein Strubbelkopf auf.

»Was ist denn, Mama?«

»Ich muss gleich weg. Kannst du auf Petra aufpassen?«

»Wir spielen in zehn Minuten Fußball. Die warten auf mich. Bastian ist schon weg. Ehrlich gesagt ... «

»Na und, dann kommst du eben ein wenig später, dein Bruder und deine Freunde werden schon zurechtkommen. Es dauert nicht lang.«

Der Junge, schon im Trikot von Lokomotive Leipzig[1], gehorcht: Er wird seine kleine, knapp ein Jahr alte Schwester hüten. Emma zündet sich derweil eine Zigarette an und schaut noch schnell aus dem Fenster. Aus den benachbarten Wohnungen hängen rote Fahnen und kleine Wimpel mit den Farben der DDR. Entlang der Schönhauser Allee sind Hunderte Menschen auf den Bürgersteigen versammelt, umringt von einem beeindruckenden Polizeikordon. Die junge Frau umarmt ihre Kinder und stürmt voller Spannung die Treppen hinunter. Um nichts in der Welt möchte sie Gorbatschow verpassen.

---

[1] Lokomotive Leipzig war mehrfacher DDR-Pokalsieger und im Europapokal einige Male weit gekommen – 1973/74 Halbfinalist im UEFA-Cup, 1987 Finalist im Europacup der Pokalsieger.

Der sowjetische Staatschef ist die Triebfeder des Neuen Forums, dessen Gründungsaufruf am 9. September die bald 37-jährige Kinderpflegerin gleich zu Beginn unterzeichnet hat. Diese Versammlung von Intellektuellen, Wissenschaftlern und Künstlern ist eine der zahlreichen kleinen Dissidentengruppen, die mit Beginn des Herbstes entstanden sind. Mit den Gründern, unter ihnen die Malerin Bärbel Bohley und der Physiker Sebastian Pflugbeil, teilt Emma die gleiche bittere Erkenntnis: In der DDR findet zwischen dem Staat und der Gesellschaft keine Kommunikation mehr statt. Die schöpferischen Möglichkeiten der Gesellschaft sind gelähmt. An den Reformen muss eine größere Zahl von Menschen beteiligt werden.

Am 19. September haben die Initiatoren des Neuen Forums unter Berufung auf den Artikel 29 der Verfassung, der die Versammlungsfreiheit garantiert, die Eintragung ihrer Vereinigung beantragt. Zwei Tage später wies der Innenminister den Antrag in ungewöhnlicher Eile zurück. Als Begründung gab er an, die Ziele der Gruppe stünden im Widerspruch zur Verfassung der DDR, und ihr Programm sei staatsfeindlich. In einer geheimen Aktennotiz zeigte die Stasi sich entschiedener: Das Neue Forum ziele darauf ab, das Land politisch zu destabilisieren.

Das Verbot, über das die von der überwiegenden Mehrheit der Ostdeutschen regelmäßig gesehenen westdeutschen Fernsehsender ausführlich berichtet haben, hat zur Popularität der Bewegung beigetragen. Bei den Initiatoren des Aufrufs, der von immer mehr Menschen[2], besonders von Rock- und Popsängern, unterzeichnet wird, läutet ununterbrochen das Telefon. Emma kann die Unnachgiebigkeit der Regie-

---

2 Anfang Oktober waren es 6000, eine zu dieser Zeit für die Opposition der DDR beachtliche Zahl.

rung nicht verstehen. Schließlich will man nichts weiter als endlich einen Dialog zwischen der Regierung und der Bevölkerung in Gang bringen und einen Sozialismus mit menschlichem Antlitz entwerfen. Sie hofft, dass Gorbatschow die Einstellung der Führung ändern wird.

An der Schönhauser Allee muss Emma die Ellenbogen einsetzen, um einen guten Platz zu ergattern. Die begeisterte, aber noch recht gesittete Menge wird von Minute zu Minute größer. Um sie im Zaum zu halten, halten die Polizisten sich an den Händen. Plötzlich kommt Applaus auf: In einiger Entfernung sind vom Alexanderplatz her die ersten Motorräder der Eskorte mit aufgeblendeten Scheinwerfern zu sehen. Als die gewaltigen SIL-Limousinen, neben denen die Autos des Politbüros der SED harmlos und winzig wirken, vorbeifahren, nimmt der Beifall noch zu. Gorbatschow und Honecker haben in einem der Sowjetautos Platz genommen. »Gorbi! Gorbi!«, schreit die Menge, als seine Gestalt zu erkennen ist. Emma kann es nicht fassen: Obwohl viele Stasiagenten in Zivil – leicht zu erkennen am akkuraten Haarschnitt und den beigefarbenen oder grauen Parkas – unterwegs sind, fürchtet sich die Bevölkerung Berlins nicht, ihre Zuneigung für den Reformer aus der Sowjetunion zu zeigen.

Die politische Polizei Ostdeutschlands kann Emma schon seit geraumer Zeit nicht mehr erschrecken. Sie hat gelernt, mit den Häschern Erich Mielkes in ihrem Gefolge zu leben: Man überwacht sie seit 1973. Niemals ist sie eine untadelige Bürgerin des deutschen Arbeiter- und Bauernstaats gewesen. Sie hat zwar die Oberschule besucht, doch wegen ihrer provokativen und »antisozialistischen« Einstellung hat man ihr untersagt, das Abitur zu machen. Von da an war ihr Weg vorgezeichnet: Sie suchte sich kleine Jobs, um überleben zu können, und wurde in der verschwindend kleinen Opposition aktiv – geleitet von der Hoffnung, ihr Land werde sich eines Tages ändern. Anfang der Achtzigerjahre schloss sie sich den Friedenskreisen an. Diese pazifistischen Gruppen mit oft nur einem Dutzend Aktivisten hatten sich als Reaktion auf die zunehmende Militarisierung der Honecker-Regierung zur Zeit der Krise um die Stationierung von zusätzlichen Raketen in Europa konstituiert. 1984 wurde sie von der Stasi verwarnt: Wenn sie ihre politischen Aktivitäten nicht beendete, würde sie Gefahr laufen, ihre beiden kleinen Söhne zu verlieren. Sie blieb standhaft. Nicht im Rahmen der Pazifistenkreise, die allmählich dahinschwanden – viele ihrer Anhänger wurden von Honecker in den Westen abgeschoben oder an ihn verkauft[3] –, sondern in anderen sich bildenden Grüppchen, die sich für die Bürgerrechte einsetzten.

Die Bravorufe wärmen Michail Sergejewitsch, der nach seiner Landung einer schweren Prüfung ausgesetzt ist, das Herz. Seit den protokollarischen Bruderküssen am Flughafen wirft Erich Honecker sich in die Brust. Als die lange Wagenkolonne an den neu gebauten Wohnblocks der Leninallee vorbeifährt, erläutert der SED-Chef seinem sowjetischen Gast seine Wohnungsbaupolitik, auf die er mächtig stolz ist – ohne ihm auch nur das kleinste Detail zu ersparen: 3 172 365 Wohnungen gebaut, seit er an die Spitze des Staates gelangt ist; jeder Arbeiter verfügt im Schnitt über 23,6 Quadratmeter ... Während sie die Schönhauser Allee hinunterfahren, verheimlicht Honecker ihm keine einzige der jüngsten Großtaten der ostdeutschen Wirtschaft.

»Michail Sergejewitsch, schau dir dieses blühende und glückliche Volk an. Wie du weißt, liegen wir beim Gemüse-

3   Seit dem Mauerbau war es üblich geworden, dass die BRD die DDR im Austausch gegen klingende und werthaltige D-Mark von manchen politischen Opponenten »befreite«.

verbrauch pro Arbeiter weltweit auf dem neunten Platz; beim Fleisch ist es Rang 14 ...«

»Erich, ich bewundere die Leistungen des ostdeutschen Sozialismus sehr, aber wenn meine Informationen stimmen, dann ist die Produktivität doch ...«

»Bedenke nur, dass die DDR allein mehr Schweine besitzt als ganz Deutschland vor dem Krieg. Und unsere Lebenserwartung ist eine der höchsten der Welt.«

Gorbatschow verkneift sich die Erwiderung, dass das Durchschnittsalter der ostdeutschen Politbüros – 67 Jahre – tatsächlich eine außerordentliche Langlebigkeit belege. Im Lauf seines zweitägigen offiziellen Besuchs wird er noch eine passende Gelegenheit finden, ihm seinen Standpunkt deutlich zu machen. Er wendet den Kopf ab und schaut durch die Scheibe auf die Berliner, die hergekommen sind, um ihn zu begrüßen.

Die dichte Menge aufgeregter Menschen vibriert in der Erwartung, Gorbatschow zu sehen. Nachdem er vor der Neuen Wache[4] einen Kranz niedergelegt hat, macht der Generalsekretär der KPdSU sich an seine liebste Übung: Er begibt sich zum *Narod*, zum Volk, um Hände zu schütteln und ein paar Worte zu wechseln. Man reicht ihm ein Mikrofon. Der Lautsprecher pfeift, die Übersetzung ist nicht zu hören. Für die große Menge ist Gorbatschow nur ein grauer, winziger Punkt.

Eine junge Frau von 24 Jahren, die schwarzen Haare im Wind, bahnt sich einen Weg durch das Geschiebe und ver-

4 Die von Karl Friedrich Schinkel, dem großen Architekten Berlins, zu Anfang des 19. Jahrhunderts erbaute Neue Wache beherbergte zunächst die Wachmannschaft des Stadtschlosses und diente dann als Ehrenmal für die Gefallenen des Ersten Weltkriegs, ehe sie 1960 von der ostdeutschen Regierung den Opfern des Faschismus und Militarismus geweiht wurde.

sucht, die Worte des Sowjetführers aufzuschnappen. Vera ist aus Neugier zur Straße Unter den Linden gekommen, auf der Suche nach Aufregung und starken Emotionen. Ihren Freunden wird sie von der Stimmung und von dem allein Gorbatschow vorbehaltenen Empfang erzählen. In ihrem Rucksack hat sie eine Zahnbürste, ein wenig Unterwäsche und Stricknadeln verstaut. Sie verzieht sich rasch wieder: Sie hat Besseres zu tun, als ein Groupie für den Genossen Gorbatschow abzugeben. Sie macht sich Richtung Nordost auf den Weg, um ihre Freunde von der Umweltbibliothek der Zionskirchengemeinde zu treffen.

Vera arbeitet seit drei Jahren in der Umweltbibliothek – der UB, wie man in Untergrundkreisen sagt –, einem unabhängigen Zentrum, wo man Informationen verbreitet und konspirativ in Umlauf gebrachte Flugschriften produziert. Man befasst sich hier mit den ökologischen Katastrophen der zu einer gigantischen Müllkippe unter freiem Himmel verkommenen DDR. In einem Land, in dem man die Schwerindustrie mit Kohle und Stahl verehrt, ist es aufgrund einer Anordnung verboten, irgendwelche Daten über die Umweltschäden zu veröffentlichen. Dennoch sind sie offensichtlich: Das Wasser aus der Leitung schmeckt nach Eisen, Autos und Häuser sind mit einer Schicht aus fettigem Staub überzogen. Das von der offiziellen Presse ignorierte Reaktorunglück von Tschernobyl hat eine neue Generation von Aktivisten hervorgebracht. Zu ihnen gehören Carlo und Simon, die 1986 unter dem Schirm des Pastors Hans Simon von der Berliner Zionskirchengemeinde[5] die UB gegründet haben. Bekannt wird sie aufgrund einer dilettantischen Aktion der Stasi. In

5 Alle in diesem Buch aufgeführten Kirchengemeinden in Berlin wie in Leipzig gehören dem lutherischen Bekenntnis an. Das bezieht sich auch auf die im Buch genannten Bischöfe, die alle Mitglieder der evangelischen Kirche in Deutschland sind.

der Nacht vom 24. auf den 25. November 1987 soll der UB eine Falle gestellt werden. Die Stasi will in ihren Räumen eine Untergrundzeitschrift drucken lassen. Doch der Trabbi des Agent provocateur hat eine Panne, die Stasihäscher erscheinen zu früh auf der Bildfläche. Zwei Mitarbeiter werden zwar verhaftet, doch aufgrund landesweiter Proteste, begleitet von internationalem Medienecho, gelingt es, sie freizubekommen. Die für die Partei peinliche Geschichte verbreitet sich schnell in der DDR und im Ausland.

Vera beschleunigt ihren Schritt. Sie hat es eilig, zur Gribenowstraße Nummer 16 zu kommen, wo die UB zu Hause ist. 1986 hat sie eine schlimme Zeit durchgemacht. Ihr Freund ist nach Westberlin abgeschoben worden; damals hatte sie an Ausreise gedacht. Als Bibliothekarin der Humboldt-Universität hat sie sich zu Tode gelangweilt, ihr erstes Ausbildungsjahr hat sie damit zugebracht, Bücher abzustauben, im zweiten hat sie eine Depression bekommen ... Und genau in jenem Sommer hat Vera am Ufer des Plattensees in Ungarn Carlo getroffen. Er hat ihr vorgeschlagen, zur UB zu kommen, und ihr seinen Kollegen Wolfgang vorgestellt, der sich schnell in die hübsche junge Frau verliebt hat. In der Folge lebte Vera wieder auf: Endlich hatte sie das Gefühl, in diesem Land etwas verändern zu können, in dieser versteinerten Gerontokratie von »Volvograd«, wie die Oppositionellen den Klüngel der Waldsiedlung Wandlitz spöttisch nennen.

Im Schaufenster eines Fischgeschäfts entziffert sie mit einem Seufzen ein Plakat mit der Aufschrift »Soziale Sicherheit, Verwirklichung der Menschenrechte«, das zwischen einem Ostseeaal und Bismarckheringen steckt. Als sie auf dem schlecht verfugten Pflaster stolpert und fast hinfällt, klappern die Stricknadeln in ihrem Rucksack. Die junge Oppositionelle hat sie immer dabei – nicht, um sich gegen mögliche Angreifer zu wehren, sondern für den Fall einer Verhaftung: Sie sollen ihr helfen, Ruhe zu bewahren und nicht an die Zigaretten zu denken, von denen sie gewöhnlich eine nach der anderen raucht. Vor dem Gebäude der UB angekommen, entdeckt sie keine Anzeichen von Polizei. Als sie durch den Vorraum geht, schießt ein in einem Lieferwagen versteckter Fotograf Bilder von ihr.

Am Prenzlauer Berg ist die Gethsemanekirche seit mehreren Tagen von jungen Aktivisten besetzt, die gegen die Verhaftungen der letzten Wochen protestieren und die Freilassung ihrer Gesinnungsgenossen fordern. Der von einem Garten mit prächtigen Linden und Nussbäumen umgebene neugotische Bau aus roten Ziegeln ähnelt einem befestigten Feldlager. Schulter an Schulter mit Stasiagenten in Zivil umstellen Polizeikräfte das Gebäude. Auf dem Bürgersteig und hinter dem Zaun des Gartens trotzen ihnen einige Hundert friedliche junge Menschen. Sie machen sich darüber lustig, dass man sie abhört, fotografiert und identifiziert; sie haben Tausende Kerzen angezündet. Der Platz ist voller Menschen.

»Den Jungs aus Magdeburg ist es endlich gelungen, zu uns zu stoßen. Sie haben mir bestätigt, was wir befürchtet haben: Von den 500 Demonstranten gestern sind 250 von der Polizei vorübergehend festgenommen worden, und viele sind noch in Haft.« Ein knappes Dutzend Leute steht im Kreis um Barbara und hört, was sie in festem Ton sagt: »Morgen kommt Bewegung in die Sache. Unsere Freunde aus Leipzig und Karl-Marx-Stadt haben versprochen, wieder aktiv zu werden. Auch in den Kleinstädten reagieren die Leute allmählich. In Potsdam wird es wohl eine Demonstration geben. Ebenso in Arnstadt. Und natürlich in Berlin. Wenn ihr Journalisten aus dem Ausland trefft, dann sagt ihnen vor allem, was gestern in Magdeburg geschehen ist. Jetzt muss mich einer von euch ablösen. Ich bin völlig fertig.« Ein junger Mann setzt sich am Schreibtisch nieder und lässt das Telefon nicht aus den Augen – prompt fängt es zu läuten an.

Der ständige Bereitschaftsdienst in der Telefonzentrale der Gethsemanekirche ist anstrengend, aber auch aufregend. Barbara spürt, dass das Land endlich in Bewegung kommt. Offensichtlich hat der Exodus des Sommers ihren Landsleuten zur Redefreiheit verholfen. Im September hat man Barbara zu zahlreichen Foren in der ganzen DDR eingeladen; nie zuvor hatten sich so viele Leute in Bewegung gesetzt. Viele haben sich über den Verfall des Wohnungsbestands und der Infrastruktur beklagt. Von der Reaktion Honeckers auf die Ausreisewelle waren sie wie vor den Kopf geschlagen. Überdies sind ihre Forderungen politischer geworden. Sie haben sie über die Lage in Berlin und zu den Programmen der neuen oppositionellen Foren befragt, speziell zu »Demokratie Jetzt!«, das von Barbara mitgegründet worden ist. »Demokratie Jetzt!« ruft die ostdeutschen Bürger dazu auf, sich in die inneren Angelegenheiten der Republik einzumischen. Am Vorabend hat Barbara an einem Treffen zur Koordination verschiedener Kleingruppen teilgenommen, wo das »Neue Forum«, »Demokratie Jetzt!« und »Demokratischer Aufbruch« anwesend waren. Sie haben eine gemeinsame Erklärung verfasst, deren Hauptforderung die Abhaltung freier geheimer Wahlen unter der Kontrolle der Vereinten Nationen ist.

Barbara lächelt. Das ist eindeutig der Herbst der Überraschungen. Klar, es ist nichts entschieden, aber wenigstens hat sie nicht mehr das Gefühl, allein oder fast die Einzige zu sein, die die Regierung herausfordert und dessen Sanktionen sie ausgesetzt ist. Barbara gilt als »Staatsfeindin« und steht deshalb unter »operativer persönlicher Überwachung« durch die

Stasi. Ihre Post wird systematisch geöffnet, ihr Telefon abge-
hört, ihre Wohnung regelmäßig durchsucht. Zu Hause ver-
ständigt sie sich nur durch kurze Worte mit ihrem Mann und
unterhält sich nur draußen mit ihm. Mehrmals hätte sie beinahe aufgegeben und beantragt, das Land verlassen zu dürfen. Doch dieses Geschenk würde sie der SED um nichts in der
Welt – abgesehen von der Freiheit ihrer Kinder – machen. Und
jetzt, da Opposition sich nicht mehr auf einige Hundert Jazz-
begeisterte, radikale Ökos, Pazifisten, Hippies, Homosexuelle
und Punks beschränkt, hat sie allen Grund zu lächeln!

Sven, den sie in der Küche der Kirchengemeinde antrifft,
verkörpert diese neue Protestgeneration. Barbara mag diesen Kerl mit der Ausstrahlung eines Gavroche[6]. Ihm ist die
Theorie egal. Er will konkrete und rasche Veränderungen: Den
tristen Alltag in Ostdeutschland erträgt er nicht mehr. Und
mit seinen 19 Jahren ist er bereit, jedes Risiko auf sich zu nehmen. Seit den Scheinwahlen vom 7. Mai[7] hat er an allen gegen
die Betrügereien des Staates gerichteten Demonstrationen
teilgenommen – an jedem 7. des Monats. Und er ist der Meinung, dass nur symbolische Aktionen die Solidarität der
schweigenden Mehrheit wecken und die internationale Öffentlichkeit aufrütteln, vor allem jene in Westdeutschland.

Am 2. Oktober haben Sven und seine Freunde um 16 Uhr
die Gethsemanekirche[8] besetzt. Sie hatten Lebensmittel und

---

6 Der Straßenjunge aus Victor Hugos Roman *Les Misérables*. – Anm. d. Ü.

7 Am 7. Mai 1989 fanden in der DDR Kommunalwahlen statt. Die von der Partei vorge-
stellten Einheitslisten erhielten bei einer Wahlbeteiligung von 98,78 der Wahlberech-
tigten offiziell 98,85 Prozent der Stimmen. Die Beobachter der Bürgerrechtsbewegung
stellten erhebliche Unregelmäßigkeiten fest.

8 Seit der 1978 mit der Regierung geschlossenen Vereinbarung gewährte die Kirche,
insbesondere in Berlin, wo die Spitze der Diözese ziemlich tolerant war, »Basisgruppen«
von Dissidenten Asyl. Man glaubte, die Gemeinden würden ihre Schäfchen kontrollieren
und zur Mäßigung anhalten, wofür der Staat sich im Gegenzug verpflichtete, in den Gotteshäusern nicht physisch einzugreifen.

Schlafsäcke dabei. Man bereitete sich auf eine lange Belagerung vor. Am Kirchturm befestigten sie ein großes Spruchband: »Freiheit für die politischen Gefangenen!« In der ersten Nacht schlief nur ein knappes Dutzend unter den Gewölbejochen des Gotteshauses. Dann erhielten sie rasch Verstärkung, und der tägliche Gottesdienst um 18 Uhr wurde zum Versammlungsort der Berliner Protestbewegung. Nur vier Tage nach Beginn des Unternehmens drängten sich fast 3000 Menschen in der Kirche und hielten den Garten besetzt – unter der Bedrohung durch die Ordnungskräfte und in Anwesenheit von Journalisten aus aller Welt, die als Beobachter des 40. Jahrestags angereist waren.

Barbara winkt Sven zu. Geschmeichelt kommt er zu ihr. Er ist nicht als Einziger davon überzeugt, dass die ostdeutsche Opposition, wenn sie sich eine inspirierende Galionsfigur suchen muss, sie wählen wird.

»Wie geht's, Sven?«

»Gut wie immer! Stell dir vor, als ich vorhin die Telefonzentrale verlassen wollte, bin ich ihnen grade noch entwischt. Ich war schon an der Tür, als ein Typ sagte: ›Sieh dich vor, zwei Bullen warten auf dich!‹ Ich bin gerannt, so schnell ich konnte, aber die Polizisten haben mich an den Armen erwischt, genau vor dem Zaun der Kirche. Sie wussten, wie ich heiße, wollten aber trotzdem meine Papiere prüfen! Ich hab ihnen gesagt, dass ich sie in der Kirche zurückgelassen habe. Ein Pastor ist dazwischengegangen, und sie haben mich in den Garten gehen lassen. Durch das Gitter habe ich ihnen meinen Personalausweis gezeigt. Das war knapp!«

»Und wie läuft's in der Kirche?«

»Geht so, die Spannung steigt, aber die Leute bewahren die Ruhe. Die Leute im Hungerstreik halten durch. Dagegen wird die Kirchenleitung ungeduldig. Die Leute werden immer mehr, und das Kirchenschiff sieht langsam aus wie ein Campingplatz. Draußen wird gebechert und geraucht. Bleibst du zum Gottesdienst?«

»Nein, ich muss meine Kinder suchen. Ich hoffe, ich kann die Kirche verlassen ...«

Ein italienisches Fernsehteam unterbricht ihr Gespräch. Freundlich beantworten sie die Fragen des Sonderkorrespondenten der RAI: »Wir fordern die Freilassung aller politischen Gefangenen, freie Wahlen und die Legalisierung des Neuen Forums sowie von Demokratie Jetzt! ...«

An der Straße Unter den Linden ist die Nacht hereingebrochen; es ist kälter geworden. Der Wind zerrt am Gabardinemantel Erich Honeckers, doch das ficht ihn nicht an: Der Fackelzug der FDJ wird sich gleich in Bewegung setzen. Der Nachmittag ist ohne falsche Töne abgelaufen, sogar ein wenig besser, als er selbst erwartet hat. Am Palast der Republik, diesem wunderbaren, monumentalen Haus des Volkes am Marx-Engels-Platz, ist Erich Honecker sich brillant vorgekommen. Auf der Tribüne hat er sich erneut unbeugsam gezeigt: »1949 bis 1989: Immer vorwärts, nimmer rückwärts!«, hat er mit Nachdruck verkündet, die Augen auf den Horizont gerichtet. »Wir werden unsere Probleme selbst lösen, mit sozialistischen Mitteln.« Am Ende seiner Ansprache haben sich die Volksvertreter erhoben und ihm wie Roboter frenetisch applaudiert.

Michail Sergejewitsch scheint sich wieder gefangen zu haben. In seiner eigenen Rede ist er kein einziges Mal auf seine gebetsmühlenhaften Formeln von Perestroika und Glasnost zurückgekommen. Zwar hat er die Partei aufgefordert, sich mit den diversen Untergruppen der ostdeutschen Gesellschaft zu beraten, um die Probleme des Landes lösen zu können. Er hat auch betont, dass die Sowjetunion sich nicht mehr in die Angelegenheiten Ostberlins einmischen werde. Aber er hat wiederholt, dass er die DDR unterstützen wolle. Er hat sogar der BRD vorgeworfen, dass sie die Reformen auszunutzen versuche, um das Gespenst eines Großdeutschen Reiches wiederzubeleben. Honecker kann aufatmen: Die Mauer, seine Mauer, hat noch viele Jahre vor sich …

Unter den Linden nimmt Gorbatschow auf der Ehrentribüne an der Seite des ostdeutschen Staatschefs Platz. »Ohne die FDJ ist die Geschichte der DDR undenkbar. Sie ist stets die entscheidende Kraft der jungen Generation gewesen; noch heute führt sie sie zum Sozialismus und zum Frieden«, lässt ihn der Zeremonienmeister in seinem näselnden Tonfall wissen. »Seit vier Jahrzehnten ist der Bund zwischen der SED und der FDJ, zwischen dem Sozialismus und der Jugend unauflösbar. Wir können optimistisch in die Zukunft schauen.«

Erich Honecker lässt den Arm von Gorbatschow los und steht auf. Der Umzug beginnt. Eine Woge von Blauhemden, eingehüllt in ockerfarbenes Fackellicht, zieht im Takt von Trommeln und Becken vorbei. Soweit Honecker die Straße überblickt, kann er das jugendliche Fußvolk der landwirtschaftlichen Kollektive und Kombinate ausmachen, eine Legion strahlender Gesichter. Es sind 100 000, fast so viele wie vor 40 Jahren. Emotionen überfluten ihn: Nie wird er den ersten Fackelzug vergessen, der triumphierend durch die in Trümmern liegende Stadt marschierte. In jener Nacht hatte der junge Honecker als Vorsitzender der FDJ dem neuen sozialistischen Deutschland die Treue geschworen. Seinen Eid hat er nie gebrochen, und die Prophezeiung ist Wirklichkeit geworden. Der Vorbeimarsch dieses Abends, die überwältigende Machtdemonstration, ist erneut der schlagende Beweis dafür.

Plötzlich ertönt ein dumpfes Grummeln. Das Murmeln wird zum Aufschrei, zu einem aus dem Bauch aufsteigenden Schrei der Zuneigung:

»Gorbi! Gorbi! Gorbi! Gorbi, hilf uns!«

Erich Honecker erbleicht. Mühsam hält er sich aufrecht und grüßt weiter die Menge. Mieczysław Rakowski, Erster Sekretär der Kommunistischen Partei Polens, wendet sich zu Gorbatschow: »Michail Sergejewitsch, hast du verstanden, was sie rufen?« Rakowski übersetzt. »Sie fordern deine Hilfe. Sie wollen, dass du sie rettest. Und das sind doch Anhänger der Partei, die man für die Parade heute sorgfältig ausgesucht hat. Das ist das Ende!«

In der Umweltbibliothek verfolgt man zerstreut die Übertragung auf einem alten Fernseher. »Hört mir mit diesem Zirkus auf. Fangen wir mit der Sitzung an«, erregt sich ein Bärtiger mit schmalem Gesicht. Die jungen Aktivisten versammeln sich um Wolfgang, den Theoretiker der Gruppe. Er ist zehn Jahre älter als sie. Vera stößt wenig später zu ihnen.

»Diese Jungs haben keine Ahnung, echt. Ein Fackelzug wie zu den Zeiten von Stalin und Ulbricht! Alles ist bestens, wir leben in der besten aller Welten, die DDR ist in ausgezeichneter Verfassung. Demonstrationen im ganzen Land: 30 000 Leute ...«

»45 000«, berichtigt Vera sofort.

»45 000 sind abgehauen, aber die tun so, als sei nichts geschehen. Das ist nicht zu fassen!«, klagt ein Lehrling im Blaumann.

»Wundert dich das? Hast du vielleicht erwartet, dass Honecker öffentlich Buße tut? Oder dass er am Vorabend des 40. Geburtstags seines Babys den Rücktritt erklärt? Vom Politbüro ist absolut nichts zu erwarten. Wir sollten uns besser auf unsere kleinen Geschichten von morgen konzentrieren. Wer geht zur Demo? Wer bleibt in der Bibliothek und passt auf sie auf? Wer geht zur Gethsemanekirche?«, fragt Wolfgang in den Raum.

Sie verteilen die Aufgaben; Vera soll das freie Elektron der Gruppe sein, die Verbindungsfrau zwischen den verschiedenen Brennpunkten des folgenden Tages. Wolfgang seufzt: Sie hat ihn erst wenige Wochen zuvor verlassen.

Als sie auseinandergehen, erinnert er alle an die Verhaltensregeln: »Nehmt ein bisschen Geld mit, falls man euch einbuchtet, damit ihr uns anrufen oder mit der Zentrale in der Gethsemanekirche Verbindung aufnehmen könnt. Schreibt euch die Nummer auf, 4 484 235, und behaltet sie bei euch. Und vor allem keine Gewalt, auf keinen Fall! Lasst euch nicht von der Stasi provozieren: Die warten nur darauf. Viel Glück, Jungs!«

4 Jagd auf »Saboteure«

Ostberlin, Samstag, 7. Oktober 1989

Seit Heinrich Knopf vor einem Jahr in dieses nagelneue Hochhaus gezogen ist, liebt er es, am frühen Morgen mit einer Tasse schön schwarzen Kaffees in der Hand die Haftanstalt Hohenschönhausen[1] zu betrachten. Sachte, um seine Frau und seine Kinder nicht zu wecken, schließt er die Schiebetür des Balkons, ehe er in seinen Regenmantel schlüpft.

Die Straßen sind noch menschenleer, und Knopf in seinem Wartburg-Dienstwagen drückt aufs Gas. An einer Kreuzung lässt er einem Spezialtransport die Vorfahrt, der Panzer zur Karl-Marx-Allee befördert, wo in drei Stunden die große Militärparade beginnen soll. Noch zehn Minuten Fahrt, und es zeichnet sich der Umriss der gewaltigen Festung aus grauem Beton ab, die »Firma Mielke«: Das Hauptquartier der Stasi in der Normannenstraße, an dem die Berliner möglichst nicht entlanggehen. Dutzende Schattenkämpfer in Grau und Beige, Diplomatenköfferchen in der Hand, durchschreiten das Portal. Wie jeden Morgen seit mehr als 30 Jahren zeigt Heinrich Knopf automatisch seinen Dienstausweis vor.

An diesem Vormittag gleicht das neuralgische Zentrum der Regierung wahrhaft einem Bienenstock. Alle Abteilungen des Ministeriums für Staatssicherheit sind auf dem Sprung.

---

1 Das große Stasigefängnis in Berlin.

Abteilung II – HA/II – ist wegen der extrem hohen Zahl der akkreditierten ausländischen Journalisten überlastet; Abteilung PS feilt an der Aufteilung ihrer mit dem Schutz der ausländischen Gäste betrauten Leute; HA/IX ermittelt wegen der in den letzten Tagen festgenommenen Personen... Am Abend zuvor hat Heinrich Knopf ihnen einige Beweismittel geliefert.

Er trifft Rainer und Bernd, zwei seiner sechs Verbindungs-Unteroffiziere. Ihre Augen sind gerötet von der Nacht, die sie damit zugebracht haben, auf die Anrufe vieler Polizeispitzel zu reagieren. Der Bericht sei fertig, teilen sie ihm mit. Er betritt das Büro und begrüßt Bärbel, seit 15 Jahren seine treue Mitarbeiterin, eine stämmige, unverheiratete Mutter, die seit dem frühen Morgen dabei ist, die Ereignisse der letzten Nacht für ihn zusammenzufassen.

Knopf öffnet die Akte auf seinem Schreibtisch. Die Agitationskampagne und die Verleumdungen der negativen feindlichen Kräfte werden an diesem Jubiläumstag fortgesetzt werden. Im Presbyterium von Schwante soll an diesem Nachmittag endgültig die neue Sozialdemokratische Partei (SDP) gegründet werden. Die Anhänger des Neuen Forums setzen ihre Aktivitäten fort und sammeln weiter Unterschriften für ihren Aufruf. Die Agitation greift auf weitere Kirchen in Berlin über. Nichts weist darauf hin, dass die Fanatiker von Gethsemane ihre Kraftprobe mit den Ordnungskräften beenden werden. Im Gegenteil: Sie werden immer mehr, und in Flugblättern wird wie an jedem 7. eines Monats für 17 Uhr eine weitere Demonstration auf dem Alexanderplatz angekündigt. Heinrich Knopf wird blass: Zur selben Zeit und am selben Ort wird das Fest des Volkes in vollem Gang sein, und seinen Informanten zufolge könnten es dieses Mal mehrere Hundert Demonstranten werden. Zuvor waren bei diesen

Demonstrationen immer nur ein paar Dutzend Krawallbrüder zusammengekommen, für die Agenten der Stasi kein Problem. Als er liest, dass es in der Nähe der Grenzposten, speziell am Brandenburger Tor und in der Umgebung des Bahnhofs Friedrichstraße, zu »Provokationen« kommen könne, rubbelt er nervös die Ohren des Bären Mischa, des Maskottchens der Olympischen Spiele von Moskau, die er zu seiner Freude hatte besuchen dürfen.

An seinem Telefon blinkt die Verbindung mit der Nummer eins. Knopf wird dringend zu einer Koordinationssitzung der ZAIG gerufen, der Gruppe für Zentrale Auswertung und Information unter der Leitung von Rudolf Mittig. Dieser ehemalige SS-Angehörige, der nach dem Krieg durch den vierjährigen Aufenthalt in einem Gefangenenlager in der Sowjetunion zum Sozialismus bekehrt wurde, ist heute einer der vier Stellvertreter Mielkes. Als Chefanalytiker der mit der Beobachtung der Opposition beauftragten HA/IX ist Knopf ein wichtiges Element in der Struktur der politischen Polizei Ostdeutschlands. Er leitet eine Gruppe von etwa 50 Mitarbeitern, die sich auf ein Netz mehrerer Tausend Informanten stützen. Knopfs Maulwürfe haben am Ende alle oppositionellen Kreise unterwandert: Das Viertel der Bohème am Prenzlauer Berg, die evangelische Kirche bis hinein in die höchsten Instanzen, die Menschenrechtsgrüppchen. Die Mitglieder der Initiative für Frieden und Menschenrechte sind zur Hälfte Offizielle Mitarbeiter der Stasi; einer der Mitbegründer des Demokratischen Aufbruchs, der Rechtsanwalt Wolfgang Schnur, ist zugleich ein Informant ...

Mit seinen 50 Jahren hat Knopf das jugendliche Aussehen eines gut gebauten Wehrpflichtigen. Der ausgezeichnete Schwimmer hat sein Leben dem Kampf gegen die Untergrundaktivitäten der polit-ideologischen Saboteure geweiht.

Der junge Heinrich, vorzeitiger Abiturient und einer der Verantwortlichen der FDJ in Plauen, ist von der örtlichen Stasi sowohl wegen seiner geistigen Fähigkeiten als auch wegen fehlender Verwandtschaft im Westen entdeckt worden, wie er später erfahren sollte. Mit nur 17 Jahren verpflichtete er sich, lebenslang dem Vaterland zu dienen, es vor Saboteuren zu schützen und die Richtlinie 1/58 zu achten, in der die Aufgabe des Ministeriums für Staatssicherheit definiert ist, nämlich »alle Versuche, den Sieg des Sozialismus aufzuhalten oder zu verhindern – mit welchen Mitteln und Methoden es auch sei –, vorbeugend und im Keime zu ersticken«. Seitdem ist Heinrich Knopf, überzeugt vom prometheischen Wirken der Republik, einer von 91 000 Mitarbeitern des Ministeriums für Staatssicherheit und trägt dazu bei, das Leben von sechs Millionen Landsleuten in Akten zu bannen.

Nachdem Heinrich Knopf ein Linoleumlabyrinth durchschritten, den Innenhof der »Firma« überquert und anschließend einen altertümlichen Paternoster benutzt hat, kommt er schließlich im Sitzungssaal der ZAIG an. Über einem gigantischen Plan von Ostberlin flimmert eine Neonleuchte. Am Tisch, wo die Vertreter der anderen Abteilungen des Ministeriums und der Volkspolizei bereits Platz genommen haben, wartet Rudolf Mittig auf ihn, um mit der Sitzung zu beginnen. Knopf, mit einem langen Lineal in der Hand, teilt ihnen seine Informationen über die Brennpunkte des Tages mit und legt den Akzent besonders auf die Gethsemanekirche. Stolz verkündet er, dass er über etwa 20 Spitzel verfüge, die ihn ständig informieren.

Danach wendet sich Mittig, wie gewohnt mit schwarzer Brille, ohne Umschweife an seine Untergebenen: »*Der Minister für Staatssicherheit hat mir sehr strikte Anweisungen ge-*

geben. Unsere Kräfte und die der Polizei müssen Zusammen-
rottungen und jede andere Art der Provokation unterbin-
den; sie sollen die Demonstranten auseinandertreiben und
unter Kontrolle halten. Setzen Sie Ihre Leute unter Druck: Je-
der Vertreter der Ordnung, der den Befehl verweigert, wird
ins Militärgefängnis Schwedt verbracht und nachhaltig be-
straft. Transparente jeder Art werden nicht geduldet, Unru-
hestifter werden auf der Stelle von öffentlichen Versamm-
lungen ausgeschlossen. Beim Fest des Volkes muss absolute
Sicherheit herrschen. Insbesondere wird sie durch die Auf-
stellung zahlreicher Kräfte in Zivil gewährleistet, die sich un-
ter die Menge mischen werden. An den Grenzposten werden
die Kontrollen verschärft, jedes verdächtige Subjekt ist zu mel-
den. Es interessiert uns wenig, wenn dadurch der Strom der
Touristen aus Westberlin nachlässt. An diesem großen Tag
werden die Saboteure weder Chaos noch Anarchie verbrei-
ten.«

»Schaut alle hin, was Quini gleich macht. Such, Quini, such!
Brav, guter Hund. Jetzt spring! Gut. Simon, du ziehst jetzt die
Montur des Angreifers an. Fass, Quini, ein Saboteur!« Der
Hund springt hoch und packt den unglücklichen Simon bei
den Kniekehlen. Dann folgen noch ein paar Übungen im
Zubeißen und Attacken mit Maulkorb, bei denen Quini sich
auszeichnet. Anschließend ist die Hundepflege fällig. Siggi
genehmigt seinen Unteroffiziersanwärtern ein paar Minuten Pause.

Endlich kann er aufatmen. Seit dem frühen Morgen kläfft
und scharrt Quini und zerrt an der Leine. Liegt das vielleicht
an Zecken? Oder an den Offizieren? Die sind seit gestern sehr
nervös und haben ihre Unruhe möglicherweise auf die Tiere
übertragen. Siggi mag ihn gern, diesen Hund. Ein Glücksfall:

Seit mehr als zwei Jahren teilt das Tier sein tristes Dasein in der Potsdamer Michendorf-Kaserne, wo Siggi seinen Dienst bei den Grenztruppen des gefürchteten Generals Baumgarten ableistet.

Für den jungen Wehrpflichtigen ist die erste Zeit hart gewesen. Er hat mehrere Wochen benötigt, um sich an das Gebrüll des Hauptfeldwebels Grobstock zu gewöhnen, an die NVA mit ihrer Gardekorps-Geselligkeit und ihrer preußischen Härte. Wecken am frühen Morgen, Trainingslauf, Liegestütze, Bauchmuskelübungen, Liegestütze, ABC-Ausbildung, Schießübungen mit dem AK-47, Auseinandernehmen des AK-47, Reinigen des AK-47, ideologischer Unterricht ... Und als Prämie ein wenig, sehr wenig Freizeit und vor allem dieser Hund, Quini, an den der junge Sachse sich hat gewöhnen müssen, er, der nie ein größeres Tier als einen Hamster besessen hat.

Nach sechs Monaten Grundausbildung versetzte man ihn nicht mitsamt seinem Zerberus zu einem Grenzposten an der innerdeutschen Grenze wie seine Kameraden, sondern schlug ihm angesichts seiner dienstlichen Bewertungen vor, Hundeführer-Ausbilder für die neuen Rekruten zu werden. Siggi ließ sich nicht zweimal bitten: Wenn er in Potsdam blieb, konnte er sich weiterhin mit Anna treffen, Studentin der Finanzwirtschaft in Ostberlin – Anna mit ihren blauen, grau gesprenkelten Augen ... Am Ende seiner Wehrpflicht beschloss er, um 18 Monate zu verlängern. Nicht aus Liebe zur Hundeführung, sondern weil seine freiwillige Weiterverpflichtung ihm den Zugang zur Wirtschaftsfakultät öffnen wird. Schon in jungen Jahren hat Siggi es verstanden, sich mit dem System zu arrangieren. Er hat einen ausgezeichneten jungen Pionier abgegeben, nie vergessen, den Monatsbeitrag für die FDJ zu begleichen, und auf den unteren Rand der Seiten seines mit einer aufgehenden Sonne geschmückten Notizbüchleins regelmäßig die Aufkleber mit den Lobpreisungen des Wirkens der kommunistischen Jugendverbände geklebt.

Seine Pause ist zu Ende, und in leichtem Sprühregen macht er mit den Geländetouren weiter. Da ertönt eine Trillerpfeife: Wegen des 40. Jahrestags wird die Ausbildungseinheit abgebrochen; die angehenden Unteroffiziere müssen umgehend ihren Ausgehanzug anlegen. Ein dickbäuchiger Oberst verliest mit bebender Stimme eine Lobrede auf den Arbeiter- und Bauernstaat. Siggi, voller Gleichmut unter der Schirmmütze, nimmt am Fahnenappell und an der Auszeichnung seiner Kameraden teil.

Anschließend tritt Hauptfeldwebel Grobstock vor, um die Glücklichen zu bestimmen, die am Nachmittag Dienst an den Grenzposten verrichten sollen. Siggi hofft inständig, dass es ihn nicht trifft, dass er nicht am Brandenburger Tor Wache schieben muss. Er wirft einen Blick auf seine Kumpel Simon und Christian, René und Andreas. Alle haben begriffen, dass sich in Berlin seltsame Dinge anbahnen, und sie haben nicht die geringste Lust, da mit hineingezogen zu werden.

Am Ende werden die zwei Kolosse Christoph und René auserkoren. Siggi atmet auf und begibt sich leichten Schrittes zum Lehrsaal, wo Major Radeberger, der Ausbilder in Marxismus-Leninismus, auf ihn wartet.

»Jetzt oder nie«, sagt sich Michail Sergejewitsch, als er die Vorhalle von Schloss Niederschönhausen durchschreitet, wo er mit Erich Honecker gleich ein Gespräch unter vier Augen führen wird. Er hat schon während der Militärparade versucht, mit ihm zu reden, aber wie am Abend zuvor ist er jämmerlich gescheitert. Der Greis hatte nur Augen für seine neuesten Spielsachen und seine stolzen Soldaten und sprang in die Höhe, als der Überschallknall einiger Düsenjäger den Himmel erbeben ließ.

Da die Beziehungen zwischen der DDR und der Sowjetunion ausgezeichnet und die Bande, die die SED mit der KPdSU vereinten, enger seien als je zuvor, könnten ihre Führungen doch in aller Offenheit miteinander reden, schlägt Gorbatschow gleich zu Anfang vor. »Die Gemeinschaft der sozialistischen Staaten braucht einen langen Atem, um den Wettbewerb mit dem Kapitalismus nicht zu verlieren. Wir befinden uns in einer entscheidenden Etappe unserer Geschichte. Erich, unser Schicksal steht auf dem Spiel«, sagt er und schaut dem Deutschen direkt in die Augen. »Sicher, der Prozess ist nicht einfach. Eine erneuerte Partei, erfinderisch und stark, dazu die Prinzipien des Marxismus-Leninismus: Schon haben wir das Mittel gegen das Chaos. Wir können gar nicht verlieren ...«

Der leicht angesäuselte Honecker unterbricht ihn:

»Vollkommen deiner Meinung. Das habe ich in meiner Rede gestern angesprochen. Und wir werden nicht verlieren, glaube mir!«

»Erich, hör doch bitte zu. Am Palast der Republik hast du den langen Weg angesprochen, den die DDR zurückgelegt hat, und dazu ihre zahlreichen Erfolge. Das ist legitim, wir feiern ein Jubiläum. Aber du musst nach vorn schauen. Ihr bereitet den XII. Kongress der SED vor. Das ist eine wichtige Etappe: Die Partei muss etwas unternehmen, sonst werden es an ihrer Stelle die Demagogen tun, glaube mir.«

Um sein Anliegen zu untermauern, zählt Michail Sergejewitsch mehrere der Reformen auf, deren Früchte er inzwischen zu ernten beginnt. Honecker folgt seiner lieben Ge-

wohnheit und ergeht sich in übertriebenen Höflichkeits-
adressen gegenüber der Sowjetunion, ehe er seinem Gesprächspartner versichert: »Die inneren Reformen sind eingeleitet, Michail Sergejewitsch. Die Partei hat in Hinblick auf
den XII. Kongress Kommissionen zur Zukunft des Sozialismus in den Neunzigerjahren auf die Beine gestellt. Wir
arbeiten sehr aktiv an den ideologischen Fragen: Die Beratungen erstrecken sich auch auf die Mitglieder des Politbüros, die Bezirkssekretäre, die Vertreter der Kombinate…«

Von plötzlicher Unruhe getrieben erhebt er sich aus seinem Sessel und marschiert im Prunksalon des Schlosses Niederschönhausen auf und ab. »Du solltest jedoch nicht vergessen, dass die Klassenkonflikte zugenommen haben. Kohl
hat erklärt, er werde uns, wenn wir Reformen einleiten,
materiell unterstützen. Wir haben ihm selbstverständlich
eine klare Absage erteilt. Es kommt nicht in Frage, dass wir
uns von irgendwem Bedingungen auferlegen lassen, schon
gar nicht von der BRD!« Dann kommt der Generalsekretär
auf die Gefahren durch Neonazis in Westdeutschland und
auf die jüngsten großen Manöver der NATO zu sprechen, ehe
er sich zu einer langen Tirade gegen Ungarn hinreißen lässt.
Scheinbar etwas beruhigt setzt Honecker sich wieder hin
und kündigt an, er werde sich nächste Woche mit den Vertretern der Blockparteien[2] treffen: »Der Erfolg des Wohnungs-
bauprogramms hat die Autorität der SED gestärkt. Derzeit
hat jeder Einwohner ein Dach über dem Kopf. Es ist noch
nicht lange her, da hatten nur sieben Prozent der Wohnungen
Toiletten und eine Dusche oder Badewanne. Jetzt sind 90 Prozent damit ausgestattet. Was die technisch-wissenschaft-

2 Formal gab es in der DDR mehrere politische Parteien – die CDU, die liberale Partei
LDPD, die Bauernpartei DBD und die Nationalisten der NDPD. Sie waren in der Regierung
und in der Volkskammer vertreten, aber der SED vollkommen unterstellt.

liche Revolution betrifft, so ist sie im Gang. Du siehst, Michail Sergejewitsch, die DDR ist ein kleines Land, aber sie ist ein moderner Industriestaat, dessen wissenschaftliches Potenzial beachtlich ist ... «

Gorbatschow ist es leid, und schließlich unterbricht er ihn: Sie müssen zu den Delegationen zurück, die sie zu einer gemeinsamen Arbeitssitzung erwarten.

Wieder eröffnet Michail Sergejewitsch die Veranstaltung. Er hofft, dass die Debatte in Anwesenheit des Politbüros, wo er einige Sympathisanten hat, endlich stattfinden wird. Er versichert seinen Zuhörern: »Die aktuelle DDR ist die bemerkenswerte Vollendung des langen und schwierigen Weges, der seit der Gründung des ersten Arbeiter- und Bauernstaates auf deutschem Boden zurückgelegt wurde. Wir haben Jahre, was sage ich, Jahrhunderte der Zusammenarbeit vor uns!« Um nicht als Spielverderber dazustehen, redet er die Schwierigkeiten und Fehler der ostdeutschen Führung klein: »Nur in der Planung laufen die Dinge ohne kleine Hindernisse ab. In der Wirklichkeit sieht es anders aus. Ihr dürft hier keine Überheblichkeit unsererseits sehen.« Gorbatschow spricht lieber die Spannungen in der UdSSR und die Probleme der Bruderparteien in Polen und Ungarn an, als die Führung der SED frontal anzugehen. Dann setzt er lächelnd die erste Spitze: »Gerade für Kommunisten ist es doch selbstverständlich, zum Wohl künftiger Generationen über die Zukunft zu sprechen und nachzudenken«, ruft er aus. »Auf euch warten schwierige Zeiten; es wird nötig sein, mutige Entscheidungen zu treffen. Ein Teller Aufschnitt mit Brot wird nicht ausreichen.« Seine deutsche Metapher verblüfft die ostdeutsche Delegation. Gorbatschow erläutert seine Anspielung auf »Brot und Spiele« der alten Römer näher: »Eine Gesellschaft darf sich nicht allein mit materiellem Wohlstand begnügen, sie braucht eine spirituelle Dimension, denn nur diese kann sie mobilisieren. Es ist an der erneuerten Partei, diese treibende Kraft zu verkörpern! Genossen, wir dürfen die Chance, die sich uns bietet, nicht verpassen. Wer zu spät kommt, den bestraft das Leben.«

»Genossinnen, Genossen ...«: Erich Honecker übernimmt wieder die Initiative und verkündet, als Vorbereitung für ihren kommenden Kongress im Frühling habe die Partei eine umfassende Reflexion angeregt, zu der die Akademie der Wissenschaften, die Gewerkschaften und die Blockparteien beitragen würden. »Ich kann den sowjetischen Genossen versichern, dass wir mit allen Mitteln bestrebt sind, in der DDR den Sozialismus der Zukunft auf stabilen Fundamenten zu entwickeln. Wir sind die Partei des Fortschritts. In der Vollversammlung des Zentralkomitees haben wir uns für die Politik der Kontinuität und der Erneuerung entschieden.« Als die Mitglieder der sowjetischen Delegation diese zumindest zweideutige Formulierung hören, versteinern ihre Gesichter. Eine Fliege surrt umher; Falin hebt die Augen gen Himmel und Schewardnadse beißt sich auf die Lippen.

Honecker wird vor Freude rot, sein Gesicht glänzt: »Schon 1978 hat das Zentralkomitee beschlossen, die Mikroelektronik zu meistern. Dank beispielloser Investitionen in Höhe von 15 Milliarden Mark verfügen wir über eine Industrie von sehr hohem Niveau. Die Elektronisierung der gesamten Industrie ist auf dem Weg.« Am Ende des Tisches kneift sich Gerhard Schürer. Der Leiter der Plankommission des Ministerrats der DDR, der sich stark für die Entwicklung der Mikroelektronik einsetzt, kämpft seit Jahren gegen den Widerstand Mittags und Honeckers an. Und siehe da, plötzlich wird Erich zum Vorkämpfer einer computerunterstützten Produktion von numerisch gesteuerten Werkzeugmaschinen! Der Ökonom kennt die Leistungsfähigkeit der ostdeutschen Industrie: »Um einen Walkman zu produzieren, kommt es uns teurer, die einzelnen Teile zu importieren, als wenn wir die fertigen Geräte direkt in Japan kaufen. Wie kommt Erich dazu, dem Chef eines Landes, das Raumschiffe in die Umlaufbahn bringt, von unseren elenden Chips zu erzählen?«, murmelt er im Stillen. Zu seiner Rechten rutscht Günter Schabowski auf seinem Platz herum. »Michail Sergejewitsch redet vom Schicksal der Welt, und Erich plaudert über Mikroelektronik«, flüstert ihm der Erste Sekretär der Partei in Berlin ärgerlich zu.

Während Honecker nicht aufhört, immer neue Heldentaten der Volkswirtschaft aufzuzählen, sucht er den Blick Gorbatschows. Der Reformer rührt in seinem Kaffee, trommelt mit den Fingern auf den Tisch oder kratzt sich an der Wade. Ihm wird das alles zu viel. Am Ende seines Sermons fragt Honecker, ob es Fragen gebe. »Ich glaube, wir sind alle einer Meinung«, schließt der Generalsekretär.

»Sehr schön«, sagt Michail Sergejewitsch. »Und die Ökonomie?«

Schürer fühlt, wie ihm das Blut in den Schläfen pocht:

»Die Zusammenarbeit mit der Sowjetunion kommt an allen Fronten voran, einschließlich der fortgeschrittenen Technologien. Die Frage der Lieferungen von Rohstoffen ist geregelt«, stammelt er.

»Gilt das auch für die Kredite?«, setzt Honecker noch eins drauf.

»Daran wird gearbeitet.«

»Noch etwas, Gerhard?«

Der Technokrat senkt den Blick:

»Nein, das ist alles, Erich.«

»Sehr schön«, wiederholt Michail Sergejewitsch resigniert.

Erfreut hebt Honecker die Sitzung auf und gibt als nächsten Treffpunkt den Ehrenempfang im Palast der Republik an. Während sie den Saal verlassen, wechseln Egon Krenz und Günter Schabowski einen langen Blick.

»Ist der Russe da?«

»Ja, und da sind viele um ihn herum. All die alten Krokodile sind an seiner Seite. Schau dir diese Visagen an. Beeil dich, das solltest du dir nicht entgehen lassen.«

Ilse setzt sich neben ihre Tochter Marina. Auf dem Bildschirm ist gerade die Infanterie vorbeiparadiert, und jetzt sind die Panzerregimenter dabei, an der Tribüne der Offiziellen vorbeizufahren. Marina schaltet den Ton aus: Die lyrischen Ergüsse des Sprechers sind ihr unerträglich.

»Dieser Schwachsinn steht mir bis hier! Was für ein Witz! Wie lange soll diese Komödie noch dauern?«

»Die Regierung muss zeigen, dass es noch am Leben ist.«

»Machst du Witze, Mama? Glaubst du, diese Art von Militärparade und der Fackelzug von gestern Abend beeindruckt noch jemanden? Das ist erbärmlich. Ich schwöre dir, die Leute um mich herum, meine Kumpel – zumindest die, die diesen Sommer nicht abgehauen sind – sind noch viel wütender als ich. Wir alle warten nur auf eines: dass diese alten Säcke abtreten und wir zu etwas anderem übergehen können.«

Nichts regt Marina mehr auf als die ostdeutsche Armee. In der Oberschule musste sie entsprechend den neuen Anweisungen Erich Honeckers zwei Wochen Militärausbildung ableisten. In Uniform und mit schweren Stiefeln hatte sie an einer Übung mit simuliertem Atomkrieg und an der Evakuierung eines strategisch wichtigen Kombinats teilgenommen. Als sie lernen sollten, in voller Montur zu schwimmen, waren die Dinge aus dem Ruder gelaufen. Sonia hatte sich geweigert, sich in der Matrosenjacke ins Wasser zu stürzen, und Marina hatte ihre beste Freundin in Schutz genommen. Zwischen der Jugendlichen und dem Ausbilder der demokratischen Volksarmee wurde es laut. Eine negative feindliche Haltung, die er umgehend der Direktorin der Einrichtung berichtete. Für Marina, die hier nicht das erste Mal einen Bock geschossen hatte, war die Strafe hart – raus, hat man ihr bedeutet, sie könne Verkäuferin werden, sie, die davon geträumt hatte, an der Universität Geschichte oder Astronomie zu studieren. Seitdem versetzt sie der Anblick einer NVA-Uniform in blinde Wut.

Marina versucht, sich wieder in die Lektüre von *Die neuen Leiden des jungen W.* zu vertiefen, doch die Geschichte über die Leiden von Edgar Wibeau, einem Berliner Lehrling, der versucht, sich aus seiner kleinbürgerlichen Welt zu befreien, verstärkt ihr Unbehagen nur noch mehr. Sie pfeffert das Buch von Urich Plenzdorf vor den Kamin. »Hier erstickt man!« Sie verzieht sich in ihr Zimmer. Gleich darauf schallen die ersten schnellen Takte von *99 Luftballons* durchs ganze Haus.

»Marina! Das ist ja nicht auszuhalten!«, ruft ihre Mutter. »Dein Vater will sich ausruhen. Komm, wir gehen raus und drehen eine Runde.«

Die beiden Frauen gehen an der gotischen Friedhofskapelle von Mühlberg an der Elbe vorbei, an deren Fassade die Blätter des wilden Weins sich rot gefärbt haben. Marinas Mutter macht sich Sorgen. Nachdem ihre Tochter von der Oberschule geflogen ist, hat sie umgehend die FDJ verlassen. Wenn sie an den Wochenenden in Mühlberg ist, kommt sie spät nachts nach Hause, raucht alle möglichen Zigarettensorten, und ihr Atem stinkt nach üblem Wodka. Gott weiß, was sie in Berlin macht, wo sie die halbe Woche verbringt.

»Hör bitte auf zu schmollen. Honecker wird die Macht nicht abgeben, weil du den ganzen Tag 'ne Schnute ziehst. Hör zu, Marina, ich versteh dich doch. Ich kann die Bonzen von Wandlitz und ihre schäbigen Privilegien auch nicht mehr ertragen. Doch du machst uns allen das Leben schwer. Dein Vater ist krank, und ich habe genug Sorgen wegen deines Bruders.«

Im letzten Jahr hat man seinen Pass eingezogen. Stattdessen hat ihm die Polizei eine für Kriminelle vorgesehene Bescheinigung »BM-12« ausgestellt, die ihm untersagt, das Gebiet der DDR zu verlassen. Und er hat einige Tage im Gefängnis in Dresden verbracht: Die Polizei hat ihn nahe der Grenze zur Tschechoslowakei in Begleitung eines fahnenflüchtigen Offiziersanwärters festgenommen.

»Ich verbiete dir, die gleichen Dummheiten zu machen wie er. Bleib hier. Die Politik ist kein Spiel. Sie ist sogar sehr gefährlich.«

»Ich habe nicht vor, die DDR zu verlassen. Inzwischen ist es sowieso zu spät. Nein, jetzt muss sich schon hier etwas ändern.«

»Ich weiß, ich weiß, Marina. Erzähl mir doch lieber von dir. Du sagst mir gar nichts mehr. Wie geht es bei der Arbeit?«

»Was soll ich dir erzählen? Ich gehe jeden Morgen um sieben zum Schuften in dieses Kieswerk. Als Assistentin der Einkaufsabteilung bestelle ich Spitzhacken, Schaufeln, Filterkies, Schaufeln... damit das Kombinat die besten sortierten, gemischten, ungewaschenen Kiessorten produziert. Vor allem mach ich Kaffee. Schön stark für den Genossen Direktor, mit viel Milch und wenig Zucker für den Genossen Betriebsleiter. Da kommt Freude auf, was? Das Beste hätte ich fast vergessen: Fräulein Knobloch, die neben mir im Büro sitzt, diese alte Zicke, von der ich dir schon erzählt habe, ist befördert worden und nun für die Kran-LKW zuständig. Mit meinen 18 Jahren habe ich nur die Perspektive, eines Tages für die Schaufellader und Container des Kieswerks Mühlberg an der Elbe zuständig zu sein. Du hast ja so recht, das Leben ist schön!«

»Du musst Geduld haben, Martina! Du hast wenigstens eine Stelle. Dein Cousin in Hannover ist seit sechs Monaten arbeitslos...«

»Gnade, nicht die Propaganda des Schwarzen Kanals...«

»Ist ja schon gut, reden wir nicht mehr darüber. Und deinem tollen Soldaten geht es gut?«

»Wir sehen uns nicht mehr. Seit einem Monat hat er mir nicht geschrieben. Pech für ihn: Inzwischen habe ich Klaus kennengelernt, im Kaffee Burger, einer Berliner Disko. Ein klasse Typ, wenn auch nicht sehr groß. Ach ja, ich habe vergessen dir zu sagen, dass ich ihn zum Wochenende eingeladen habe...«

»Nein, wir gehen nicht!«

Hans nimmt sie in die Arme und schaut sie durch die kleinen runden Brillengläser mit seinem Spanielblick an.

»Hansi, du brauchst mich wirklich nicht so anzuschauen: Du wirst mich nicht umstimmen. Spiel dich nicht so auf! Immerhin bin ich deinetwegen gekommen, und du hältst deine Versprechungen nicht ein.«

»Annette, wir haben den 7. Oktober! Seit den gefälschten Wahlen bin ich bei jeder Demo dabei gewesen. Die von heute kann ich nicht ausfallen lassen, schon gar nicht unter den aktuellen Umständen. Verdammt, Sven, kannst du nicht versuchen, deine Schwester zur Vernunft zu bringen?«

Sven hat nicht die geringste Lust, sich in die Angelegenheiten seines besten Freundes und seiner älteren Schwester einzumischen. Insgeheim erkennt er an, dass sie nicht unrecht hat: Annette hat Halle und ihren Mann verlassen, um gemeinsam mit Hansi eine Wohnung zu suchen, wo sie zusammen mit den beiden Kindern der jungen Frau einziehen können. Doch das Wochenende, so viel ist sicher, scheint nicht gerade günstig für die Wohnungssuche. Vor allem gibt es Besseres, sehr viel Besseres zu tun: Sie müssen die Verpflegung für die Gethsemanekirche organisieren, und er muss mit Pastor Albani über die weitere Besetzung der Kirche reden. Danach wird er die Bereitschaft in der Telefonzentrale gleich hinter der Kirche übernehmen. »Klärt das unter euch«, sagt er. Hansi verweist auf die richtige Einstellung ihrer Freundin Vera, die mit ihrem kleinen Rucksack auf dem Rücken vorbeikommt und verkündet, sie wolle zur Demo, »um mal zu schauen«. Doch Annette lässt sich nicht erweichen.

Im Garten zanken sie sich weiter, dann gibt der lange Lulatsch mit den welligen langen Haaren den Aufforderungen seiner Gebieterin endlich nach. Das Paar verlässt den Garten unter den inquisitorischen Blicken der Polizisten und der zivilen Stasibeamten, die ihren Druck auf die Rebellen der Gethsemanekirche nicht verringert haben. An der Kreuzung der Lychener mit der Dimitrov-Straße besichtigen sie eine schmuddelig wirkende Wohnung mit grob gemauerten Fensterlaibungen. In der friedlichen Choriner Straße glauben sie, in einer dieser rechtwinklig angeordneten Mietskasernen endlich ihr Glück zu finden. Doch als der Verwalter der genossenschaftlichen Wohnanlage die Aufmachung der künftigen Mieter sieht, schickt er sie ohne weitere Umstände wieder weg.

Sie verlassen das Bohemeviertel Prenzlauer Berg, und zufällig steigen sie an der U-Bahn-Station Alexanderplatz aus. Es ist fast 16 Uhr, und das Fest des Volkes ist in vollem Gang.

Zu Füßen des Fernsehturms tanzt die Menge in Festtags-
stimmung zum Umtata der Blasorchester aus Erfurt und
Schwerin. Vor dem Kaufhaus Centrum drängt sich eine
Gruppe Junger Pioniere um Oskar, den berühmtesten Feuer-
schlucker Mecklenburgs; noch mehr Leute applaudieren
einem Bärenführer mit seinem gewaltigen Tier – sie sind
speziell für dieses Ereignis aus Sibirien gekommen. In frisch
gestrichenen Bauwagen wird Erbsensuppe verkauft. Das
Bier fließt in Strömen, und es riecht gut nach Bratwurst und
gegrilltem Schweinebauch.

Eine Hundertschaft von Störern ist rund um die Normal-
uhr versammelt und skandiert: »Freiheit, Freiheit! Neues
Forum! Neues Forum! Wie bleiben hier! Wir bleiben hier!
Stasi raus! Stasi raus! Stasi raus!« Die Vandalen mit ge-
bleichten Strähnchen, umstellt von Polizisten, die den Platz
abgesperrt haben, brüllen immer lauter und zeigen das V als
Siegeszeichen. Die Szenerie wird aus allen Blickwinkeln
fotografiert und gefilmt.

Hansi und Annette sehen einander an. Er deutet ein
scheues Lächeln an; sie nickt: »Da gehen wir hin!«

Vor dem Palast der Republik setzt sich das Ballett der
Limousinen fort. Im Foyer schwatzen Staats- und Regie-
rungsoberhäupter, Botschafter und mit der Regierung ver-
bandelte Künstler bei einem Glas Sekt. Alle suchen den Blick
von Michail Sergejewitsch und fragen sich, wie seine Gespräche mit Honecker wohl abgelaufen sein mögen.

»Zum Palast!«, ruft ein junger Typ mit Irokesenfrisur. Der
im Minutentakt anschwellende Protestzug bewegt sich nach
Westen. Spontan schließen Passanten sich dem Zug an, zum
Missfallen der Stasileute, die nichts unternehmen können
und dazu verdammt sind, sie zu eskortieren: Die Führung
der ZAIG hat ihnen strikt untersagt, inmitten der Menge und

vor den Kameras der ganzen Welt einzugreifen. Vorbei am Fernsehturm und am Roten Rathaus gelangen die Demonstranten rasch bis zu den beiden Brücken, die zum Palast der Republik führen: Sie sind durch quergestellte LKW und einen beeindruckenden Kordon von Ordnungskräften blockiert. Sie bauen sich vor ihnen auf, mit angespanntem Nacken, eingehakt, Schulter an Schulter. »Gehen Sie zurück! Gehen Sie zurück!«, warnen sie.

Für seinen letzten Auftritt des Tages vor den Vertretern des sozialistischen Adels hat Erich Honecker sich erneut umgezogen. Schwarzer Anzug, Krawatte in Elfenbein und Grau. Würdevoll, fast steif beginnt er seine Rede: »Freunde aus aller Welt, zu diesem 40. Jahrestag können Sie versichert sein, dass der Sozialismus auf deutschem Boden auf soliden Fundamenten steht ...«

»Gorbi! Gorbi! Gorbi, hilf uns! Freiheit! Freiheit!« Hansi, Annette und Vera, die sich, erstaunt, sie hier zu treffen, zu ihnen gesellt hat, schreien im Chor. Am Ufer der Spree, vor der ausladenden Fensterfront des Palasts, kommen immer mehr Demonstranten zusammen: 2000, vielleicht 3000. Seit dem 17. Juni 1953 hat Ostberlin Derartiges nicht mehr erlebt.

Gorbatschow wirkt irritierter denn je. Raissa neben ihm schaut andauernd auf die Uhr. Nachdem Honecker seine Rede beendet hat, applaudiert er sich als Erster. Strahlend eilt er zu Ceaușescu und lässt die arme Margot, die schon ihr Glas erhoben hat, einfach stehen. Nacheinander bringen Daniel Ortega, Jassir Arafat und der undurchschaubare Shambyn Batmunch, Generalsekretär der Kommunistischen Partei der Mongolei, einen Toast auf das Wohl der DDR aus.

Vom Marx-Engels-Forum her wird das Geschrei der Demonstranten immer lauter. Solange Gorbatschow da ist, fühlen sie sich sicher. Außerdem ist er ihre letzte Hoffnung.

Die Gäste lassen sich zum Essen nieder. Ochsenfilet mit Gemüsebouquet für Mielke, klare Hühnerbrühe für Erich Honecker, den Margot aus den Augenwinkeln überwacht. Doch das Getrommel der Protestierenden stört den geregelten Ablauf der Gala. Der Lärm nimmt zu und dringt bis an die Ohren der Tischgenossen, von denen immer mehr ihren Platz verlassen, um die Szene durch die kupferfarbenen Scheiben des Palasts zu betrachten: Tausende junger Leute, erregt und Schmähungen ausstoßend, rufen den Generalsekretär der KPdSU an. »Wir sind dabei, wie die Titanic untergeht«, flüstert Joëlle Timsit, der französische Botschafter, seinem polnischen Kollegen zu. Egon Krenz und Günter Schabowski, die sich im Foyer aufgebaut haben, entgeht nichts von dem Schauspiel, das sich ihnen bietet.

Ein dicker, rothaariger Kellner schneidet einen Baumkuchen an, auf dem in Schokoladenbuchstaben das Wort »DDR« steht, als Krenz wieder in den Speisesaal zurückkehrt. Er stößt auf Falin. »Erich hat nicht verstanden, was Michail Sergejewitsch ihm vermitteln wollte.«

»Aber ja, aber ja doch«, antwortet sybillinisch der hohe sowjetische Diplomat.

Schabowski unterhält sich mit Gennadi Gerassimow, dem außenpolitischen Sprecher Gorbatschows, der zum Glück allein an einem Tisch sitzt. »Die Rede von Honecker war unsinnig«, vertraut er ihm an.

Unerschütterlich vertilgt Erich Honecker die zweite Hälfte seines Stücks Mirabellentorte. Ungeduldig wartet er auf das Feuerwerk.

Erich Mielke wiederum ist von rasendem Zorn erfüllt. Er lässt sofort den für die Sicherheit der Palastumgebung zuständigen Offizier herbeibeordern. »Was ist das für eine Sauerei? Ist Gorbatschow weg?«, fragt der Leiter der Stasi.

In der Tat haben sich Michail Sergejewitsch und Raissa Maximowna zum Flughafen Schönefeld abgesetzt. Ihnen hat die »Sauerei« zu lange gedauert.

Mit triumphierender Miene gluckst Mielke: »Gut, dann hat das Humanismus-Getue jetzt ein Ende!«

Heinrich Knopf, seine sechs Verbindungs-Unteroffiziere und die gewissenhafte Bärbel sind überlastet. Seit dem frühen Morgen haben die Telefone nicht mehr stillgestanden. »Warum hat man so lange gewartet?«, fragt sich der Chefanalytiker im Zusammenhang mit den sich auf seinem Schreibtisch stapelnden Alarmmeldungen. »Die Störenfriede kennen wir doch seit Jahren, und wir hätten sie weit früher ausschalten können.« Doch leider reagiert die SED nicht mehr nachdrücklich auf die Warnungen ihrer politischen Polizei. Knopf möchte glauben, dass es noch nicht zu spät ist, um die Ordnung wiederherzustellen. Seinen Informanten von der Gethsemanekirche zufolge gebärden sich die antisozialistischen Elemente zunehmend radikaler und aggressiver. Und vor dem Palast der Republik ist die Lage bis zum Äußersten gespannt: Einer seiner Spitzel versichert, dass die Demonstranten dabei seien, einen Durchbruch zur Mauer zu versuchen, die nur einen Kilometer entfernt ist. Auf diese neuerlichen Provokationen hin reagiert die von Knopf umgehend alarmierte ZAIG (die Zentrale Auswertungs- und Informationsgruppe im MfS) schnell: Das Chaos muss aufhören. Man befiehlt den vor dem Palast aufgezogenen Truppen, die Rebellen mit militärischen Mitteln in Richtung Prenzlauer Berg zurückzudrängen, wo Polizei und Stasi auf sie warten.

So flutet der Zug der Menschen allmählich nach Norden in die Richtung der Gethsemanekirche. Mit hochgereckten Fäusten skandieren die Demonstranten: »Keine Gewalt!«

Für die vielen Neugierigen, die sich aus den Fenstern lehnen und sie beobachten, singen sie: »Bürger, Fernseher aus, runterkommen, mitmachen!« Hansi und Annette, die hinter dem Zug hertrödeln, werden mitgerissen und beginnen zu rufen: »Anarchie! Anarchie!« Der junge Mann mit der Strubbelfrisur hat keine 100 Meter zurückgelegt, als vier kräftige Männer wie aus dem Nichts auftauchen und sich auf ihn stürzen. Sie packen ihn an den Haaren, halten seine Arme und Beine fest und heben ihn wie eine Feder hoch. Schreiend klammert Annette sich an die Jacke eines Mannes, doch sie wird mit einem kräftigen Fußtritt abgewehrt und stürzt zu Boden. Bis sie sich aufgerappelt hat, sind Hansi und seine Angreifer verschwunden.

»Sven, kannst du das bitte notieren? Im Augenblick sind etwa 10000 Menschen auf dem Leipziger Karl-Marx-Platz versammelt. Die Polizei hat schon viele verhaftet. In Arnstadt waren es gegen 16 Uhr ungefähr 600, und auch da haben die Bullen brutal eingegriffen.«

»Gibt es Verletzte?«

»Keine Ahnung. Die Verbindung mit Leipzig ist sehr schnell zusammengebrochen.«

Wieder klingelt das Telefon. Schrill und belastend für die Nerven der kleinen Gruppe, die an diesem verrückten Spätnachmittag in der Gethsemanekirche Telefonwache hält.

»Was sagt ihr? Ich verstehe gar nichts, hinter euch ist zu viel Krach. Entschuldigung«, sagt der Amateurtelefonist und legt die Hand auf die Sprechmuschel. »Könnt ihr bitte mal den Mund halten? Potsdam! O.K., ich höre: 2000 bis 3000 Leute sind auf die Straße gegangen. Die Polizei hat eingegriffen; mehrere Zeugen haben gesehen, wie eine Schwangere von Typen in Zivil brutal abgeführt und ein zwölfjähriger Junge misshandelt wurde.«

»Diese Schweine! Wie kommen die dazu?«, schreit Sven leichenblass. »Und Magdeburg, was ist aus Magdeburg bekannt?«

»Ja, die haben kurz vorher angerufen. 500 Demonstranten sind marschiert, und 50 bis 90 von ihnen sollen verhaftet worden sein. Das ist im Augenblick nicht zu überprüfen.«

Schon wieder das Telefon. Diesmal ist Karl-Marx-Stadt dran. Auf dem Luxor-Platz sind 1000 Leute versammelt, und die Ordnungskräfte haben Wasserwerfer eingesetzt, um sie auseinanderzutreiben. Es gibt Verletzte. Die Jugendliche, die den Anruf angenommen hat, bricht in Tränen aus.

»Sven? Sven? Gebt mir bitte Sven! Es ist sehr dringend.«

»Wer ist denn dran?«, fragt das Mädchen.

»Gib ihn mir, verdammt!«

»Hier Sven, wer ist dort?«

»Was zum Teufel ist bei euch los?«

Sven erkennt die Stimme Veras sofort, doch heute Abend scheint sie aufgeregt wie nie zuvor.

»Vera, wo bist du? Was ist los?«

»Ihr seid nicht zu erreichen! Persönlich geht es mir gut. Ich rufe von der Zelle gegenüber der UB an. Ich habe mich grade von der Demo abgesetzt. Die kommen zu uns. Du hast das gewusst, oder?«

Sven schweigt für ein paar Sekunden. Sein Puls wird schneller. »Äh, um die Wahrheit zu sagen, nein. Wo war der Umzug, als du ihn verlassen hast?«

»Vor dem Haus des ADN[3], der beim Vorbeimarsch ordentlich ausgepfiffen wurde. Als wir ›Lügner! Lügner!‹ und ›Pressefreiheit! Meinungsfreiheit!‹ riefen, hat die Polizei angegriffen und vergeblich versucht, die Demo aufzulösen. So viele

---

3 Der Allgemeine Deutsche Nachrichtendienst war die offizielle Presseagentur der DDR.

Menschen hab ich noch nie gesehen, das ist sicher. Und fast genauso viele Bullen! Sven, ihr müsst höllisch aufpassen. Am Marx-Engels-Forum hab ich gesehen, wie sie einige Dutzend Demonstranten festgenommen haben. Die Stasi isoliert ein paar Jungs, dann verprügelt sie sie. Der Demonstrationszug ist von Provokateuren unterwandert. Und wie läuft es bei euch?«

»Bei der Messe um 18 Uhr war die Kirche voller als jemals zuvor. Die Belagerung hält an, und die Lage ist immer noch sehr angespannt. Aber man kann noch rein und raus.«

»Ich komme zu euch.«

Eilig legt Vera auf. Sven läuft zur Kirche, um seine Genossen zu warnen.

Die Auseinandersetzung hat nur Sekunden gedauert. Hansi war so überrascht, dass er nicht einmal aufgeschrieen hat. Er hat sich auch nicht gewehrt, weil ihm klar war, dass er keine Chance hatte, seinen Angreifern zu entkommen. Sie haben ihn zu einem vor dem Roten Rathaus geparkten Bus gezerrt, wo ihm etwa ein Dutzend ihrer Kollegen mit Schlägen und Beleidigungen einen herzlichen Empfang bereitete. Zehn Minuten darauf findet sich bei dem »Hippie-Gammler« eine junge Frau mit geschwollener Nase ein – ihr Haar ist blutverschmiert. Sie wird auf der Stelle zu einem Polizeirevier gebracht, während er die Fahrt bis zum Gefängnis Rummelsburg im Stadtteil Lichtenberg fortsetzt. Eskortiert von zwei Aufsehern, die ihm die Arme auf den Rücken drehen, wird Hansi in einen kahlen Raum mit verpissten Wänden geworfen.

Automatisch tastet er die Taschen seiner Jacke ab. Sie sind leer: Man hat ihm seine Zigaretten der Marke Karo ohne Filter abgenommen, seine Papiere und das bisschen Geld, das er dabeihatte. Um sich zu beruhigen, streckt er sich auf einer

Holzbank aus. »Ich Volltrottel, also wirklich! Hab ich mich als Einziger erwischen lassen und noch nicht einmal ansatzweise versucht, abzuhauen. Annette war mutiger als ich. Gut, immerhin bin ich noch heil, und vor allem ist sie nicht verhaftet worden. Sie kann die anderen warnen.«

Seine Augen brennen, der ganze Körper fühlt sich steif an: Seit einer Woche hat er praktisch nicht geschlafen. Nach den langen Arbeitstagen im Krankenhaus Grünau, wo er einen Lehrgang als Pflegehelfer absolviert, hat er einige kurze Nächte auf dem eisigen Boden der Gethsemanekirche zugebracht. An den Abenden, an denen er nach Hause gegangen ist, haben ihn die Freunde aus Halle in seiner kleinen Wohnung für lange Besäufnisse erwartet. Und dann ist da Annette. Seit sie sich letzten Sommer im Pankower Schwimmbad kennengelernt haben, ist er von ihr besessen. »Daran bin ich ganz allein schuld. Ich flehe sie seit Monaten an, ihren Mann zu verlassen, und dann lasse ich mich einen Tag nach ihrer Ankunft in Berlin einbuchten!« Seine Gebieterin, ihre Umarmungen, die Gethsemanekirche, Sven, die Stasi, Gorbatschow, die Bettlägerigen, die er allmorgendlich gewaschen hat: All das geht ihm unaufhörlich durch den gemarterten Kopf. In der Hoffnung, am frühen Morgen wie jedes Mal, wenn man ihn in der Vergangenheit verhaftet hat, wieder entlassen zu werden, schläft er ein.

Als Vera in der Schönhauser Allee ankommt, ist sie verblüfft: Einen derartigen Truppenaufmarsch hat sie noch nie gesehen. Einige Dutzend Regimenter zur Bekämpfung von Unruhen. Helmbewehrte Polizisten, Schutzschild in der Faust und mit Gummiknüppeln bewaffnet. Hunde. Wasserwerfer. Fahrzeuge, an deren Front mächtige Stahlschaufeln montiert sind, die an Schneepflüge erinnern. Während sie die Allee entlanggeht, stellt sie fest, dass noch immer mit

Planen abgedeckte Truppentransporter Stellung beziehen. Wie ein kleiner schmaler Schatten schlängelt sie sich durch bis zur Gethsemanekirche, die rundum eingekreist ist. Das Gebäude erstrahlt im Lichtschein Hunderter flackernder Kerzen.

Sven schließt sie herzlich in die Arme. Ihre Hände zittern. Nachdem sie einige Stückchen Schokolade geknabbert hat, hat sie sich wieder gefangen und ihre alte Entschlossenheit zurückgewonnen.

»Hansi und Annette sind nicht da?«

»Nein, warum?«

»Hinter dem Palast der Republik waren wir noch zusammen, dann haben wir uns aus den Augen verloren. Du hast nichts von ihnen gehört?«

»Nein, nicht dass ich wüsste«, erwidert Sven, dessen Unterlippe zu zittern beginnt.

Um sie herum ist die Aufregung auf dem Höhepunkt. Die Protestierenden müssen sich dazu durchringen, ihre Kirche zu verlassen: Das Gebäude ist überfüllt, und die vielen Tausend Demonstranten, die auf dem Weg sind, werden hier niemals Zuflucht finden können. Mit ernsten und blassen, aber auch entschlossenen Minen versammeln sie sich im Kirchenschiff; sie sind bereit, die Schläger Erich Mielkes herauszufordern. Als das schwere Portal aufschwingt, laufen sie in Wellen hinaus; sie halten sich an den Händen, um sich Mut zu machen, und rufen: »Keine Gewalt!« Es hört sich an wie ein Echo auf »Neues Forum!« und »Demokratie!«, was von den Demonstranten vom Alexanderplatz kommt, von denen einige bis zum Platz vor der Kirche vorgedrungen sind. Dann marschieren sie bis zur Schönhauser Allee, wo sie sich mit den übrigen Demonstranten vereinen wollen. Die Straße ist durch die Ordnungskräfte und ihre Fahrzeuge blockiert. Ansonsten ist das ganze Viertel abgeriegelt. Sven und seine Kameraden sitzen in der Falle; sie sind völlig eingeschlossen.

Sie versammeln sich unter der Rampe der Hochbahn und organisieren ein spontanes Sit-in; sie wiederholen immer lauter ihre Wünsche nach Demokratie, nach einem Dialog, nach Befreiung der politischen Gefangenen und nach Gewaltlosigkeit. Die Polizisten mit ihren Fleischerhunden kommen näher. Sie sind nur noch fünf Meter entfernt. Die Leute von der Stasi versuchen alles, um sie auf die Füße zu bringen: Sie beschimpfen sie als Scheißer, stoßen sie um, bedrohen sie mit Steinen und lassen ihre Gummiknüppel rotieren. Es ist 20.30 Uhr, und die Spannung steigt weiter.

Pfiffe aus Trillerpfeifen zerreißen die laue Nacht: der Befehl zum Eingreifen. Mit beispielloser Brutalität werden Demonstranten aus der Menge gezerrt. Die Demonstanten laufen auseinander, versuchen mit allen Mitteln, die Nebenstraßen oder die Kirche zu erreichen, und das alles in einem Durcheinander aus Schreien und Bellen, dumpfen Schlägen, Stürzen und gebrochenen Gelenken. Die Stasi im Einsatz: Mit manchmal bis zu acht Mann stürzen sie sich auf ihre Opfer. Das sind vorzugsweise Frauen, weil man deren Begleiter dazu bringen will, ihrerseits die Sicherheitskräfte anzugreifen, während Provokateure die Polizisten herausfordern, um sie zu mehr Gewalt gegen die Demonstranten anzustacheln. Sie greifen Fotografen und Fernsehteams an und beschlagnahmen deren Material. Die Anlieger, die sich an den Fenstern drängen, werden mit Wasserwerfern vertrieben. Die Niederwerfung der »Saboteure« duldet keine ungebetenen Zaungäste.

Sven hat sich so schnell wie möglich davongemacht, und er ist nicht mehr weit von der Kirche entfernt, als ihn zwei brutale Typen der Stasisondereinheiten, zu denen rasch zwei Polizisten stoßen, in die Zange nehmen. Sie packen ihn und wollen ihn zu einem der Truppentransporter zerren, wo ihre Kollegen den Gefangenen dieses Abends eine Abreibung verpassen, als Gottfried Forck, der die Szene von der Höhe der Kirchentreppe aus beobachtet hat, zu Hilfe eilt:

»Lasst den Jungen in Ruhe. Das ist einer meiner Mitarbeiter beim Diözesanrat, der bald zum Pastor geweiht wird. Lasst ihn auf der Stelle los«, kommandiert der Landesbischof von Berlin-Brandenburg.[4]

Misstrauisch schätzen sie den langen Lulatsch mit den rasierten Schläfen ab, der mit seiner abgeschabten Lederjacke und dem Brilli im linken Ohr selbst in der DDR kaum auf eine kirchliche Berufung schließen lässt. Als sie dann aber verstehen, dass sie mit einem der höchsten Würdenträger der evangelischen Kirche zu tun haben, lassen sie ihre Beute bedauernd los.

Svens Herz macht wilde Sprünge, und er zittert vor Wut. Die Szenen irritierender Gewalt, deren Zeuge er gerade gewesen ist, haben ihn die Beherrschung verlieren lassen: Er will nicht in die Kirche zurück, sondern in den Kampf ziehen. Und als er sieht, wie kaum zehn Meter entfernt ein Riese über seinen Freund Simon herfällt, ihn am Knöchel packt, zu Boden wirft und dann auf ihn einprügelt, will er losstürzen. Doch der alte Bischof hält ihn fest im Arm.

»Hör auf, Sven. Einmal bist du ihnen entkommen, aber eine zweite Chance wirst du nicht kriegen. Noch einmal lassen sie dich nicht entwischen. In Freiheit bist du nützlicher als im Gefängnis. Der Kampf hat gerade erst begonnen.«

---

4 Gottfried Forck hat sich sehr früh für die Dissidentengruppen eingesetzt, die im Schutz zahlreicher Pfarreien seiner Diözese ihren Aktivitäten nachgehen und sich entfalten konnten.

Sein Überlebensinstinkt gebietet ihm, auf Forck zu hören. Als er unter hohem Begleitschutz die Kirchenschwelle überschreitet, kann er in der Entfernung einige Dutzend seiner Gefährten ausmachen, wie sie, Hände über dem Kopf und widerstandslos, zu den Lastwagen der Volkspolizei gestoßen werden. In der Kirche Leute im Hungerstreik; geschundene, an die Säulen des Gotteshauses gelehnte Körper; Gesichter mit aufgerissenen Augen, aus denen Angst und Verständnislosigkeit sprechen. Im Halbdunkel des Querschiffs verpflastert ein bärtiger junger Mann seine Verletzungen. Bei der Kanzel umarmt Vera, die als Telefonwache geblieben ist, ihre weinende Schwester Annette.

Der Tag war herrlich. Frühmorgens haben Emma, ihr Mann Julian und ihre drei Kinder sich in den Trabbi »Atlasweiß« gezwängt und sind in die Uckermark, die »Toskana der DDR« gefahren. Unter einer blassen Herbstsonne sind sie am Ufer des Grimitzsees spazieren gegangen. Jürgen hat gegen Bastian Tore geschossen; Petra hält sich zunehmend besser auf ihren gedrungenen Beinchen, auch wenn sie noch nicht richtig gehen kann. Später haben Nachbarn mit einer Flasche bulgarischem Cabernet in ihrer Datsche vorbeigeschaut: Im Garten hat man über Literatur, Musik und auch ein wenig über Politik geplaudert. Julian hat ein paar gute Witze über Erich Honecker erzählt, die er in der Kantine des Kombinats, wo er als Informatiker arbeitet, gehört hat. Einer davon geht so: Am Ufer eines Sees bemerken zwei Fischer Honi. Er ist allein und verzweifelt und fleht zu Gott: »Herr, ich weiß nicht mehr, was ich tun soll, alle hauen ab. Hilf mir, ich bitte dich.« Jesus erscheint und antwortet ihm: »Erich, wandle auf dem See, ich werde dich beschützen.« Das Wunder geschieht: Honecker geht auf dem Wasser! Unerschrocken beobachten die Fischer die Szene. Sie schauen einander an und rufen: »Der arme Alte kann noch nicht mal schwimmen!« *Just a perfect day*, wie im Song von Lou Reed, der gerade von RIAS Berlin[5] über den Äther geht.

Um 20 Uhr tönt die ernste Stimme des Moderators vom Abendjournal aus dem Transistorradio. »In Ostberlin und in vielen Städten des Landes werden die Demonstrationen fortgesetzt. Die Polizei hat zahlreiche Verhaftungen vorgenommen, und es sind Hunderte von Verletzten zu beklagen. Im Augenblick, auf der Schönhauser Allee ...«

»Julian, ich fahre sofort nach Berlin zurück.«

»Wieso das? Machst du Witze? An einem Samstagabend? Vor dem Abendessen?«

»Du hast mich ganz richtig verstanden: Ich fahre nach Berlin zurück. Ich bin wegen der Kinder mitgekommen, aber ich hatte dir gesagt, dass ich dieses Wochenende nicht wegfahren wollte.«

Emma zündet sich eine Club an.

»Ich glaube, du begreifst gar nicht, was sich derzeit in diesem Land abspielt. Das ist wirklich ernst.«

Julian ist verblüfft.

»Ja, ja, ich weiß. Die Regierung wird infrage gestellt, es gibt Demonstrationen ... Jedenfalls sprichst du den ganzen hellichten Tag von nichts anderem. Erklär mir doch bitte, was es ändert, wenn du heute Abend in Berlin bist. Wenn du willst, können wir morgen in aller Frühe zurückfahren. Das verspreche ich dir.«

»Auf dem Land habe ich nichts verloren. Verstehst du nicht? Aber ja, ich weiß, du verstehst es nicht. Das alles geht an dir vorbei. Abgesehen von deinen Computern, deiner

---

5 RIAS Berlin (Radio im Amerikanischen Sektor) wurde 1946 gegründet und war in der ganzen DDR zu empfangen, was den Machthabern sehr geschadet hat.

Heimwerkerei und deinem kleinen Komfort... Das Land ist dabei, in Gewalt zu versinken. Während ich hier den Haushalt für dich mache, sitzen meine Freunde vielleicht im Gefängnis oder Schlimmeres ... Ich will gar nicht daran denken. Und du meinst, ich soll so tun, als wäre nichts? Es ist entschieden. Ich fahre. Das Abendessen ist fertig, du musst es den Kindern nur noch hinstellen.«

»Madame ist zu gütig! Danke, Rosa Luxemburg! Hörst du, wie Petra im Wohnzimmer weint? Das ist dir egal, nehme ich an? Für dich ist die Revolution wichtiger als deine Gören. Aber gut, wenn es denn so sein soll, dann hau doch ab, meine Liebe!«

Durch den Waggon, in dem Emma Platz genommen hat, zieht ein Geruch von kaltem Tabakrauch. Nur zwei kümmerliche kleine Alte, die direkt aus einem Gemälde Wolfgang Mattheuers[6] entstiegen scheinen, leisten ihr Gesellschaft. Der Bummelzug der Reichsbahn fährt gerade in den Bahnhof von Strahlau ein, nachdem er zuvor in Werneuchen, Ahrensfelde und Herzberge gehalten hat – Bahnhöfe, die dunkel und verlassen daliegen und das schlechte Gewissen Emmas verstärken. Am Vorabend war sie in der Pankower Kirche bei einer Diskussion gewesen, an der die Blüte der ostdeutschen Intelligenz teilgenommen hatte. Christa Wolf, Jens Reich und einige andere haben aus Furcht vor einer Eskalation an diesem Jahrestag dazu aufgerufen, Ruhe zu bewahren und nicht mehr zu demonstrieren. »Sie hatten recht«, murmelt Emma. Was haben diese Jungs denn geglaubt? Dass die Regierung ihnen freundlich gestattet, die Feierlichkeiten zu stören? Die Mahnwachen, die Kerzen –

---

6 Der Maler Wolfgang Mattheuer (1927–2004) war einer der Meister des sozialistischen Realismus und gehörte zu den Gründern der Leipziger Schule. Einige seiner Bilder sind heute in der Neuen Nationalgalerie in Berlin zu sehen.

sehr schön! Doch heute zu demonstrieren, das ist eine Dummheit, die unsere Bewegung möglicherweise dauerhaft in Misskredit bringt.« Bei diesem Gedanken bricht ihr erneut der kalte Schweiß aus: Mit ihren bald 37 Jahren hat sie keine Zeit mehr zu verlieren. »Nein, das wäre wirklich zu dumm. Nicht jetzt! Nicht jetzt, wo sich allmählich eine embryonale Opposition herausbildet und in der Öffentlichkeit Fuß fasst, die bisher so passiv gewesen ist ...«

Emma ist vor ihrem Fernseher zusammengesunken; sie raucht Kette und trinkt ein Glas Cabernet nach dem anderen. Sie hat es nicht geschafft, einen ihrer Freunde zu treffen, und als sie mit 4 484 235 die Nummer der Gethsemanekirche wählt, hört sie das Besetztzeichen, als wäre die Leitung unterbrochen. Was die Bilder angeht, die sie sieht, so sind sie noch dramatischer, als sie es sich den ganzen Tag ausgemalt hatte. Der ARD zufolge hat die Polizei mehr als 700 Personen verhaftet und anschließend auf Lastwagen zu bisher unbekannten Zielen geschafft. Ein Reporter erklärt, die Schönhauser Allee sei um Mitternacht immer noch blockiert, und vor der S-Bahn-Station säßen etwa 300 von Ordnungskräften eingekreiste Demonstranten fest.

Noch eine Kippe. Ein Gläschen, vielleicht noch zwei. Doch es ändert sich nichts: Am anderen Ende geht niemand ran. In heller Verzweiflung ruft sie ihre Schwester in Wien an. Die zumindest wird beruhigt sein.

»*Boys, boys, boys* ...« – durch die Baracke tönt die warme Stimme Sabrinas. Siggi tanzt: überdreht, mit glasigen Augen und schwerem Atem. Sein Freund Andreas liegt inmitten umgestürzter Gläser und leerer Flaschen. Einige ihrer Kameraden jagen einander und stoßen dabei seltsame Laute aus, während andere kurz davor zu sein scheinen, handgreiflich

zu werden. Der Schnaps, in den sie Koffeinpastillen geworfen haben, hat sie alle erledigt. In der Potsdamer Michendorf-Kaserne haben die Unteroffiziere der Grenzwachen den
40. Jahrestag der DDR auf ihre Weise gefeiert.

Vera hat es geschafft, die Gethsemanekirche zu verlassen
und sich zur UB durchzuschlagen. Dort trifft sie Wolfgang in
seinem ewigen grünen Parka, allein und fürchterlich verängstigt. Gemeinsam stellen sie die Nachrichten des Tages
zusammen, um sie am nächsten Tag zu veröffentlichen und
den westlichen Medien zukommen zu lassen. Ihr früherer
Geliebter sieht sie mit großen traurigen Augen an, doch
sie weist seine Avancen zurück: »Wolfgang, bitte, das ist
wirklich nicht der richtige Moment!« Sie möchte allein
schlafen, in Ruhe, fern von der Aufregung und dem Stress
des Prenzlauer Bergs. Es ist drei Uhr morgens, als sie zu Hause
ankommt. Sie wirft sich aufs Bett, ohne auch nur zu bemerken, dass das ihrer Mitbewohnerin Kirstin leer ist.

5 Höchste Alarmstufe

Wandlitz und Ostberlin, Sonntag,
8. Oktober 1989

Es ist noch Nacht, und Egon Krenz wälzt sich fiebrig im Bett hin und her. Im Namen der übergeordneten Interessen der Nation und der Partei und ganz nebenbei auch seiner Karriere zuliebe hat er sich entschieden: Er, der sein politisches Handeln stets von Pflichtgefühl und Opferbereitschaft leiten ließ, weiß, dass es keine Alternative mehr gibt. Egon Krenz ist bereit, die DDR und den Sozialismus auf deutschem Boden zu retten. Er ist entschlossen, sich seines Mentors Erich Honecker zu entledigen.

Die Ereignisse der letzten 48 Stunden haben ihn überzeugt. Am Ende wird die Geschichte seine Treue und seine Geduld angesichts eines Mannes bezeugen, der in letzter Zeit Vergnügen darin gefunden hat, ihn vor den versammelten Genossen zu schikanieren und zu demütigen. Honecker bezieht ihn nicht in seine Mittwochnachmittags-Geheimtreffen mit Erich Mielke ein, obwohl Krenz doch im Politbüro für Sicherheitsfragen zuständig ist. Honecker hat ihn gezwungen, in diesem Sommer Urlaub zu nehmen, wo Krenz sich doch seit Langem darauf vorbereitet hatte, ihn während dessen krankheitsbedingter Abwesenheit zu ersetzen. Anschließend hat er Honeckers Wohlwollen verloren – zugunsten Günter Mittags, der sich jetzt als sein Nachfolger an der

Spitze der SED sieht, obwohl diese Nachfolge schon seit Jahren Krenz versprochen worden ist.

Diese Ungerechtigkeiten hat er stoisch weggesteckt. Schon zweimal hat er sich geweigert, an einer Verschwörung gegen Honecker teilzunehmen. Im Februar hatte Gerhard Schürer ihm seine Absicht verkündet, beim Politbüro einen Antrag gegen Honecker und Mittag zu stellen und ihn, Krenz, für den Posten des Generalsekretärs der SED vorzuschlagen. Nach drei Stunden intensiver Debatten hat Krenz schließlich abgelehnt. Einige Monate darauf, als er sich in seiner erzwungenen Sommerfrische befand, hat er Besuch bekommen von Eberhard Aurich, seinem Nachfolger an der Spitze der FDJ. »Egon«, hat der ihm gesagt, »das Politbüro ist mit dem Flüchtlingsproblem überfordert, und die an der Spitze suchen nach Sündenböcken. Sie haben die Verantwortlichen für die Jugendorganisationen – besonders dich und mich – im Visier: Man wirft uns vor, unserer Aufgabe nicht gerecht geworden zu sein; wir haben es angeblich nicht verstanden, neue Generationen heranzubilden, die gegenüber Regierung und SED loyal sind.« An einem Ostseestrand, von Gischt umweht, mit hochgekrempelten Hosenbeinen und den Füßen im Wasser, hat Aurich versucht, Krenz dazu zu überreden, Honecker abzusetzen. Doch erneut hat er den Sirenenklängen widerstanden: Ein paar Wochen vor dem Jubiläum konnte er sich nicht zu solchen Manövern gegen den kranken alten Mann durchringen.

Egon Krenz denkt an den Augenblick zurück, als sein Weg das erste Mal den von Erich Honecker kreuzte. Eines Tages im Februar 1951 kam der dynamische Erste Sekretär der FDJ nach Rostock, um eine Ansprache an die Massen zu halten. Das Idol der ostdeutschen Jugend, breitschultrig und große Reden schwingend, schrieb dem begeisterten jungen Pionier ein Autogramm in sein Büchlein. Da hatte der 14-jährige Egon ein Vorbild gefunden. Nachdem er ebenfalls begonnen hatte, die Stufen der Macht zu erklimmen, waren die beiden Männer einander nähergekommen. Honecker entwickelte Sympathie für diesen Burschen mit Backenbart, dem der Wimpelzipfelkragen so gut zu Gesicht stand. Er brachte ihn dazu, ins Zentralkomitee einzutreten, berief ihn an die Spitze der FDJ. Und er unterstützte seine Kandidatur für das Politbüro.

Ihre Beziehung hat sich im Anschluss an den Besuch verschlechtert, den Honecker ihm nach seiner Gallenblasenoperation in der Klinik abgestattet hat. Die beiden Männer sprachen über den neuen Generalsekretär der KPdSU Gorbatschow, und Krenz bezeichnete dessen Politik als »vernünftig«. Seitdem verdächtigt ihn der jähzornige Generalsekretär der philogorbatschowschen Abweichung, anders gesagt, der Schwäche. Doch deswegen hat Krenz nicht weniger Zuneigung zu seinem Paten empfunden. Bis zu dieser schlaflosen Nacht.

Krenz steht auf und gießt sich ein großes Glas Whisky ein. »Ich muss meine Autorität bekräftigen und meine Opposition gegenüber seiner Vogel-Strauß-Politik betonen, ohne ihn zu provozieren: In diesen Zeiten ist Erich zu allem fähig. Wir müssen das Schweigen durchbrechen. Am besten wäre es, bei der nächsten Sitzung des Politbüros eine Diskussion anzustoßen. Ja, aber wie? Und wer wird den Mut haben, sich uns anzuschließen?«, fragt er sich mit den Händen hinter dem Rücken. Er gibt sich einen Ruck, setzt sich hin und beginnt fieberhaft zu schreiben.

»Du mit den langen Haaren, mitkommen!« Man führt Hansi in ein verqualmtes Büro, wo drei Uniformierte auf ihn warten. Sie sitzen neben einem kahlköpfigen, dickbäuchigen

Zivilisten, der stolz sein Parteiabzeichen im Knopfloch zur Schau stellt. Hansi hatte erwartet, freigelassen zu werden, nicht aber, vor diesen vier Häschern zu erscheinen. Das alles lässt nichts Gutes erwarten.

»Genosse, ich bin Richter Külz. Gegen Sie ist ein Verfahren eingeleitet worden – wegen Teilnahme an einer nicht genehmigten Demonstration, bei der Sie feindselige Parolen gegen den sozialistischen Staat gerufen haben. Darüber hinaus haben Sie die Staatsorgane bei der Durchführung ihres Auftrags behindert. Wissen Sie, was das bedeutet, Genosse? Sie haben erheblichen Ärger zu erwarten. Dabei hatte man Sie doch gewarnt, Sie und Ihre Freunde. Aber Sie sind unvernünftig und machen seit allzu langer Zeit nur, wonach Ihnen der Kopf steht. Jetzt, mein junger Freund, werden Sie für Ihre Dummheiten büßen müssen. Einsperren, den Saboteur, aber schnell!«, befiehlt Külz.

Dieses Mal bringt man Hansi in eine richtige Zelle. Sie ist eng und stinkt nach Desinfektionsmittel und Urin; das Waschbecken hat der Vorgänger verstopft hinterlassen. Kaum hat Hansi sich auf einer der Holzpritschen ausgestreckt, hört er, wie ein Schlüssel ins Schloss gesteckt wird. Im Türrahmen erscheint ein Gefängniswärter, gefolgt von drei sehr jungen Männern mit Handschellen um die Gelenke. Einer von ihnen, der Stämmigste, hat sich eine Glatze rasiert, trägt Springerstiefel an den Füßen und eine khakifarbene Bomberjacke. »Ein Skinhead! Derzeit hab ich wirklich eine Glückssträhne«, denkt Hansi.

Bei trockenen Keksen und lauwarmem Blümchenkaffee, ihrem ersten Frühstück in der Haftanstalt Rummelsburg, machen die Gefangenen sich miteinander bekannt: Die drei Burschen haben sich am Abend in der Mollstraße erwischen lassen und werden der gleichen Vergehen beschuldigt wie der Ältere. Alle haben Külz kennengelernt; alle sind der Ansicht, dass die Lage in der DDR kritisch ist; alle bedauern den Rücktritt von Wolfgang Mathies, dem legendären Torhüter des FC Union Berlin. Die Zukunft der DDR und – allgemeiner – ganz Deutschlands ist eher Anlass für Streitereien: Zwischen Hansi, der nur auf Bakunin und Mühsam schwört, und seinem Plateausohlen-Neonazi laufen die Dinge tatsächlich schnell aus dem Ruder. Ihre beiden Gefährten trennen sie und setzen einen Waffenstillstand durch. Doch als Hansi sich der Gemeinschafts-Kloschüssel nähert, zischt ihm der Skin zu: »Ich kenne hier im Knast einige Leute, Kumpel. Glaub mir, dich mit deinem Schwulenringlein im Ohr, dich werden wir schon erwischen!«

Andrei, der Portier der sowjetischen Botschaft, hat seit dem Eingreifen der Truppen des Warschauer Paktes in Prag noch nie erlebt, dass er an einem Sonntagmorgen so viele Fahrzeuge hereinlassen muss. Kotschemassow hat seine engsten Mitarbeiter zu einer dringenden Konferenz einbestellt. »Ich habe gerade mit Michail Sergejewitsch gesprochen und möchte euch mitteilen, was er sagt. Der Generalsekretär ist, wie soll ich sagen, gespalten: Die Bevölkerung und vor allem die Jugend, die in seinen Worten ›lebendig und begierig nach Veränderung ist‹, hat ihn sehr beeindruckt. Für die SED gilt das nicht, und noch weniger für Erich Honecker. ›Er hat nichts begriffen, obwohl ich es ihm zweimal erklärt habe, und das sehr nachdrücklich‹, hat er mir gesagt. Der Generalsekretär hat sehr deutlich gemacht, dass wir uns weder in die inneren Angelegenheiten der DDR einmischen noch Druck auf ihre Führung ausüben sollen. Es ist an den Verantwortlichen der DDR, ihrer Verantwortung gerecht zu werden und zu entscheiden. Übrigens«, er wendet er sich an die Vertreter des sowjetischen Generalstabs in der DDR, »unsere Streitkräfte dürfen die Kasernen keinesfalls verlassen. Michail Sergejewitsch ist überzeugt, dass bald neue Unruhen ausbrechen werden, und, ich wiederhole das, er will nicht, dass unsere Truppen da mit hineingezogen werden. Haltet die Augen offen, und vor allem kein Abenteurertum!«

Zur gleichen Zeit tagen im Stasihauptquartier an der Normannenstraße Erich Mielke, seine Stellvertreter, der Leiter der Volkspolizei, der Innenminister Egon Krenz sowie Günter Schabowski. Auch sie sind davon überzeugt, dass weitere Unruhen bevorstehen. Noch an diesem Tag, um genauer zu sein. Das zumindest ist die zentrale Aussage im Bericht des Generals Rudolf Mittig, der seine Informationen von den stets zuverlässigen, von Heinrich Knopf abgeschöpften Quellen bezieht. »Wie Sie wissen, ist es den Provokateuren nicht gelungen, den ordnungsgemäßen Ablauf der Feiern am Palast der Republik zu stören. Sie wurden abgedrängt ...« Während Mielke sich brüstet, schiebt Krenz Schabowski heimlich einen Zettel zu – das Ergebnis seiner nächtlichen Denkanstrengungen: Ein Textentwurf, in dem die jüngsten Ereignisse erklärt werden und den er schnellstmöglich dem Politbüro unterbreiten und im *Neuen Deutschland* veröffentlichen will.

»Alles murrt, Egon: Der sozialistische Staat und die öffentliche Ordnung sind ernstlich bedroht. Wir müssen einschneidender reagieren und dem Volk die Hand reichen, anstatt nichts zu tun und keinerlei Risiko einzugehen. Die Zeit läuft gegen uns: Je mehr die Gewalt zunimmt, desto größer wird das Risiko, dass unser Plan eines sanften Übergangs scheitert«, flüstert der Erste Sekretär der Berliner SED, den die erste Version seines Kollegen nicht sonderlich überzeugt hat. Krenz seufzt: Schabowski hat nicht unrecht, er muss einen Schritt weiter gehen.

Die beiden Apparatschiks machen sich ans Werk; sie wägen jedes Wort, noch das nebensächlichste Komma. So gelingt ihnen ein Stück vorbildlicher sozialistischer Rhetorik, in das drei Spitzen gegen Honecker eingeflossen sind. Sie stellen fest, dass die Situation der Medien und der Versorgung »unbefriedigend« sei, beklagen die Ausreise von DDR-Bürgern und räumen schließlich ein, dass die Ursache des sommerlichen Exodus in der DDR und sonst nirgends zu suchen sei. Krenz und Schabowski sehen einander an: Trotz aller Vorsicht ist dieser Text eine schallende Ohrfeige für die Politik Honeckers. Ein direkter Affront.

Nun müssen sie ihre Karten auf den Tisch legen: Wenn sie ihren Text übermorgen im Politbüro präsentieren wollen, müssen sie ihn zuvor Erich vorlegen. Krenz wählt die Nummer der Honeckers in der Waldsiedlung. Er lässt es einmal, zweimal läuten, dann legt er rasch wieder auf. Mit hochrotem Kopf fängt er erneut an und holt tief Luft.

»Weißt du, Günter, ich glaube, sie sind nicht ...«

»Hallo?«

»Guten Tag, Margot. Schöner Sonntag, nicht? Und das Fest gestern Abend, das war großartig. Kannst du mir sagen, ob Erich zufällig im Haus ist?«

»Deine Stimme klingt so seltsam, Egon. Alles in Ordnung?«

»Ich habe mich erkältet, Freitagabend, während des Umzugs der FDJ. Aber es geht schon, danke. Erich ...?«

»Hallo Egon, welch glücklicher Zufall verschafft mir die Ehre?«

»Erich, ich habe da den Entwurf für eine Erklärung, die ich schnellstens dem Politbüro unterbreiten möchte.«

»Schau an, schau an, das ist ja sehr merkwürdig. Und an

einem Sonntagmorgen, wo du doch gern bis in die Puppen schläfst! Lass es mir schnellstmöglich zukommen, und dann unterhalten wir uns darüber.«

Alea iacta est. Schabowski macht sich davon: Mielke hat ihn gebeten, ihm für die Demonstrationen dieses Tages seine örtlichen Agitatoren zur Verfügung zu stellen.

Allein in seinem großen Büro kann Krenz nur eine kurze Pause genießen, ehe er den Rückruf Honeckers empfängt:

»Wie kannst du es wagen! Nicht nur deine ›Erklärungen‹, wie du das nennst, sind falsch, nein, dieser Text ist auch gegen mich gerichtet. Ich weiß genau, was du da heimlich anzettelst. Übrigens, den Fackelzug hast du torpediert, und du hast auch die von der FDJ dazu gebracht, ›Gorbi! Gorbi!‹ zu rufen, um mich zu demütigen. Pass nur auf, Egon. Dieser Text wird im Politbüro nicht erörtert werden!«

Krenz protestiert, versichert, dass er ihm nur das Beste wünsche, widersetzt sich dem Greis.

»Nun gut, Egon, wie du willst. Wir sehen uns morgen früh bei mir, um das zu besprechen.«

»Herzhaft! Und wenn ich euch so ansehe, dürfte euch eine kleine leckere Platte überaus guttun«, amüsiert sich Ilse, während sie sich am Herd zu schaffen macht. Für Marina und Klaus ist es eine lange und offensichtlich feuchtfröhliche Nacht gewesen. Sie haben zu den Rhythmen eines Diskomoderators der Klasse S[1] abgetanzt, und der hat ihnen eine erste Ahnung von Acid House verpasst. S'Express … Voll die Dröhnung!

---

1 In der DDR mussten sogar die DJs Examina ablegen und Bescheinigungen erwerben, um ihre Talente ausüben zu dürfen. Es gab vier Klassen von DJs: Die der Klasse S waren die besten und konnten im gesamten Land arbeiten, sofern sie die vorgegebenen Quoten der Partei einhielten: 60 Prozent Musik aus Ostdeutschland oder dem kommunistischen Block, 40 Prozent »nichtsozialistischer« Musik.

Bei seiner Ankunft hat Klaus einen guten Eindruck gemacht, weil er der Mutter seiner Freundin eine Schachtel
Pralinen überreicht hat. Doch die fängt an, ihr Urteil zu revi-
dieren: Der Typ, in dumpfes Schweigen gehüllt und den Kopf
tief über dem Teller, hat doch glatt das Freundschaftsbier
ausgeschlagen, das ihr Mann ihm angeboten hat. Dagegen
haben bei Marina schon ein paar Schlucke ausgereicht, sie
wieder voll in Schwung zu bringen. Sie erzählt mit gespielter
Empörung, dass Klaus ihr am Abend vorgeschlagen habe,
zum Fest des Volkes zu gehen. »Also nein, das ist ja völlig da-
neben, hast du sie noch alle? Gut, als ich noch kleiner war,
allenfalls mal, um ein wenig Taschengeld zu kriegen: Zehn
Mark für das Rumtragen eines kleinen Spruchbands, 20 für
das große, beim Fest der Arbeiter oder für den Tag der Republik. Aber bei dem Durcheinander jetzt, nicht für alles Gold
der Welt würde ich beim Volksball einen Fuß rühren.«

Mit einem Lächeln auf den Lippen quatscht Marina drauf-
los oder summt leise vor sich hin. Hinter ihrer guten Laune
verbirgt sich etwas, davon ist ihre Mutter überzeugt.

Bei einem Spaziergang an der frischen Luft, Arm in Arm, in
den unermesslichen Rapsfeldern hinter dem Haus, werden
sie endlich richtig wach.

»Klaus, was hast du morgen vor?«

»Na ja, in der Fabrik malochen, warum?«

»Weil du mit mir nach Leipzig kommen wirst«, sagt sie
und nimmt seine Hand. »Da soll eine große Demonstration
stattfinden. Mein Bruder war letzten Montag dort und ist
schwer beeindruckt zurückgekommen. Er sagte, es seien an
die 20000 Leute gewesen; sie haben gesungen, sich an den
Händen gehalten und rund um die Nikolaikirche Kerzen angezündet. Alles spielt sich da unten ab. Ich werde da hingehen, Klaus, und du musst mitkommen.«

Seit der ersten großen Montagsdemonstration am 25. September ist Leipzig zum Zentrum des Protests geworden, aber Klaus bleibt skeptisch. Von den abendlichen Montagszusammenkünften ist ihm vor allem die gewalttätige Reaktion der Polizeikräfte in Erinnerung geblieben. Es hat Schlägereien gegeben. Verlegen murmelt er was von viel Arbeit und vom üblen Charakter seines Vorgesetzten ...

Aber Marina ist nicht in der Stimmung; so leicht gibt sie nicht auf: »Steht es dir etwa nicht bis hier, deinen Urlaub auf vergammelten Campingplätzen in der Tschechoslowakei zu verbringen? Träumst du vielleicht nicht davon, auf Mallorca oder in Rimini mit mir schwimmen zu gehen? Klaus, ich will in Freiheit leben, mein Abi machen und an der Uni studieren. Niemand soll mehr für mich Entscheidungen treffen, schon gar nicht die alten Knacker von der Partei. Das ist alles vorbei! Und ich werde das Land nicht verlassen, um all diese Möglichkeiten zu bekommen. Wir haben gar keine Wahl: Morgen müssen wir nach Leipzig!«

Zum Schluss drückt sie die Lippen auf den Mund von Klaus. Er kann sich nicht mehr entziehen: Er willigt ein, mitzukommen.

Vera ist am Morgen zur Gethsemanekirche gegangen, wo die Umklammerung durch die Ordnungskräfte nicht gelockert worden ist. Drinnen schwebt ein strenger Geruch nach schmutzigen Füßen, Schweiß, kaltem Tabakrauch. Fettiges Haar, erschöpfte Gesichter, Schlafmangel ... Sogar Sven scheint sich von den Ereignissen des Vorabends noch nicht erholt zu haben. Man stellt eine Liste der Verschwundenen zusammen, die Stunde um Stunde länger wird. Was ist mit Kirstin? Arbeitet ihre Mitmieterin, die Krankenschwester, heute in der Klinik? Sie glaubt es nicht. Nachdem sie weitere zwei Stunden gewartet hat, hält sie es nicht mehr aus und lässt die erdrückende Stimmung in dem Gotteshaus hinter sich, um ihre Eltern zu besuchen.

Kaffee, Kuchen, Umarmungen, auch ein paar Tränen – ihre Mutter ist so sehr besorgt. Als Vera wieder geht, versuchen ihre Eltern nicht, sie zurückzuhalten, weil sie wissen, das ist verlorene Liebesmüh: Ihre Tochter hat eine Mission, und sie bewundern ihre Entschlossenheit. Sie springt in eine Straßenbahn, um so schnell wie möglich aus Weißensee mit seinen Plattenbauten wegzukommen, diesem Viertel der Kleinbürger und verbrauchten Funktionäre, vor denen sie geflohen ist, seit sie erwachsen wurde.

Sie steigt aus der Straßenbahn und geht zu Fuß weiter. Sie ist nicht mehr weit von der Gethsemanekirche entfernt – es sind kaum noch 80 Meter –, als sie an der Kreuzung Pappelallee und Stargarderstraße vor einem Gründerzeitgebäude mit Ziergiebeln und Wasserspeiern eine Ansammlung von einigen Hundert Leuten entdeckt. Keine Punks, keine langhaarigen Ökos, sondern ehrenwerte Bürger, die still gegen die Gewalt der letzten Tage demonstrieren. Ein paar Stunden zuvor sind es erst einige Dutzend gewesen – Vera hat sie im Vorübergehen bemerkt. Im Augenblick haben sie sich zwischen brennenden Kerzen, deren Wachs sich auf dem Pflaster verteilt, rund um einen Samowar versammelt und futtern Stullen. Einige Meter von ihnen entfernt stehen Reservisten der NVA, die sich sichtlich unwohl fühlen, und Kerle von der Stasi, die die Schultern kreisen lassen und die Leute anstarren, um sie einzuschüchtern. Vera setzt sich mit ihnen auf das Trottoir.

Die Spannung ist mit Händen zu greifen. Vera beobachtet die Typen von der Stasi, die sich den ersten Reihen der Protestierenden bedrohlich nähern und auf den kleinsten Anlass lauern, um loszuschlagen. Plötzlich stürzt sich von Osten her eine Schwadron Polizisten im Kampfanzug auf sie, gepanzert mit eindrucksvollen Ellenbogen- und Knieschonern und rhythmisch mit den Gummiknüppeln auf ihre Schutzschilde trommelnd. Bei den Protestierenden bricht Panik aus. Voller Schrecken laufen sie davon, doch die Straßen im Umkreis sind abgesperrt. Stasi und Polizei, vor allem jedoch die Stasileute, drängen wie Bulldozer vorwärts. Vera türmt sofort. Aber wo soll sie hinlaufen? Sie dreht sich um und sieht, dass vier Mann hinter ihr her sind – Polizisten, noch dazu ganz junge, die von ihrer schweren Ausrüstung behindert werden. Sie rennt schneller und holt eine kleine Gruppe Männer ein, die völlig außer Atem sind. Einer droht zusammenzubrechen, da ruft eine aus einem Gebäude kommende Stimme: »Schnell, kommt hier rauf, ich mache euch die Tür auf!« Vera und ihre Fluchtgefährten nehmen die Stufen in langen Sätzen. Im dritten Stock ist eine Tür offen, und sie stürzen sich in dem Augenblick in die Wohnung, in dem die Polizisten in das Gebäude eindringen. Die Flüchtigen hören, wie die Treppen unter ihren Schritten beben. Ihr Retter, ein Mann in den Dreißigern, hat an dem Sit-in teilgenommen, ehe er nach Hause gegangen ist, weil er spürte, wie ein anderer Wind aufkam. Wortlos stellt er einige Gläser auf den niedrigen Tisch des Wohnzimmers und holt eine Flasche Pfirsichlikör heraus, während seine Gäste sich in höchster Eile die Schuhe ausziehen und sich auf die Kanapees lümmeln. Sie löschen das Licht. Jemand schlägt gegen die Tür. Grabesstille im Raum. Die Schläge werden stärker, bis die Türangeln fast nachgeben.

Unter den Gewölbebögen der Gethsemanekirche drängt sich eine riesige Menschenmenge. Manche, die am Gottesdienst um 18 Uhr teilnehmen, sitzen auf der Orgelempore; nachdem

Pastor Albani die Namen der in den letzten Stunden von der Polizei festgenommenen Gefährten aufgerufen hat, lauschen 3000 Menschen andächtig seiner Predigt. Sogar die Ungläubigen scheinen den Himmel anzuflehen. »Wer dem Nächsten willkürlich die Freiheit entzieht, schließt für sich selbst rasch alle Auswege«, verkündet der Geistliche mit dem Palästinensertuch um den Hals. Seine Worte spenden den Gläubigen Trost. Der Glaube an Gott, an die Menschen, an die Vorsehung – das ist allen ein großes Bedürfnis. Abgesehen von wenigen Ausnahmen hat fast jeder einen Verwandten oder Freund, von dem er seit 24 Stunden nichts mehr gehört hat. Die Regierung hat ihnen keinerlei Zugeständnisse gemacht, es kennt nur Unterdrückung: Am 7. September sind in Berlin 80 Personen verhaftet worden, am 18. hat man in Leipzig an die 100 weitere festgenommen, Anfang Oktober folgen brutale Auseinandersetzungen in Dresden, Magdeburg und erneut in Leipzig, Dutzende sind zu mehrmonatigen Gefängnisstrafen oder zu hohen Geldbußen verurteilt worden. Und dann dieses Jubiläumswochenende, an dem die Gewalt der Ordnungskräfte ihren Höhepunkt erreicht hat.

Kirstin hat mehr Glück im Unglück: Nach 24 Stunden Untersuchungshaft hat man sie gerade entlassen. »Ich musste mich für alles rechtfertigen – warum ich ein schwarzes T-Shirt trage, warum ich einen Gorbatschow-Anstecker auf dem Pulli habe, warum ich Flugblätter der UB und der Kirche in der Tasche hatte. Das hat Stunden gedauert, und dann ließ man mich eine Erklärung unterschreiben, in der ich anerkenne, dass das Neue Forum gegen die Verfassung verstößt und die öffentliche Ordnung stört. Sie haben mir eindringlich klargemacht, dass ich strafrechtlich verfolgt werde, wenn ich mich mit dem NF identifiziere und seine Ideen verbreite«, berichtet sie der Gruppe, die sich um sie geschart hat.

»Wir haben eine Kraftprobe mit den Machthabern in Gang gesetzt. Es ist ein Machtkampf. Man muss mit allem rechnen. Aber eines ist sicher: Für einen Rückzug ist es zu spät«, stellt Barbara fest.

»Ich glaube, Gorbatschow ist unsere einzige Hoffnung«, sagt Kirstin und streichelt ihren Anstecker wie einen Glücksbringer.

»Gorbatschow lässt es geschehen, mischt sich aber nicht ein. Die Sowjets werden nicht zur Unterstützung der Regierung eingreifen. Andererseits kann man sich fragen, was Gorbatschow wirklich noch unter Kontrolle hat. Was werden die 400 000 in der DDR stationierten Rotarmisten machen? Hoffentlich nichts. Auf alle Fälle solltet ihr euch keine Illusionen machen: Gorbi wird uns nicht zu Hilfe kommen. Es wird uns übrigens überhaupt keiner zu Hilfe kommen. Alles hängt von uns ab.«

Eine Frau, bleich wie ein Gespenst, ergreift das Wort; ihre Stimme klingt gepresst, aber aggressiv:

»Mein Mann hat mir das gleiche Gewäsch erzählt: friedliche Revolution, Demokratie, Mahnwachen, Meinungsfreiheit, Kerzen ... Seit er gestern an der Demo am Alexanderplatz teilgenommen hat, ist er verschwunden. Es ist nicht herauszubringen, wo er sich befindet. Wir greifen einen Gegner an, der ein paar Nummern zu groß für uns ist: Die SED wird nie auch nur das kleinste Fitzelchen Macht abgeben.«

»Leider glaube ich, dass sie recht hat«, mischt sich ein Bursche im Trainingsanzug ein. »Warum riskieren wir so viel? Was will die schweigende Mehrheit in diesem Land? Okay, hier am Prenzlauer Berg ist die Bewegung beliebt. Aber in Hohenschönhausen? In Mitte[2]? Im übrigen Land?«

---

2 In Hohenschönhausen lebten viele Stasiagenten und kleine Funktionäre, in Mitte zahlreiche Parteikader.

Sven in seinem merkwürdigen Umhang mit der Aufschrift
»Befreit Hansi Z.« wird das zu viel. Er geht hoch:

»Es gibt zwei Möglichkeiten: Entweder du bist eine treulose Tomate und willst eigentlich an die Uni, merkst aber endlich, dass es dich vielleicht teuer zu stehen kommt, wenn du hier mit uns in der Kirche bleibst, oder wir müssen uns fragen, für wen du eigentlich arbeitest.«

»Bitte?«

»Ja, kann es vielleicht sein, dass du für die Normannenstraße die Ohren aufhältst? Typen wie dich, die kennen wir schon lange: Ihr sorgt für Unfrieden, um uns zu schwächen. Übrigens hab ich dich noch nie hier gesehen ...«

»Sag das noch mal!«

»Das reicht jetzt, alle beide«, geht Barbara dazwischen. »Sven, halt dich bitte zurück.«

»Nein, ich hab es so dick, mich manipulieren zu lassen, verflucht! Seit dem frühen Morgen höre ich alarmierende Gerüchte über die Demo morgen in Leipzig: Blutkonserven in Bereitschaft, man hat Klinikbetten freigemacht, die Kampfgruppen der Kombinate sind mobilisiert, man soll rund um die Stadt sogar Auffanglager eingerichtet haben ... Wo stammen diese Gerüchte eurer Meinung nach her?«

Ein sichtlich bewegter Mann in einem zu engen, an den Ellenbogen abgewetzten Anzug drängt nach vorn, um etwas zu sagen:

»Hört zu, ich bin seit 25 Jahren Parteimitglied, und es widert mich an, was da zurzeit alles passiert. Noch vor ein paar Monaten sind mir eure Aktionen ziemlich übel vorgekommen. Heute weiß ich, dass ihr keine Feinde seid, und ich habe Sympathie für euch. Die Regierung sollte sich schämen dafür, dass es Jagd auf euch macht und euch wie die Hasen hetzt. Mit der Polizei! Mit der Volkspolizei! Das ist eine Katastrophe für unser Land! Mein Vater war überzeugter Antifaschist und ist deportiert worden; ich selbst habe lange geglaubt, mit dem Militarismus seien wir fertig. Mir sind die Augen aufgegangen: Ich habe kein Vertrauen mehr in unseren Staat und seine pseudohumanistischen Werte. Glaubt mir: Ihr seid nicht allein. Es gibt eine Menge Leute, speziell aus meiner Generation und sogar in der Partei, die Gewalt verurteilen und sich in dieser Politik nicht wiederfinden.«

Alle blicken anerkennend auf den etwa 50-Jährigen mit dem leichten Bauchansatz. Sven schüttelt ihm herzlich die Hand, und seine Züge entspannen sich.

»Ihr habt keine Ahnung, wie viele Jahre ich schon darauf hoffe, so etwas von einem Parteimitglied zu hören«, gratuliert ihm Barbara. »Für uns Ostdeutsche, für viele Ostdeutsche, ist die Zeit gekommen, in der wir der Möglichkeit ins Auge sehen müssen, für unsere Ideen ins Gefängnis zu wandern. Je mehr Leute uns unterstützen und auf die Straße gehen, desto schwieriger wird es für die Polizei, Gewalt anzuwenden. Das ist unsere Stärke. Aber unter einer Bedingung: Gewaltlosigkeit. Wir sollten unsere Bemühungen nicht dadurch entwerten, dass wir uns von Provokateuren hinreißen lassen. Für dieses Spiel sind wir sowieso nicht gerüstet: Da werden sie immer als Sieger vom Platz gehen, immer... Morgen wird Leipzig vielleicht zum entscheidenden Wendepunkt. Wir werden sehen, ob die Bevölkerung in ihrer Mehrheit den Mut hat, der Macht zu trotzen. Glaubt mir, selbst wenn das naiv erscheinen mag, aber ich bin zuversichtlich!«

Plötzlich gellen Schreie: Die Kirche ist umstellt!

Ein paar Hundert Kilometer entfernt wird ein anderer Mann ebenfalls von Zweifeln geplagt. In seinem Büro im Bonner Kanzleramt macht Helmut Kohl sich Sorgen. Er fürchtet die Fortsetzung der Ereignisse in der DDR. Er möchte gern glauben, dass Honecker und seine auf Militär und Polizei gestützte Kamarilla nicht so weit gehen werden und Truppen einsetzen, um die morgige Demonstration in Leipzig niederzuschlagen. Rudolf Seiters, im Kanzleramt zuständig für innerdeutsche Fragen, ist der gleichen Meinung: Gorbatschow wird jeden Waffeneinsatz untersagen, und mangels sowjetischer Unterstützung wird die ostdeutsche Armee nicht ausrücken. Die Gewaltausbrüche des Wochenendes zeigen Stunde um Stunde, dass die Lage möglicherweise bald kippen könnte. Ein Steinwurf würde vielleicht ausreichen oder eine außer Kontrolle geratende Auseinandersetzung. In diesem Fall würde die DDR definitiv destabilisiert werden, und Zehntausende von Flüchtlingen würden gegen die Pforten der BRD anbranden. Was so viel hieße wie schwerste Probleme, und das ein Jahr vor der Wahl, die nach allen Umfragen nur sehr schwer zu gewinnen sein wird.

Seit ein paar Wochen ist der gewöhnlich so ruhig wirkende Helmut Kohl wie im Fieber; seine Emotionen gewinnen die Oberhand. Er muss etwas unternehmen, um diesen Ablauf in geregelte Bahnen zu lenken; die benachbarte Regierung muss unter Druck gesetzt, aber auch gemäßigt werden – er weiß, es steckt in schlimmsten finanziellen Schwierigkeiten: Die BRD sorgt weiterhin für den Unterhalt ihres mit allen Wassern gewaschenen Bruderstaats, und dieser versucht seinerseits, ihr immer mehr Devisen abzuzwacken. Kohl verachtet diese kleinen Apparatschiks, und er hat die DDR stets für einen grundsätzlich illegitimen Staat gehalten. Nur weil er die Zwistigkeiten leid war, hat er sich dazu bereitgefunden, die Ostpolitik seiner sozialdemokratischen Vorgänger fortzusetzen.

Er arbeitet an einer Erklärung, die er morgen vor der Demonstration in Leipzig verlesen will, damit eine neue Eskalation der Gewalt um jeden Preis vermieden wird. »Solidarität gegenüber der aufrechten und mutigen Bevölkerung. Festigkeit gegenüber den Führern, die in vollem Umfang für die Verschlechterung der Lage verantwortlich sind. Innerer Frieden und Stabilität lassen sich jedenfalls nicht durch Gewalt und Bevormundung der Menschen gewährleisten! Lösung: Die Regierung ist aufzufordern, dass es endlich Reformen einleitet und sich um die Bedürfnisse und Sorgen seiner Bürger kümmert. Lockmittel: der Tresor unserer reichen Bundesrepublik. Ankündigung: Die westdeutsche Regierung ist bereit, die grundlegenden politischen, sozialen und wirtschaftlichen Reformen, die die DDR einleiten wird, entschlossen und in vollem Umfang zu unterstützen.«

Die Eskalation wird von Erich Mielke im Hauptquartier an der Normannenstraße geplant. Seit dem Spanischen Bürgerkrieg hat der 81-Jährige keine solche Begeisterung mehr verspürt – damals hatte er auf Befehl Stalins an den Fronten Kataloniens und Asturiens die Anarchisten und Trotzkisten der Internationalen Brigaden liquidieren lassen. Er überarbeitet seine »Alarmstufe Rot«, mit der den Sicherheitstruppen die Erlaubnis zum Töten gegeben wird:

»Durch die zügellose Hetz- und Verleumdungskampagne des Gegners und verschiedene massive Einmischungsversuche hat sich die politisch-operative Lage im Inneren der DDR erheblich verschärft. Es verschärfen sich die Erscheinungen und damit verbundenen Gefahren der Zusammenrottung feindlich-negativer Kräfte [...] Zur konsequenten und wirksamen

Zurückdrängung/Unterbindung aller diesbezüglichen Hand-
lungen und Aktivitäten weise ich an:

Für alle Diensteinheiten besteht bis auf Widerruf entspre-
chend der Anweisung 1/89, Ziffer II, › volle Dienstbereitschaft‹.
Angehörige, die ständig Waffenträger sind, haben ihre Dienst-
waffe entsprechend den gegebenen Erfordernissen ständig
bei sich zu führen.

Die [...] getroffenen Festlegungen zur Überprüfung und Be-
reitstellung der erforderlichen Kräfte und Reserven sind noch-
mals unter der gegenwärtigen Lageentwicklung zu präzisie-
ren. Es sind ausreichende Reservekräfte bereitzuhalten, deren
kurzfristiger Einsatz auch zu offensiven Maßnahmen zur
Unterbindung und Auflösung von Zusammenrottungen zu
gewährleisten ist.

Mobilisierung der Betriebskampfgruppen und Bereitstel-
lung der Krankenhäuser, damit große Mengen Verwundeter
aufgenommen werden können ... «

Kurz betrachtet Erich Mielke die Replik der Totenmaske
Lenins auf seinem Schreibtisch, ehe er seinen Alarm der
Stufe Rot feierlich unterzeichnet. Er wird sofort an alle loka-
len Führungsstellen von Partei und Stasi weitergeleitet.

Wjatscheslaw Kotschemassow hat den ganzen Nachmittag
in der Botschaft gearbeitet und ist ›vor einem Berg diplomatischer Telegramme fast eingeschlafen, als das Telefon klingelt. Am anderen Ende der Leitung ist Egon Krenz.

»Erich hat mich gebeten, mit der Armee und der Polizei die
›notwendigen Maßnahmen‹ zu der für morgen geplanten
Demonstration in Leipzig zu koordinieren.«

»Am wichtigsten ist es, ein Blutbad zu vermeiden, Egon.
Ich gebe dir einen kategorischen Rat: Auf keinen Fall repres-
sive Mittel einsetzen, und auf keinen Fall die Armee.«

»Klar, einverstanden, Wjatscheslaw, das ist undenkbar«, erwidert Krenz mit einem Seufzer der Erleichterung. »Übrigens ... was ich dir sagen wollte ...«

»Ja, Egon?«

»Nichts, nichts, entschuldige, ich muss los. Wir reden später darüber.«

›Krenz ist nicht sauber. Er brütet etwas aus‹, sagt der sowjetische Botschafter zu sich, nachdem er aufgelegt hat. Sofort ruft er den Generalstab der sowjetischen Streitkräfte in der DDR an: »Haltet eure Kräfte morgen aus Leipzig heraus, und instruiert die Leute in den Kasernen dahingehend, dass sie möglichst alles unterlassen sollen, was antisowjetische Provokationen auslösen könnte.«

Pastor Albani verschränkt die Arme, beugt sich nach vorn und wieder zurück und reibt sein Ohr. Nachdem er auf der Freitreppe der Gethsemanekirche eine halbe Stunde lang mit einem General in Uniform diskutiert hat, ergreift er ein Megaphon: »Sie haben die Erlaubnis, nach Hause zu gehen, vorausgesetzt, Sie begehen keine Tätlichkeiten gegen die Ordnungskräfte. Unter dieser Bedingung verpflichten sich Letztere, Sie alle ungehindert passieren zu lassen.« Die vielen Tausend Besetzer der Kirche sehen einander schweigend und ungläubig an. Als Albani seine Ankündigung wiederholt, fangen alle zusammen zu reden an. Die Aussicht, nach Hause gehen und so billig davonkommen zu können, ruft bei den meisten große Erleichterung hervor. »Zu einfach, ich versteh das nicht«, grummelt Emma, die beruhigt ist, weil sie ihre Freundin Barbara gesund und munter wiedergetroffen hat. Den Leuten Erich Mielkes kann man auf keinen Fall vertrauen, umso weniger, weil es als einzigen Ausweg nur die kleine Brücke über die Bahnlinie hinter der Kirche gibt – eine richtige Mausefalle. Emma zögert – ihre besorgten Söhne erwarten sie sicher zu Hause –, dann beschließt sie, in dem Gotteshaus zu bleiben.

Plötzlich erregt ein hereinkommender Jugendlicher Aufsehen. Er ist ernstlich an der Hand verletzt, doch es ist ihm gelungen, den Sicherheitskordon zu durchbrechen, um seine Gefährten zu warnen: Am Ende der Brücke wartet die Stasi auf sie; ein paar Dutzend Leute sind schon festgenommen worden. Für Emma steht nun fest, dass sie rausgehen und den Ordnungskräften trotzen müssen, um sich mit ihren Mitstreitern solidarisch zu zeigen. Knapp 100 Mutige erheben sich. Sie verlassen die Kirche, Kerzen in der Hand wie bei einer Prozession, und durchschreiten die Sperren der Ordnungskräfte, die angesichts dieser merkwürdigen Pilger sprachlos sind und sie ziehen lassen. An der Kreuzung Stargarderstraße und Schönhauser Allee setzen sie sich in einem mittlerweile gut eingeübten Ritual – Sit-in, Kerzen auf dem Gehweg – nieder und nehmen dicht aneinandergedrängt ihre bevorzugten Sprechchöre wieder auf: »Keine Gewalt!« und »Schämt euch!«, wobei sie die Schläger, die sich vor ihnen aufgebaut haben, direkt ansehen.

In ihrem vorläufigen Versteck verbringt Vera eine verrückte Nacht. Die Polizisten haben geläutet, gebrüllt, immer stärker gegen die Tür gehämmert – die hat gebebt, aber standgehalten – und schließlich aufgegeben. Sie sind sicher zu dem Schluss gekommen, dass sie an diesem Abend mit dem Geruch nach Bürgerkrieg Besseres zu tun hätten. Nachdem die Furcht gewichen ist, haben sie und ihre Gefährten Bekanntschaft geschlossen; der Pfirsichlikör hat die Zungen der wie durch ein Wunder Geretteten gelöst. Aufgrund eines merkwürdigen Zufalls sind sechs der acht Flüchtlinge Busfahrer,

die das Wohnzimmer schnell in eine surreale Gewerkschafts-
dependance verwandeln... Vera brennt darauf, wieder auf
die Straße zu gehen, doch das erscheint selbst für Draufgän-
ger ihres Schlages gefährlich. Die Leute von der Stasi gehen
zu regelrechten Razzien über. Jedes Mal, wenn sie auf Zehen-
spitzen ans Fenster geht, beobachtet sie ausnehmend gewalttätige Szenen.

Kaum 100 Meter von Veras Zuflucht entfernt durchleben Emma und ihre Gefährten einen dramatischen Augenblick. Die Polizisten sind, um sie stärker zu provozieren,
näher an sie herangerückt. Hinter ihnen heulen und kläffen
die Hunde, denen man die Maulkörbe abgenommen hat, aus
Leibeskräften. Plötzlich gehen die Leute der Stasi zur Seite
und machen einem der Schneepflüge der Armee Platz. Das
stählerne Monstrum fährt langsam weiter und zerquetscht
dabei die Kerzen. Als es nur noch zwei Meter von den Protestierenden entfernt ist, springen diese hastig auf und rennen
in Richtung S-Bahn, verfolgt von den Bullen, die blindlings
ein halbes Dutzend von ihnen herausgreifen. Emma und
eine andere Frau retten sich rechtzeitig zur Station, doch
deren Eingang wird von einem jungen Wehrpflichtigen versperrt. Sie flehen ihn an, verweisen auf ihre vielen Spröss-
linge, lassen abwechselnd Lächeln und Tränen wirken – vor
allem Emma, die sich ganz auf ihre großen hellblauen Augen verlässt. Der anfangs unbeugsame Wachtposten lässt
sich schließlich erweichen.

Die beiden Flüchtenden eilen die Treppe hoch auf den
verlassenen Bahnsteig und fluchen auf den verdammten
S-Bahn-Zug, der nicht kommen will. Sie beschließen, zu Fuß
zu flüchten. Doch der Ausgang ist durch einen quergestell-
ten LKW versperrt. Am Fuß der Treppe warten Männer mit
Hunden auf sie. In großen Sätzen rennen sie wieder nach

oben, Emma verpasst eine Stufe und fällt fast hin. Plötzlich hören sie den Zug in die Station einfahren. Sie hasten auf den Bahnsteig und kommen genau in dem Augenblick an, als die Waggons sich wieder in Bewegung setzen. Sie schreien aus Leibeskräften, fuchteln mit den Armen, laufen am Zug entlang. Im letzten Moment bemerkt der Zugführer sie, hält kurz an und öffnet die Tür des letzten Wagens. Dann verschwindet der Zug in der Nacht.

6 Stadt in Angst

Leipzig, Montag, 9. Oktober 1989

Es ist kurz vor acht Uhr, und Martin hat gerade noch Zeit, einen Kaffee zu trinken, ehe er sich um seine Patienten kümmern muss – alte Menschen, die in einem zum Kirchenbezirk Leipzig gehörenden Pflegeheim untergebracht sind. In seinen Pausen beobachtet der junge Pflegehelfer gern das benachbarte Polizeirevier – das Kommen und Gehen der Polizisten im Hof, die Schritte der Missetäter mit den Handschellen um die Gelenke. An diesem Morgen herrscht ungewöhnliche Aufregung. Man rennt, es wird gebrüllt, das sieht nach großen Truppenbewegungen aus. Am Ende des Hofes verstärken Mechaniker und Arbeiter die seitliche Panzerung der Lastwagen und befestigen vorne Gitter aus gehärtetem Stahl.

»Dann ist es also wahr«, murmelt Martin. Bis jetzt hat er die Gerüchte, die in letzter Zeit durch Leipzig schwirren, nicht glauben wollen. Er hat nur mit den Schultern gezuckt, als er drei Tage zuvor in der *Leipziger Volkszeitung* die Erklärung des Kommandeurs einer Brigade der Betriebskampfgruppen las, dass »Recht und Ordnung ein für alle Mal und nötigenfalls mit Gewalt und der Waffe in der Hand wiederhergestellt« würden.

Und tatsächlich kommen die Leute der Stasi im ganzen Land mit der Waffe in der Hand aus den Waffenkammern.

Die von Mielke ausgegebene »höchste Alarmstufe« hat alle Ordnungskräfte der DDR in Bewegung gesetzt. In Berlin hat Heinrich Knopf seine Walther PP im Pistolenhalfter unter seinem Anzug untergebracht. In den Polizeirevieren und Kasernen Leipzigs ist die Zeit für die Einweisung gekommen.

Die Sitzung läuft überall gleich ab. Man projiziert moralstärkende Dias und Propagandafilme: Volkspolizisten, die bei lebendigem Leib verbrennen, Straßenschlachten, bei denen entfesselte Meuten gegen die Ordnungskräfte vorgehen. Diese Bilder beeindrucken altgediente Bereitschaftspolizisten ebenso wie junge Wehrpflichtige. Anschließend halten die Offiziere eine Ansprache:

»Sie oder wir. Heute, Genossen, ist die Konterrevolution auf der Straße, und wir stehen einer schwerwiegenden Bedrohung gegenüber, vergleichbar jener, die die VR China vor vier Monaten erschüttert hat. Die Demonstration heute Nachmittag wird ganz anders sein als die der früheren Montage. Wir werden mit Extremisten zu tun haben, die zu allem fähig sind, um die Regierung zu stürzen. Diese Ganoven sind mit Helmen ausgestattet und mit Steinen und Stöcken bewaffnet. Wir betonen es noch einmal: Heute sind es die oder wir!

Diese Umtriebe sind ein für alle Mal abzustellen. Wir werden nicht an den Ausgängen der Kirchen und in der Fußgängerzone der Stadtmitte zuschlagen. Dafür werden wir, sobald die Demonstranten den Ring erreicht haben, die Versammlung zerstreuen. Auf Höhe Ostknoten, an der Kreuzung Georgiring und Bahnhofsplatz, wird abgeriegelt, damit wir die radikalen Elemente zum Schwanenteich zurückdrängen können. Dort wird das Gros unserer Truppen zusammengezogen. Rund um den Hauptbahnhof, vor der Hauptpost und dem Rundfunk- und Fernsehsender sind Einheiten der Volksarmee und Panzer postiert. Im Falle eines Angriffs schlagen Sie unter Einsatz der Waffe zurück. Sie haben mich richtig verstanden: Sie können von der Schusswaffe Gebrauch machen. Dazu müssen Sie wissen, dass Sie in bereitgestellten LKWs in der Nähe geladene Kalaschnikows vorfinden werden. Ab sofort beziehen einige Hundertschaften von Ihnen in den Straßen und auf den Bahnsteigen Stellung: Potenziell verdächtige Personen müssen aufgehalten und zurückgedrängt werden. Übrigens ist es allen Journalisten und speziell ausländischen Fernsehteams verboten, die Stadt zu betreten. Nach Einschätzung von General Straßenburg[1] dürften am Abend maximal 50 000 an der Demonstration teilnehmen. Wahrscheinlich ist aber nur mit 20 000 bis 30 000 Demonstranten zu rechnen. Insgesamt sind heute Abend 3100 Polizisten und 1500 Soldaten über die ganze Stadt verteilt; acht Hundertschaften der Betriebskampfgruppen stehen zur Ergänzung bereit, dazu zivile Einheiten der Stasi und unbewaffnete Parteimitglieder, die sich in die Menge mischen. Dieser Tag ist entscheidend für die Zukunft unserer sozialistischen Republik. Rührt euch, und fertig machen zum Einsatz!«

»Gut, Marina, wir müssen los, und zwar jetzt. Mag ja sein, dass wir nur 80 Kilometer von Leipzig weg sind, aber es wird sicher Straßensperren und Verkehrskontrollen geben. Jens und Leo müssten jeden Augenblick aufkreuzen. Was macht dein kleiner Freund?«

»Ich versteh das nicht. Er hat fast eine Stunde Verspätung... Warten wir noch ein Weilchen. Du wirst sehen, Gerhard auch wenn Klaus nicht danach aussieht, er ist ein prima Kerl.«

---

1 General Gerhard Straßenburg war Polizeichef in Leipzig.

Marina wird immer nervöser, ihr Bruder ärgert sich, und Jens und Leo, die zu ihnen gestoßen sind, werden ungeduldig. Plötzlich läutet es an der Tür. Als die junge Frau den Briefträger auf der Schwelle stehen sieht, wird sie blass. »Ein Telegramm für Sie, Fräulein!«

»erkältet – stop – bettlägerig – stop – kann nicht kommen – stop – denke an dich – stop – bin mit dir – stop – von ganzem herzen – stop – dein kleiner klaus.«

In dem Wartburg, der bei jedem Schlagloch, dem Gerhard auszuweichen versucht, wegen schlaffer Stoßdämpfer ins Schlingern gerät, herrscht schlechte Stimmung. Mit durchgetretenem Gaspedal bemüht sich der Fahrer, die verlorene Zeit gutzumachen. Angesichts dessen, was vielleicht auf sie zukommt, sind Jens und Leo nicht besonders gesprächig. Marina ist nachdenklich und verflucht erst die Kolonnen der gepanzerten Fahrzeuge, die sie überholen, dann Erich Honecker und schließlich die Männer im Allgemeinen. Schneller als gedacht erreichen sie die Vororte von Leipzig, wo sie ihren Wagen abstellen. Um zur Nikolaikirche zu gelangen, müssen sie zuerst die belagerte Stadt durchqueren.

Dass das Gotteshaus zum Zentrum des Protests geworden ist, verdankt es vor allem einem wagemutigen Mann mit freiheitlicher Gesinnung, dem Pastor Christoph Wonneberger. Drei Jahre zuvor waren zum Friedensgottesdienst am Montagabend[2] nur eine paar Abweichler erschienen. Innerhalb weniger Monate machte Wonneberger daraus ein wöchentliches Stelldichein von Pazifisten, Umweltschützern, Menschenrechtsaktivisten und einer wachsenden Zahl von einfachen Bürgern, die hier ihre Beschwerden frei äußern

---

2   1982 wurde in der Nikolaikirche ein Gottesdienst abgehalten, mit dem gegen die zunehmende Militarisierung der ostdeutschen Gesellschaft protestiert werden sollte. Seitdem fand jeden Montag am Spätnachmittag ein »Friedensgottesdienst« statt.

konnten. Im Januar 1988, schockiert durch die Verhaftung mehrerer Oppositionellen anlässlich einer Berliner Gedenkveranstaltung zur Ermordung Rosa Luxemburgs[3], richtete er ein Koordinierungsbüro für die lokalen Oppositionsgruppen ein, das auch als Informationsquelle für westliche Medien diente. Unter dem Druck der Stasi musste sich Friedrich Magirius, Superintendent des Kirchenbezirks Leipzig Ost und zugleich Pfarrer an der Nikolaikirche, damals dazu durchringen, sich von dem impertinenten Pastor zu trennen.

Wonneberger war schon länger im Visier der Behörden – seit er angefangen hatte, durch die Länder des Ostblocks zu reisen. Der gutmütige, ruhelose *Peacenik* mit dem Schnurrbart war gerade in Prag, als 1968 die sowjetischen Panzer in die Stadt rollten; später hielt er sich in Polen auf, von Krakau bis Danzig und Warschau, wo er Jazzkonzerte besuchte und Kontakte zu den Oppositionsbewegungen vor Ort knüpfte. Mitte der Achtzigerjahre setzte er sich für die Einrichtung eines »Sozialen Friedensdienstes« ein – als Alternative sowohl zum herkömmlichen Militärdienst mit der Waffe als auch zum Dienst als nicht bei Kämpfen eingesetzter »Bausoldat[4]« in der NVA. Die Regierung und die Stasi wollen jedoch um keinen Preis Kriegsverweigerer aus Gewissensgründen zulassen: Wonnebergers Initiative wurde für verfassungswidrig erklärt; er handelte sich eine Gefängnisstrafe ein, und seine Vorgesetzten drohten ihm mit Abberufung, wenn er seine subversiven Tätigkeiten nicht einstellte.

---

3 Dissidenten war es gelungen, sich dem offiziellen Umzug anzuschließen und mit einem Transparent – »Freiheit ist immer die Freiheit der Andersdenkenden« – mitzumarschieren. Dem waren viele Verhaftungen gefolgt.
4 Der Dienst als Bausoldat wurde in den Sechzigerjahren eingerichtet. So konnten Wehrpflichtige die Ausbildung an der Waffe zwar vermeiden, doch trugen sie damit dennoch zu den militärischen Anstrengungen der DDR bei – beispielsweise durch den Bau von Kasernen. Bausoldaten waren auch in Kasernen untergebracht und mussten Uniformen tragen.

Am 9. Oktober 1989 fährt Christoph Wonneberger mit dem Fahrrad durch das Stadtzentrum Leipzigs. Er möchte sich selbst ein Bild davon machen, ob die Gerüchte, die er gehört hat, einen realen Hintergrund haben. Östlich des Rings stehen in den angrenzenden Gassen mehrere Kompanien der Bereitschaftspolizei BePo, und hinter der Oper beziehen rund um den Teich Lastwagen und Panzerfahrzeuge Stellung. Zutiefst beunruhigt zieht er sich zurück. Nach dem Erfolg der vorherigen Montagsdemonstrationen – seit einem Monat hat sich die Zahl der Demonstranten von Woche zu Woche verdoppelt – und der gewaltsamen Unterbindung von Wochenendversammlungen im ganzen Land muss mit dem Schlimmsten gerechnet werden. Zu Hause trifft er auf seine Mitstreiter vom Menschenrechtskreis. Alle haben die Truppenbewegungen bemerkt.

Leipzig soll nicht zum Tian'anmen Ostdeutschlands werden. Die für heute geplante Demonstration darf nicht in einem Blutbad enden. Wie am Abend zuvor verfassen sie mit Feuereifer neue Flugblätter. »Die Ordnungskräfte sind keine Feinde; Wir sind das Volk – ›wir‹, Polizisten und Demonstranten, sind das Volk; Gewalt ist keine Lösung; Partei und Regierung sind für die aktuelle Situation verantwortlich, doch es ist an uns, den Bewohnern Leipzigs, heute eine Eskalation der Gewalt zu verhindern. Davon hängt unsere Zukunft ab...«

Ein paar 100 Meter entfernt sind die Anhänger des Neuen Forums voller Sorge. Wer könnte die Machthaber davon überzeugen, dass sie auf Gewaltanwendung verzichten? Nur eine moralische Autorität, die von den Parteispitzen ebenso respektiert wird wie von der Bevölkerung, könnte die Katastrophe verhindern. Plötzlich kommt ihnen eine offensichtliche Möglichkeit in den Sinn: Kurt Masur! Wieso haben sie nicht früher an ihn gedacht? Der Orchesterleiter ist ein erklärter Verfechter des Dialogs. Ende August hat er die Pforten des Gewandhauses[5] für die Einwohner Leipzigs geöffnet, damit sie nach der Absage eines Straßenmusik-Festivals durch die Behörden ihre Meinung äußern konnten. Es sind Künstler erschienen, aber auch Stasimitarbeiter und einfache Bürger, die neugierig darauf waren, unter Leitung des Maestros frei diskutieren zu können.

Mit kräftigem Bart, Stentorstimme, hohem Wuchs und athletischer Statur hätte Kurt Masur einen hervorragenden Darsteller in Sandalenfilmen à la *Ben Hur* abgegeben. Zwei Emissäre des NF, die etwas eingeschüchtert an die Tür seines Büros im Gewandhaus klopfen, erläutern ihm den Grund ihres Besuchs. Er beruhigt sie. Er liebt diese Stadt, in der er studiert hat, und würde niemals zulassen, dass eine Clique alter Männer und Generäle ihrem Namen auf ewig den Glanz nimmt. Auch er hält es nicht mehr aus. »Die Berliner Parade am Freitag war eine ebenso makabre wie groteske Farce«, sagt er. Er werde sein Möglichstes tun, um die gefürchtete Konfrontation zu verhindern. Doch er muss sich rasch verabschieden; seine Musiker erwarten ihn zur Generalprobe für das Konzert am Abend.

Kaum sind die letzten Takte der Zweiten Symphonie von Brahms verklungen, eilt Kurt Masur mit großen Sätzen wieder in sein Büro hinauf und ruft Kurt Meyer an, den Leipziger SED-Kultursekretär. Er setzt Vertrauen in den hohen Funktionär, der ihn bei seinen letzten triumphalen Tourneen in Japan und den Vereinigten Staaten begleitet hat. Dieser wird ihm gewiss genaue Informationen über die Pläne des Generalstabs liefern können, und vielleicht könnten sie ja, falls

---

5 Der bedeutendste Konzertsaal Leipzigs, zwei Minuten Fußweg von der Nikolaikirche entfernt am Karl-Marx-Platz gelegen.

notwendig, gemeinsam intervenieren. Der Sekretär ist keine große Hilfe, schwört aber, er werde schnellstmöglich zurückrufen. Kurt Masur kommt gerade in seiner Wohnung in der Hellerstraße an, als das Telefon klingelt.

»Das hört sich wirklich übel an. Aber am Telefon kann ich nichts sagen. Ich schlage vor, ich komme sofort mit den Parteigenossen Roland Wötzel und Jochen Pommert, dem Kabarettisten Bernd-Lutz Lange und dem Theologen Peter Zimmermann zu Ihnen. Wir müssen etwas unternehmen. Wir müssen gemeinsam versuchen, das Schlimmste zu verhüten.«

Masur schaut auf die Uhr. Bald 14 Uhr: Bis zum Beginn des Friedensgottesdienstes sind es kaum noch drei Stunden.

Martin hat seinen Dienst im Heim beendet und schwingt sich aufs Fahrrad, um wieder ins Zentrum zu gelangen. Im Hals kratzt ihn ein vertrauter Geschmack von Schwefel. Der gigantische, etwa 40 Kilometer entfernte Chemiekomplex Bitterfeld, wo man im offenen Tagebau Braunkohle abbaut und anschließend in überalterten Chemiekombinaten weiterverarbeitet, ist der Totengräber der zweitgrößten Stadt in der DDR. Die Luft ist voller Stickoxide und Schwefeldioxid; der Fluss Mulde ist zur Deponie verkommen, in die man Säuren und Chlorite, Phenole und Schwermetalle kippt. Nach einem Wehrdienst, in dessen Verlauf Martin permanenten Schikanen ausgesetzt war, weil er sich weigerte, die neuen Rekruten zu quälen, ist er durch das ökologische Desaster endgültig in die Arme der Opposition getrieben worden. Er durchquert das Stadtzentrum, und der Anblick der verlotterten Patrizierhäuser aus den Gründerjahren macht ihn wütend. Wenn er bedenkt, dass Leipzig vor dem Krieg eine wohlhabende und betriebsame Stadt gewesen ist, Verlags-

und Druckzentrum des Reiches ... Der Krieg und die anschließende Gründung der DDR haben das Ende des Goldenen
Zeitalters eingeläutet. Die Glanzstücke der Industrie haben
die Stadt verlassen und sich in Westdeutschland angesiedelt,
während die Stadt, die aus Ostberlin keine Finanzmittel
erhielt, allmählich untergegangen ist. Zweimal jährlich
gewinnt Leipzig anlässlich der Messetermine etwas von
seinem früheren Glanz zurück. Die Regierung investiert
irrsinnige Summen, um den ausländischen Besuchern das
Bild einer modernen, blühenden Stadt zu vermitteln, was
regelmäßig den Zorn und die Frustration der von diesen Wochen des Überschwangs ausgeschlossenen Einwohner ent-
facht.

Die Kneipen und Geschäfte, an denen Martin vorbeifährt,
haben die eisernen Rollläden heruntergelassen: Anordnung
der Partei. Die Stadt wirkt wie ausgestorben – die Ruhe vor
dem Sturm. Auf dem Burgplatz trifft Martin zwei Kampf-
gefährten, Joachim und Markus. Am 4. September haben sie
die Messe genutzt, um vor den Kameras des Westfernsehens
lautstark zu demonstrieren. Es war der erste Friedensgottesdienst nach den Ferien gewesen, und da hatten sie erstmals
auch »Wir wollen bleiben!« geschrien, nicht mehr nur »Wir
wollen ausreisen!«. Die Protestbewegung innerhalb der DDR
war in Gang gekommen. Eine Woche darauf nahm die Stasi
viele Demonstranten fest, darunter sechs der engsten Freunde
Martins.

Jo und Markus sind leichenblass. Wie alle anderen haben
sie gehört, dass eine gewaltsame Niederschlagung geplant
ist, und wie alle haben sie Angst. Als Väter kleiner Kinder
wissen sie nicht mehr, ob sie heute Abend mitmarschieren
sollen. Auch wenn Martin sie verstehen kann, so hat er nicht
vor, aufzugeben: Er hat weder Frau noch Kind, er ist wütend

und er will seine Freunde schnellstmöglich aus dem Gefängnis holen. Er umarmt seine Kameraden und ballt die Fäuste: Heute oder nie muss das Volk seine Macht und seinen Zusammenhalt zeigen!

Als er den Vorplatz der Nikolaikirche erreicht, muss Martin, weil sich vor dem Gotteshaus schon eine unübersehbare Menschenmenge drängt, fast die Ellenbogen einsetzen. Man quatscht, man raucht, man versucht, seine Angst zu verbergen. Ein paar Wagemutige schreien: »Gorbi! Gorbi!« oder »Wir sind das Volk!«, doch die Mehrheit bleibt ruhig. Jemand hat ein Transparent entfaltet: »Bürger, keine unangemessene Gewalt, halte dich zurück und lass die Finger von den Steinen!« Martin kommt zu spät zur Informationsversammlung. Sie findet im Büro von Christian Führer statt, der gemeinsam mit Friedrich Magirius Pfarrer an der Nikolaikirche ist. Magirius leitet die Sitzung und wirft dem verspäteten Martin einen finsteren Blick zu. Der Superintendent sieht aus, als hätte er schlimme Tage hinter sich. Martin vertraut Magirius: Er hat von Anfang an die Basisgruppen der Dissidenten unterstützt, und obwohl er ständigen Pressionen der Stasi ausgesetzt ist, beschützt er sie in den Pfarreien im Osten Leipzigs seit Jahren.

»Meine lieben Freunde, dies ist eine schwere Stunde. Wäre ich Pessimist, würde ich sagen, sie ist fast verzweifelt. Alles deutet darauf hin, dass die Ordnungskräfte heute Abend von der Waffe Gebrauch machen werden. Auf jeden Fall haben sie die Erlaubnis dazu erhalten. Die Stadt ist von einer sehr großen Zahl bewaffneter Truppen eingeschlossen.«

Ein anderer Teilnehmer der Runde meldet sich zu Wort:

»Durch Zufall habe ich diesen Morgen mit Verantwortlichen der Sicherheitsorgane gesprochen, und obwohl man mich gebeten hat, keine Informationen weiterzugeben, verbietet mir mein christliches Gewissen, Stillschweigen zu bewahren. Rund um die Stadt haben 20 000 Soldaten der NVA Stellung bezogen. Ein befreundeter Chirurg hat mir anvertraut, dass die Krankenhäuser sich darauf einstellen, massenhaft Verletzte aufzunehmen«, verkündet er.

Zu seiner Rechten gibt der Rechtsanwalt Schnurr, seit Langem ein Mitarbeiter der Dienste von Heinrich Knopf in Berlin, seine Meinung kund:

»Ich habe gehört, dass die Messehallen und die der Landwirtschaftsausstellung als Auffanglager vorgesehen sind. Und außerdem dürfte Ihnen bei Ihrer Ankunft sicher nicht entgangen sein, dass die Kirche – und zwar seit 14 Uhr – bereits voller Leute ist, die ich noch nie gesehen habe; sie sind grüppchenweise und mit jeweils ein paar Minuten Abstand eingetroffen. Das sind sicher Mitarbeiter der Stasi oder Parteimitglieder, deren Auftrag darin besteht, die Örtlichkeit zu besetzen, um eine Teilnahme der Leute am Gottesdienst zu verhindern oder ihn gar zu stören.«

Ein schlaksiger Jugendlicher unterbricht ihn und stürzt auf Dr. Berger zu, der ihn anhört und sich dann wieder Gehör verschafft.

»Dieser junge Mann arbeitet in einer Chemiefabrik und hat mir soeben mitgeteilt, dass mehrere Hundert Behälter mit Farbe konfisziert wurden. Er meint, die Farbe solle in den Wasserwerfern verwendet werden, um die Demonstranten zu kennzeichnen und so ihre Festnahme zu erleichtern.«

»Hören Sie«, unterbricht ihn Christian Führer mit zitternden Händen, »heute Nachmittag dürften sehr viele Menschen hierher kommen. Frauen, Familien, sogar Kinderwagen habe ich auf dem Vorplatz gesehen. Wir müssen verantwortlich handeln. Doch die Bewegung ist unkoordiniert. Es gibt keinen Ordnungsdienst, der den Demonstrationszug im Rahmen hält. Vielleicht sollten wir darauf verzichten, nach dem Gottesdienst zu demonstrieren? Vielleicht ist es ja klüger ...«

Martin geht hoch:

»Das kommt nicht in Frage! Wir werden heute keinen Rückzieher machen. So kann es nicht weitergehen. Wir müssen beweisen, dass wir weder Kriminelle noch Gammler sind. Wir können uns nicht von den Medien und der Regierung verleumden lassen, ohne darauf zu reagieren. Unser Kampf gilt der Wahrheit, mein Gott! So schnell geben wir nicht auf!«

Friedrich Magirius zögert einen Augenblick, ehe er mit einer Handbewegung Gemurmel und Beifallsbekundungen zum Schweigen bringt.

»Allein Klugheit, Vorsicht und Zurückhaltung können uns heute helfen. Wir müssen alles vermeiden, was ein Zurückschlagen der Ordnungskräfte provozieren könnte. Ich bitte alle Verantwortlichen der Gottesdienste in dieser Stadt, in ihren Predigten auch die kleinste Provokation zu unterlassen. Ich bitte euch inständig um Zurückhaltung! Dieser Gottesdienst soll die Menschen versöhnen und die Leidenschaften mäßigen. Gott helfe uns, und geht in Frieden!«

Christoph Wonneberger und seine Freunde vom Menschenrechtskreis schauen ungeduldig auf die Uhr, während sie darauf warten, dass die Flugblätter mit den Aufrufen zu Eintracht und Gewaltlosigkeit aus der Druckerei kommen – sie wollen sie vor dem Beginn der Gebete verteilen. Als sie zufällig die frostige Stimme Erich Honeckers im Radio hören, horchen sie auf: Anlässlich des Besuchs einer hochrangigen Delegation aus China preist er die gewaltsame Repression der konterrevolutionären Erhebung durch die Pekinger Machthaber.

Vor ihnen ist ein großer Stadtplan von Leipzig ausgebreitet; die vier Kirchen, an deren Gottesdiensten sie teilnehmen werden, sind mit Reißzwecken markiert. Sie haben Großes im Sinn: Da keine ausländischen Journalisten anwesend sind, sollen sie möglichst viele Informationen über den Ablauf der Demonstration sammeln. Christoph Wonneberger hat beschlossen, zu Hause zu bleiben. Wie die Protestierenden der Gethsemanekirche will er alle Informationen zusammenführen und sie telefonisch an die internationalen Medien weiterleiten, die im Lauf des Abends sicher an ihn herantreten werden: Wonneberger ist mit den Kommunikationstechniken seiner Freunde von der Charta 77 und von Solidarność bestens vertraut.

Die drei Apparatschiks von der SED, der Kabarettist Lange und der Theologe Zimmermann sind in der Wohnung von Kurt Masur, wo man im Biedermeiersalon des Maestros heftig diskutiert. Die sechs Männer sind übereingekommen, einen Aufruf zur Gewaltlosigkeit zu verfassen, der in den Kirchen und anschließend im Rundfunk verlesen werden soll; außerdem will man ihn über die riesigen Lautsprecher überall in der Stadt verbreiten – es sind genau die, mit denen sonst die Partei ihre Parolen, die Nachrichten und sogar den Wetterbericht unter die Leute bringt. Masur, Lange und Zimmermann setzen sich für die Demonstranten und ihre Forderungen ein. Sie wollen den Text nur unter der Bedingung unterzeichnen, dass die Vertreter der Partei die Ordnungskräfte dazu aufrufen, sich auf keine Provokationen einzulassen. Die sechs Männer sollen auch ihre Bereitschaft erklären, einen Dialog mit der Bevölkerung in Gang zu bringen – nicht nur in Leipzig, sondern auch auf höherer, nämlich auf Regierungsebene. Die drei Kommunisten starren einander unentschlossen an. Sie sind aus eigenem Entschluss, ohne jedes Mandat der SED, zu dem Dirigenten gekommen, und es ist so ziemlich das erste Mal, dass sie selbst die Initiative ergreifen ... Masur poltert und droht; er nimmt Meyer zur Seite, den er um einen Kopf überragt, versucht Wötzel zur Vernunft zu bringen, dann Pommert. »Die Uhr läuft weiter, Genossen, ihr müsst euch entscheiden. Schnell! Eure Verantwortung ist gewaltig«, hämmert der Dirigent ihnen ein.

In einer Ecke des weitläufigen Esszimmers halten die drei Apparatschiks ein schnelles Mikro-Plenum ab. Dann greift Wötzel zum Telefonhörer. Er ruft das Zentralkomitee an und verlangt Egon Krenz zu sprechen. Schweigen. Der Kronprinz ist nicht erreichbar, bitte später noch einmal anrufen. Wötzel besteht darauf, dass Krenz ihn beim Dirigenten Kurt Masur anruft. Dieser sähe es lieber, wenn Pommert, dessen Einfluss in der Partei größer ist, sich der Sache annähme. Wötzel geht nicht darauf ein und versucht es wieder in Berlin. Krenz ist nach wie vor unerreichbar. Es ist 15.30 Uhr. Schließlich geben die drei Männer nach.

Lange, eine lokale Berühmtheit mit guter Schreibe, übernimmt es, den Aufruf zu verfassen. Jedes Wort wird abgewogen; sie ändern, sie streichen, sie lesen den Text wieder und wieder. Dann teilt man sich die Aufgaben: Der Theologe Zimmermann bringt den Aufruf zu den Kirchen. Die drei Apparatschiks sollen mit der örtlichen Parteihierarchie Verbindung aufnehmen und Berlin so schnell wie möglich informieren. Kurt Masur als der Prominenteste von ihnen wird den Text für die Ausstrahlung lesen.

Doch zunächst muss er aufgezeichnet werden. Der Maestro ist zum Gewandhaus geeilt; am Schreibtisch sitzend, vor sich ein kleines Tonbandgerät, beginnt er zu sprechen:

»Bürger! Professor Kurt Masur, Pfarrer Dr. Zimmermann,

der Kabarettist Bernd-Lutz Lange und die Sekretäre der SED-Bezirksleitung Dr. Kurt Meyer, Jochen Pommert und Dr. Roland Wötzel wenden sich mit folgendem Aufruf an alle Leipziger:

Unsere gemeinsame Sorge und Verantwortung haben uns heute zusammengeführt. Wir sind von der Entwicklung in unserer Stadt betroffen und suchen nach einer Lösung. Wir alle brauchen freien Meinungsaustausch über die Weiterführung des Sozialismus in unserem Land. Deshalb versprechen die Genannten heute allen Bürgern, ihre ganze Kraft und Autorität dafür einzusetzen, dass dieser Dialog nicht nur im Bezirk Leipzig, sondern auch mit unserer Regierung geführt wird. Wir bitten Sie dringend um Besonnenheit, damit der friedliche Dialog möglich wird.

Es sprach Kurt Masur.«

So geht es nicht – seine Stimme hat gezittert. Er spult zurück, setzt erneut an, findet den passenden Tonfall: getragen, feierlich. Ein Kurier übernimmt die Kassette und macht sich in Richtung Rundfunkanstalt davon.

Um 17 Uhr läuten in Leipzig die Glocken. Die Friedensgottesdienste beginnen, die Gotteshäuser sind überfüllt. Dort drängen sich 6000 verängstigte Menschen, darunter auch Marina und Gerhard, denen es gelungen war, sich in letzter Sekunde zur Nikolaikirche durchzuschlagen. Der Kirchenraum war schon voll besetzt gewesen, als die vier jungen Leute eine Stunde zuvor dort aufgetaucht waren, doch dann fiel eine dicke Frau in Ohnmacht, während Marina an der Tür verhandelte: Gemeinsam mit ihrem Bruder ließ man sie ein. Jens und Leo blieben zusammen mit vielen Tausend weiteren Protestierenden auf dem Vorplatz zurück. Sie haben Kerzen angezündet, was die Bewohner der umliegenden

Häuser nachmachen; sie haben als Zeichen der Unterstützung für die in den letzten Wochen verhafteten Menschen auch Blumen in die Fenster gestellt.

Marina ist zutiefst ergriffen; als sie die gefassten und konzentrierten Gesichter ihrer Nachbarn in der Bank sieht, wird ihr bewusst, dass die Revolution eine seriöse Angelegenheit ist. Es herrscht bedrückende Stille, als der Pfarrer Günther Hanisch eintritt und die Menge begrüßt. Er verkündet, die katholische Diözese Leipzig unterstütze alle gewaltlosen Bemühungen. Sie sollten in einen gemeinsamen Dialog münden, mit dem die verschiedenen Teile der ostdeutschen Gesellschaft zu vereinigen sind, damit der Graben zwischen Regierten und Regierenden wieder zugeschüttet werden könne. Das Vertrauen würde wiederkommen, wenn die Medien mehr Freiheit bekämen, verkündet er unter starkem Beifall seiner Zuhörer. Dann singt Martin Jankowski, ein Vertreter der örtlichen Opposition, das Lied *Frischer Wind.* Beim Refrain – »*die Welt ist wie verwandelt, man kann freier gehen ..., der frische Wind, er weht schon durch die Straßen ...*« – scheint das Publikum für einen Augenblick die Gefahr zu vergessen. Dann erscheint Pastor Weidel. Er predigt über den Frieden, über den Geist des Friedens, der »sich über diese Mauern hinaus verbreiten« soll. Er bittet die Zuhörer eindringlich, die Männer in Uniform nicht anzugreifen, nicht zu singen und keine Parolen zu rufen, die sie provozieren könnten. »Lasst den Stein fallen, den ihr in der Faust habt«, mahnt er. Doch keiner hat einen Stein dabei, im Gegenteil, alle sind entschlossen, aber friedlich. Selbst die von der SED abgestellten wachsamen Genossen stören die Feiern nicht. Manche gehen sogar so weit, dass sie die Refrainzeilen mitsingen, in denen Frieden und Freiheit gepriesen werden: »Frischer Wind, weh durch die Straßen ...«

Jetzt, wo es Abend wird, hört man draußen den Lärm von Megaphonen und Sirenengeheul. Jemand schlägt an die Pforten des Gotteshauses. Marina und ihr Bruder sehen einander sprachlos an. Sie sorgen sich um Jens und Leo, um all jene, die nicht in der sicheren Nikolaikirche Zuflucht gefunden haben. Die Kirchenbesetzer sind so verängstigt, dass sie jeden Augenblick mit dem Schlimmsten rechnen. Doch die Geräusche, die bis zu den Kirchenbesuchern dringen, kommen in Wahrheit von den Lautsprechern der Protestierenden, die den Namen Gorbatschow skandieren und »Nein zur Gewalt« oder »Wir sind das Volk« rufen. Im Augenblick ist keine Verhaftung zu vermelden: Das Stadtzentrum scheint von den Ordnungskräften verlassen. Martin kann das bestätigen; auf dem Weg von der Reformationskirche, wo er anfangs am Gottesdienst teilgenommen hat, bis zum Vorplatz der Nikolaikirche ist ihm kein einziger Polizist begegnet. Er kann die Lieder unterscheiden, die im Inneren des Gotteshauses gesungen werden. Pastor Hempel, der außer Atem von der Thomaskirche kommt, schlägt mit aller Kraft an die Tür. Langsam teilt sich die Menge, um ihn durchzulassen. Er begibt sich ans Rednerpult: »Ein Dialog zwischen der Regierung und den jungen Menschen auf der Straße ist unumgänglich. Kein Blutvergießen bitte, keine Gewalt! Alles möge sich zum Besten wenden, Amen!« Das ist alles. So schnell, wie er gekommen ist, macht Hempel sich wieder auf den Weg zu den anderen Kirchen, um seine Botschaft zu wiederholen. Als er hinausgeht, trifft er den Theologen Zimmermann, der den vervielfältigten Aufruf in der Hand hat.

»Bürger! Professor Kurt Masur, Pfarrer Dr. Zimmermann, der Kabarettist Bernd-Lutz Lange und die Sekretäre der SED-Bezirksleitung ...«

Als die Namen Meyer, Pommert und Wötzel fallen, kommt

in der Kirche Gemurmel auf ... Marina fragt Gerhard, wer Kurt Masur und diese drei Herren seien. Ihr Bruder greift herzhaft nach ihrem Arm und schärft ihr ein, den Mund zu halten; als Zimmermann dann seine Lesung beendet, applaudiert er gemeinsam mit der gesamten Zuhörerschaft aus Leibeskräften.

Der Chor stimmt sein letztes Lied an, während Pastor Führer die Pforten der Kirche öffnen lässt: 2400 Menschen schicken sich an, sich mit flauem Magen ins Unbekannte zu stürzen.

»Jetzt geht's lo-hos!« Vorwärts, marsch, zum Karl-Marx-Platz! So dicht ist die Menschenmasse, dass man nur schwer vorankommt. Die Leipziger, angetan mit Regenmänteln und alten Parkas gegen die Wasserwerfer oder Farbkanonen der Polizei und mit hochschäftigen Schuhen gegen Hundebisse, marschieren langsam. Marina hat sich bei einem alten Mann untergehakt, der zum Parteiabzeichen am Revers eine Fellmütze mit einem Foto von Gorbatschow trägt. Sie kommen in das alte, in Halbdunkel getauchte Stadtzentrum, und wenn sie in einer kleinen Nebenstraße eine Gruppe der Betriebskampfgruppen oder eine Kompanie der BePo entdecken, schließen sie ihre Reihen noch enger und singen, um sich Mut zu machen – erst *We shall overcome*, dann aus vollem Hals die Internationale.

»Auf zum letzten Gefecht! Die Internationale erkämpft das Menschenrecht ...« Martin traut seinen Ohren und auch seinen Augen nicht. Er wird von einem Meer aus Menschen verschluckt, das unendlich langsam und in Wellen vorankommt: Für die 150 Meter, die zwischen Nikolaikirche und Karl-Marx-Platz liegen, benötigt er 20 Minuten. »Auf eine solche Menge von Demonstranten werden sie nicht schießen können. Wenn sie aber Tränengasgranaten, wenn sie Wasserwerfer einsetzen oder Warnschüsse abgeben, um uns auseinanderzutreiben, dann geraten die Leute in Panik, und das könnte in einem Blutbad enden«, sagt er sich. Auf dem Platz vor dem Gewandhaus klettert er auf einen Laternenmast: Vor ihm Demonstranten, so weit das Auge reicht.

»Bip, bip, bip!« Aus den Lautsprechern schrillen die drei elektronischen Töne des lokalen Rundfunksenders. Wegen der bekannten Tonfolge sehen viele Protestierende einander verblüfft an; sie glauben, dass man gleich den Ausnahmezustand ausrufen wird.

»Bürger! Professor Kurt Masur, Pfarrer Dr. Zimmermann, der Kabarettist Bernd-Lutz Lange und die Sekretäre der SED-Bezirksleitung ...«

General Gerhard Straßenburger im Hauptquartier der Leipziger Polizei ist beunruhigt. Die von ihm zur Verstärkung angeforderten vier Kompanien der BePo aus Halle sind nicht eingetroffen. Die Betriebskampfgruppen haben ebenso wie manche Polizeikräfte Fälle von Desertion gemeldet; in mehreren Kasernen haben Wehrpflichtige sich krankschreiben lassen. Dabei kommt es heute Abend auf jeden Mann an; er hat die Zahl der Demonstranten unterschätzt, und die Ordnungskräfte haben zu wenig Leute. Als Straßenburg erfährt, dass der Demonstrationszug den Karl-Marx-Platz verlässt und sich über den Georgiring Richtung Bahnhof zu bewegen beginnt, befiehlt er seinen Männern, sich ihnen entgegenzustellen.

Beim Anblick der weißen Schilde und Helme, die sich in ihre Richtung bewegen, bleiben die Demonstranten wie angewurzelt stehen. Der Zusammenstoß steht unmittelbar bevor. Die Ordnungskräfte halten ebenfalls an. Auf ein paar

Dutzend Meter Entfernung schätzten sie sich gegenseitig ab, starren einander an, belauern einander.

Auf Straßenburgs Telefonanlage blinkt die Leitung 2. Am anderen Ende ist Helmut Hackenberg, der Erste Parteisekretär Leipzigs.

»Gerhard, wir müssen die Demonstration durchlassen. Kurt Masur und drei Genossen der Partei haben einen Aufruf zur Gewaltlosigkeit erlassen. Ich glaube, das ist vernünftiger.«

»Was den Aufruf angeht, bin ich nicht auf dem Laufenden. Ist dir klar, was du da sagst? Du kennst die Befehle aus Berlin ebenso gut wie ich.«

»Kümmere dich nicht darum. Es ist meine Sache, das Zentralkomitee zu benachrichtigen. Ich werde sofort Kontakt mit Egon Krenz aufnehmen; er wird mit dem Generalsekretär reden. Und damit du zurechtkommst, solltest du mit Dickel[6] Verbindung aufnehmen. Gerhard, wenn die Situation außer Kontrolle gerät, wird man uns das nie verzeihen. Ein Zusammenstoß mit den Demonstranten muss mit allen Mitteln verhindert werden.«

Mit dem Ärmel wischt General Strassenburg sich den Schweiß ab, der seine grauen Schläfen hinunterrinnt. Er legt keinen Wert darauf, als der Schlächter von Leipzig in die Geschichte einzugehen, schon gar nicht, wenn die örtliche Parteileitung daherkommt und ihn fallen lässt. Er weist seine Untergebenen an, sich bis auf Weiteres nicht von der Stelle zu rühren. Und weil er schon in Schwung ist, ruft er Dickel an:

»Genosse Minister, ich schlage vor, dass ich meine Kräfte abziehe. Wir haben keine ausreichenden Mittel, um den Demonstrationszug auflösen zu können. In der derzeitigen

---

6 Friedrich Dickel war Innenminister und damit Leiter der Volkspolizei.

Konstellation ist es uns nicht möglich, einen Angriff zu beginnen. Es sind zu viele feindliche Elemente: Wir können nicht auf die klassischen Verfahren zurückgreifen. Es ist klar, dass wir bei der kleinsten Provokation, oder wenn ein Volkspolizist angegriffen wird, reagieren. Aber wir dürfen nicht zum Angriff übergehen.«

»Bleiben Sie, wo Sie sind. Ich rufe Sie wieder an.«

Alles ist in der Schwebe. Die Demonstranten spüren, dass die Ordnungskräfte zögern. Sie schreien wie nie zuvor: »Keine Gewalt! Gorbi! Gorbi! Freiheit für die politischen Gefangenen! Wir sind keine Gammler! Wir sind das Volk! Auf die Straße! Reiht euch ein!«

Um 18.14 Uhr ruft Dickel, der in Berlin den Ablauf der Demonstration auf dem Videomonitor verfolgt, General Strassenburg an:

»Sie sind am besten in der Lage, das zu entscheiden. Sie haben freie Hand!«

Sofort lässt Strassenburg seine Leute abziehen, damit die Demonstration passieren kann. Der Weg ist frei, und über den Ostknoten ergießt sich eine Sturmflut.

»Hier Helmut Hackenberg, Erster Sekretär des Distrikts Leipzig. Verbinden Sie mich mit dem Genossen Egon Krenz, es ist dringend.«

»Er ist nicht im Büro«, erwidert die Sekretärin, die es leid ist, seit dem Morgen ihren Vorgesetzten zu suchen.

»Holen Sie ihn mir«, stößt der Apparatschik hervor. »Egon, endlich! Wir müssen die Demonstration friedlich ablaufen lassen. Wir haben keine Wahl: Das Kräfteverhältnis ist viel zu ungünstig, es sind um die 100 000 Demonstranten!«

Krenz schnürt es die Kehle zu.

»Was sagst du?«

»Ja, da sind 100 000 Leute auf der Straße! Wenn wir eingreifen, gibt es ein Massaker. Wir haben das mit dem Genossen Strassenburg beschlossen, und ich bitte dich, das zu genehmigen.«

Krenz überlegt. Der große Erfolg der Demonstration arbeitet ihm in die Hand: Honecker wird damit noch mehr geschwächt. Andererseits will er eine so weitreichende Entscheidung nicht allein tragen. Also spielt er auf Zeit.

»Helmut, werden die Maßnahmen, von denen du sprichst, schon umgesetzt?«

»Ja.«

»Hmmm. Ich kann das nicht genehmigen. Ich muss noch andere Verantwortliche vom Zentralkomitee um Rat fragen. Ich rufe dich so schnell wie möglich wieder an.«

Pastor Wonneberger, der immer mehr gute Nachrichten erhält, entspannt sich allmählich. Seine Sendboten informieren ihn von der äußerst positiven Wirkung des Aufrufs der Sechs auf die Demonstranten, die überrascht sind, dass hohe Funktionäre der Partei zur Besonnenheit und zum politischen Dialog aufrufen. Einer schildert ihm sogar eine völlig verrückte Szene: In der Nähe des Bahnhofs haben die Protestierenden angefangen, Uniformierte anzusprechen. Auch Marina ist darunter. Sie tritt an zwei junge Wehrpflichtige heran: »Chaoten! Chaoten! Sehe ich aus wie ein Chaot? Wie ein Feind des Volkes? Ihr werdet nicht auf mich schießen, oder?«, schleudert sie ihnen entgegen. Einer der Soldaten flüstert ihr zu, er habe nur noch ein paar Tage, dann werde er sich ihnen anschließen. Ein Stück weiter erklärt eine junge Frau einem der Militärs, sie gehörten doch alle demselben Volk an, sie seien doch alle Bürger Ostdeutschlands, und dann steckt sie ihm eine Blume in den Lauf seines Karabiners.

Martin ist erleichtert, doch das Spiel ist noch nicht vorüber: Bald werden die ersten Demonstranten das Hauptquartier der Stasi auf der anderen Seite des Rings erreichen. Er verzieht sich aus der Menge; mit dem Fahrrad durchquert er das Stadtzentrum und gelangt rasch zu dem gewaltigen Bau aus behauenem Stein. Die Runde Ecke, wie die Leipziger dazu sagen, ist in Dunkel gehüllt, und zufrieden stellt Martin fest, dass man die Maschinengewehre von den Posten vor dem Eingang abgezogen hat. Das Gebäude wird von gepanzerten Fahrzeugen und schwer bewaffneten Ordnungskräften bewacht. Die von Pfiffen untermalten Rufe »Nein zur Gewalt!« und »Wir sind das Volk!« kommen langsam näher. Den Wachposten rufen die Demonstranten ein mitreißendes »Reiht euch ein!« zu, und die Mutigsten zünden Kerzen an, die eine Art Demarkationslinie bilden, an der die Anhänger wachen: Kein Demonstrant soll sie überschreiten. Die Polizisten bleiben ungerührt. Der Umzug setzt seinen triumphalen Weg fort.

In Leipzig beginnt ein langer Abend ausgelassener Fröhlichkeit. Erstmals in der Geschichte der DDR ist eine nicht genehmigte Versammlung ohne den kleinsten Zwischenfall abgelaufen. Kein einziger Verletzter, nicht einmal ein Kratzer – ein Wunder!

Nur allmählich löst der Demonstrationszug sich auf. Niemand will nach Hause gehen; jeder will den Augenblick genießen, dessen historische Tragweite zu spüren ist. Inmitten eines Hupkonzerts und im Licht der Laternen beglückwünscht man einander, umarmt einander, applaudiert sich gegenseitig und stößt mit anderen an – alles sitzt auf dem Gehweg oder sogar mitten auf der Straße. Jeder hat das Bedürfnis zu reden. Mit allen. Vor der Thomaskirche führen

Marina und Gerhard, die auch Leo und Jens wiedergefunden haben, eine große Diskussion mit Männern im Grau der Betriebskampfgruppen. Sie scherzen und rauchen gemeinsam; alle haben viel Angst gehabt; *sie* sind doch keine Vandalen und *die anderen* sind keine Mörder! Demonstranten und Führer der örtlichen Milizen versprechen, sich baldmöglichst zu treffen und über Politik zu reden.

Kurz nach 19.15 Uhr ruft Krenz schließlich wieder beim Ersten Sekretär Hackenberg an: »Ich habe mit mehreren Ministern und Mitgliedern des Politbüros gesprochen, und wir billigen eure Entscheidung. Ich verfolge die Lage genau. Bleib ruhig!«

In Berlin übermittelt Pastor Albani den Protestierenden in der Gethsemanekirche die guten Nachrichten aus Leipzig. Heute Abend sind es noch 3000; Vera, Barbara, Sven und Emma jubeln, nicht zuletzt deshalb, weil die Belagerung der Kirche teilweise aufgehoben ist. Die Glocken läuten Sturm.

Pastor Wonneberger gibt den ausländischen Journalisten, die ihn am Telefon bestürmen, Interviews am laufenden Band. »Ja, ja, der 9. Oktober bezeichnet einen Wendepunkt in der Geschichte der DDR. Doch noch ist nichts entschieden, und niemand weiß, wie die Regierung nach dieser neuerlichen Demütigung reagieren wird...«, wiederholt er für die Sonderkorrespondenten. Vor allem bereitet er sich auf die *Tagesthemen* der ARD vor, die an diesem Abend kein Deutscher, ob im Osten oder im Westen, verpassen will.

Martin bleibt freudestrahlend in der Umgebung der Nikolaikirche. Als er plötzlich Markus entdeckt, erstarrt er.

»Also du auch? Du warst da!«

»Na klar, ich konnte nicht widerstehen...«

Die beiden Männer umarmen einander und beschließen, zum Neuen Forum zu gehen. Sie landen auf dem Karl-Marx-

Platz, wo erneut der von Kurt Masur verlesene Aufruf ertönt. Spontan versammeln sich Tausende Leipziger unter den Fenstern des Gewandhauses und jubeln ihrem großen Mitbürger zu: »Lang lebe Genosse Masur!«

Der Orchesterleiter ist überwältigt. Diesen Tag wird er nie vergessen, das schwört er sich, als er wieder in den Konzertsaal zurückkehrt. Als er eintritt, wird er vom Orchester und vom Publikum mit einer *standing ovation* empfangen. Kein Schrei, kein Wort: Minutenlang nichts als begeisterter Applaus. Masur fasst sich wieder; er hebt die Arme, und in andächtiger Stille erklingen die ersten Takte von *Till Eulenspiegel*.

7 Die Woche der langen Messer

Ostberlin, Dienstag, 10. Oktober 1989

»Genossen, bevor wir zur Tagesordnung übergehen und auf die Machenschaften der imperialistischen Mächte zu sprechen kommen, die darauf abzielen, unsere sozialistische Republik zu destabilisieren, möchte ich mit euch über einen neuen Bericht diskutieren, der dem aktuellen Meinungsbild der Jugend gewidmet ist.« Erich Honecker schwenkt ein Aktenbündel, bedenkt Egon Krenz mit einem kalten Blick und setzt seinen Vortrag fort. »Stellt euch vor, Genossen, hier kann man nachlesen, dass unsere blühende Jugend desillusioniert ist. Sie soll die Führung des Landes für überaltert und für unfähig halten, die Situation des Landes zu verbessern und ihre Aufgaben zu erfüllen. Es handelt sich hier um eine Übung in totaler Desinformation, die die Moral der Bevölkerung untergraben soll. Egon! Die Autoren dieses Berichts gehören zu deinem Stab, und du bist für dieses Geschreibsel verantwortlich!«

Krenz, der mit seinen 52 Jahren das jüngste Mitglied der Parteiführung ist, errötet. Er hat das Ablenkungsmanöver Honeckers nicht vorausgesehen – der versteht es, das ganze Politbüro gegen ihn aufzuhetzen, indem er das kanonische Alter seiner Mitglieder betont. Am Vorabend, als Honecker ihn bei sich zu Hause empfangen hat, hat er ihn erneut vor den unerfreulichen Folgen gewarnt, die sich aus der Veröffentlichung seiner Erklärung ergeben könnten. Dann hat er erstmals seit Monaten wieder seine Nachfolge angesprochen – »Ich bin nicht für alle Ewigkeit da, und die Nachfolge steht dir offen, außer natürlich, du bestehst darauf«. Krenz hat sich geweigert, und als Dank hat er noch mitbekommen: »Mach, was dir richtig erscheint, du wirst schon sehen, was du davon hast.«

Im Zentralkomitee ist Krenz dann, anstatt das Vorgehen in Leipzig zu koordinieren, ständig zum Büro von Günter Schabowski und zurück gependelt. Die beiden Männer haben eine Liste der Politbüromitglieder zusammengestellt, die sie ins Vertrauen ziehen können – natürlich nicht in Hinblick auf ihre Umtriebe, sondern wegen der Thematik der Sitzung am nächsten Tag. Zwei Kreuze für alle, die sie für absolut zuverlässig halten, eines für jene, die sie vielleicht auf ihre Seite ziehen können, und keines für die engen Verbündeten Honeckers, denen nichts verraten werden darf.

Wie erwartet verläuft die Sitzung dramatisch. Anfangs versucht Krenz, die Wogen zu glätten. Die Verfasser des Berichts seien guten Willens; sie hätten sich damit begnügt, eine Umfrage zu analysieren, und nicht die eigene Meinung über die Führung des Landes geäußert. Dann gewinnt er seine Sicherheit zurück und erklärt, dieser Bericht zeige – was auch aus seiner eigenen Erklärung hervorgehe –, dass es für die Partei höchste Zeit sei, Änderungen in Angriff zu nehmen. Zu seiner großen Überraschung stoßen andere in die Bresche, die er geschlagen hat. Der alte Alfred Neumann, einst Mitglied der Internationalen Brigaden, nimmt sich Mittag vor: Er hat ihm nie verziehen, dass er anlässlich der Nachfolge Ulbrichts zugunsten Honeckers gegen ihn intrigiert hat. Innerhalb weniger Minuten wird er den Hass und die Frustration los, die 18 Jahre lang in ihm gearbeitet haben.

Die Einigkeit der Partei zerbricht. Der Generalsekretär, wie gelähmt von der Heftigkeit der Debatten, gibt keinen Mucks von sich. Normalerweise hält er am Dienstag Monologe, und keiner widerspricht ihm. Heute ist ihm klar, dass die Angriffe auf seinen Protegé ihm persönlich gelten. Und zu seiner völligen Verzweiflung ist Mittag nicht gewillt, eine passende Antwort zu geben und die internationale Lage, den Mangel an Rohstoffen oder die Verzögerung bei Lieferungen aus der UdSSR anzusprechen ...

An diesem Dienstag, dem 10. Oktober, wagt kein Mitglied des Politbüros, die Wirklichkeit schönzureden. Einer nach dem anderen gibt zu, dass die Wirtschaftslage in seinem Bereich zunehmend problematisch wird. »Genossen, ich muss mit allem Nachdruck festhalten, dass die Lage sich zugespitzt hat. Sie ist sogar äußerst zugespitzt«, erklärt Erich Mielke, auf dessen Eingreifen alle Kollegen gelauert haben. Nur Verteidigungsminister Heinz Kessler, der beim Mauerbau 1961 einer der effizientesten Stellvertreter Honeckers gewesen war, kommt ihm zu Hilfe: Er warnt vor den Gefahren eines Zerwürfnisses innerhalb der Parteiführung, beklagt sich über die Undankbarkeit der Jugend und reitet dann auf seinem Lieblingsthema herum – der NATO mit ihren machiavellistischen Umtrieben. Doch keiner fällt darauf herein, und der gewiefte Taktiker Honecker beschließt, die Fortsetzung der Debatten auf morgen zu vertagen.

Der Generalsekretär hat Mittag aufgefordert, sich wieder aufzurappeln, und die ganze Nacht hindurch nachgedacht. Da er das Politbüro nicht auflösen kann, wird er versuchen, es zu besänftigen: »Genossen, es ist klar, dass wir alle die Lage übereinstimmend bewerten«, behauptet er bei der Eröffnung der folgenden Sitzung. Er erklärt sich bereit, Ballast abzuwerfen und den Text von Krenz zu veröffentlichen. Im letzten Augenblick wirft er dann ein Papier vor diesen auf den Tisch:

»Da, Egon, ich habe mir erlaubt, einen kleinen Text zu verfassen, der deine Version der jüngsten Ereignisse ganz wunderbar ergänzen dürfte. Mit Günter und Joachim[1] könntet ihr daraus sicher einige Argumente entnehmen, die in deine Erklärung einzubringen wären.«

»Nur unter der Bedingung, dass Schabowski dabei ist«, erwidert Krenz geistesgegenwärtig.

Der alte Mann gibt nach, und die vier Männer ziehen sich für diese Arbeit in Herrmanns Büro zurück. Dieser scheint kaum eine Vorstellung davon zu haben, was da alles auf dem Spiel steht. Das kommt Krenz und Schabowski zugute, umso mehr, als Mittag sich als zaghafter denn je erweist: Die in ihrem Projekt vorgenommenen Änderungen sind minimal.

»Der Sozialismus braucht jeden. Er hat Platz und Perspektive für alle. Er ist die Zukunft der heranwachsenden Generationen. Gerade deshalb lässt es uns nicht gleichgültig, wenn sich Menschen, die hier arbeiten und leben, von unserer Deutschen Demokratischen Republik losgesagt haben ... Die Ursachen für ihren Schritt mögen vielfältig sein. Wir müssen und wir werden sie auch bei uns suchen, jeder an seinem Platz, wir alle gemeinsam.«

Die Erklärung wird an die Presseagenturen weitergeleitet und am folgenden Tag im *Neuen Deutschland* veröffentlicht.

Als Helmut Kohl die Eilmeldung aus Ostberlin erhält, reibt er sich die Hände: Nach dem Rückzieher in Leipzig vor zwei Tagen steht die Regierung mit dem Rücken zur Wand, die

---

1 Günter Mittag und Joachim Herrmann.

SED ist in einer Krise und Honecker angezählt. »Die Dinge kommen voran«, murmelt er, während er auf das Porträt Konrad Adenauers schaut. Ein Spruch seines Vorgängers kommt ihm in den Sinn: »Wir müssen aufpassen, ob der Augenblick kommt. Aber wenn ein Augenblick naht oder sich zu nahen scheint, der eine günstige Gelegenheit bringt, dann dürfen wir ihn nicht ungenutzt lassen.« Der Kanzler beschließt, Gorbatschow anzurufen.

Am Telefon kommt ihm der sowjetische Gesprächspartner müde vor. Kohl weiß, dass der Generalsekretär der KPdSU wegen der Rolle Westdeutschlands bezüglich der DDR besorgt ist. Also versucht er ihn zu beschwichtigen, versichert ihm, die anlässlich seines Juni-Besuchs in Bonn gemeinsam festgelegte politische Leitlinie bleibe »ohne jede Einschränkung« gültig. Um seine Zweifel zu zerstreuen, schlägt er ihm vor, engen Kontakt zu halten, und bittet ihn, jederzeit anzurufen, wenn er es für nötig halte. »Für Sie bin ich immer zu erreichen«, sagt er. Gorbatschow stimmt zu, und man vereinbart, zwischen Bonn und Moskau schnellstmöglich ein »rotes Telefon« einzurichten. Die beiden Männer bringen ihre Anerkennung für die jüngsten Entwicklungen in Ungarn und Polen zum Ausdruck – sie würden »im Sinne Gorbatschows« verlaufen, wie Kohl versichert, worauf er ihm ankündigt, er werde Mitte November nach Polen reisen. Am Ende spricht der Kanzler noch die Krise in Ostdeutschland an:

»Es liegt nicht im Interesse der Bundesrepublik Deutschland, dass die Entwicklung in der DDR außer Kontrolle gerät. Unser Interesse ist vielmehr, dass die DDR sich dem Kurs Gorbatschows anschließt und dass die Menschen dort bleiben.«

»Ich halte Ihre Erklärung für sehr wichtig. Ich nehme sie zur

Kenntnis und hoffe, Ihr Handeln wird mit Ihren Worten über-
einstimmen. Ich glaube, dass die DDR selbst eine Lösung für
ihre Probleme finden wird.«

Abends stattet Egon Krenz Willi Stoph einen Besuch ab. Leider steht ihm das Schwierigste noch bevor: Er muss eine
große Mehrheit des Politbüros dazu überreden, Honecker
abzusetzen. In Stoph glaubt er einen gewichtigen Verbündeten zu haben, der in der Lage ist, die alte Garde der Partei
davon zu überzeugen, dass es für sein Vorgehen gute Gründe
gibt. Als Vorsitzender des Ministerrats kümmert der zweite
Mann im Staat seit ewigen Zeiten im Schatten Honeckers
dahin, und wie viele andere verabscheut er Mittag und seine
kostspielige Politik, mit der die DDR geradewegs auf den
Bankrott zusteuert. Stoph, ein kranker und mürrischer alter
Mann, seiner Launen wegen beim ganzen Personal der Waldsiedlung verhasst, hat die Idee aufgegeben, je die Nummer
eins der Partei zu werden.

»Willi, glaubst du nicht, dass es an der Zeit wäre, einen
Schritt weiter zu gehen?«

Stoph, hinter seinen gefärbten Brillengläsern undurch-
schaubar, sieht ihn an.

»Gewiss, gewiss, doch zuvor benötigen wir eine sichere
Mehrheit. Wir müssen uns mit den Mitgliedern des Polit-
büros absprechen, aber auch mit denen des Zentralkomitees.
Nimm du dir die Sekretäre des Zentralkomitees vor, dazu die
Ersten Distriktsekretäre im Politbüro und Harry Tisch[2]. Ich
kümmere mich um die anderen.«

---

2 Harry Tisch, Chef des FDGB. Die Einheitsgewerkschaft der DDR unterstand der Partei.

Im Lauf des Vormittags hat Barbara bei Emma angerufen und sie für den Abend auf ein Glas Wein bei sich zu Hause eingeladen. »Wir wollen über die Reformen des Erziehungssystems reden. Dazu sollte ein Lehrerpaar aus Westberlin kommen. Es ist wichtig, dass du dabei bist, damit du die Ansichten des Neuen Forums zu dieser Frage vorstellst. Die Foren der Opposition müssen besser zusammenarbeiten. Wir müssen die Auswirkungen von Leipzig nutzen«, erklärt sie.

Die Wangen von der Kälte gerötet und mit einer Flasche Cabernet unter dem Arm ist Emma allein und ziemlich spät als Letzte eingetroffen. Barbara ist bester Laune: Mit einer brennenden Cabinet in der Hand erzählt sie, wie sie am Nachmittag einen Agenten der Stasi abgehängt hat – dank dem wundersamen Beistand des Fahrers einer Tram, in die der Spitzel ihr gefolgt war. »Er war mir seit zwei Stunden auf den Fersen. Dieses Schwein ließ nicht locker, also bin ich zum Fahrer gegangen, der gleich zu schreien anfing: ›Was wollen Sie von der Frau? Warum belästigen Sie sie?‹ Der Kerl ist rot geworden, war aber so dreist zu sagen, dass wir uns kennen. Alle haben mitgekriegt, dass er von der Stasi ist. Daraufhin hat mir der Fahrer zugezwinkert und mir die Tür zum Aussteigen geöffnet, aber hinter mir sofort wieder geschlossen. Der Typ war eingeklemmt und hat zu brüllen angefangen! Seit Montag passiert in der DDR etwas ganz Neues, das kann ich euch sagen! Das Klima hat sich geändert, gestern haben sie sogar in kleinen Städten wie Ilmenau und Wernigerode demonstriert. Noch vor drei Wochen hätte mir der gute Mann nicht geholfen, da bin ich mir ganz sicher!«

Die Agenda des Abends gerät einigermaßen durcheinander – wegen des Texts von Krenz, den alle im Rundfunk oder in der *Aktuellen Kamera*[3] von 19.30 Uhr gehört haben. Die Kommentare sind in vollem Gang, und niemand scheint mehr besorgt, man könne von der Stasi überwacht werden, auch wenn Barbara automatisch die Lautstärke der Stereoanlage weiter aufdreht. Soll man sich über den neuen Ton im Politbüro freuen? »Im Grunde hat sich gar nichts geändert«, erklärt Emma. »Das Politbüro meint, die DDR sei eine echte sozialistische Demokratie. Was uns angeht, die Demonstranten vom Wochenende, uns bezeichnen sie zwar nicht mehr als Nichtstuer oder Faschisten, aber jetzt stellt man uns als ›von konterrevolutionären Kräften missbrauchte Opfer‹ dar!«

»Das ist die Höhe«, murrt ein Sprachtherapeut, der Mitglied bei Demokratie Jetzt! ist. »Sie halten uns weiter für Vollidioten. Solange sie uns nicht als mündige Bürger ansehen, wird es keine konkreten Fortschritte geben. Die Regierung versteht es, uns Sand in die Augen zu streuen, ohne die kleinste nennenswerte Reform einzuleiten. Zum Beispiel hat man seit gestern begonnen, Inhaftierte freizulassen, doch wie ich dem *Telegraph*[4] von heute Abend entnehme, sind allein in Berlin immer noch mindestens 200 Leute in Haft. Wir müssen weiter aktiv bleiben und vor allem den Druck auf die Partei aufrechterhalten.«

»Genau«, stimmt Barbara zu. »Auf nationaler Ebene ist sie der Opposition keinen Schritt entgegengekommen. Die Regierung versucht vor allem Zeit zu gewinnen, und die Führung ist möglicherweise gespalten. Bei uns, bei Demokratie Jetzt!, beim Neuen Forum oder bei der SDP sind die Forderungen ganz konkret: gesetzliche Anerkennung der Bürgerforen, Pressefreiheit, freie Wahlen, unabhängige Gewerk-

---

3 Abendnachrichten des ostdeutschen Fernsehens.
4 Untergrundzeitung der UB.

schaften, Streikrecht, neue Umweltpolitik, Beteiligung der Arbeiter an der Leitung der Unternehmen... Doch von alledem ist absolut nicht die Rede.«

»Nicht zu vergessen die Reform des Erziehungswesens«, meint Emma. Sie zieht eine Notiz aus der Tasche, die sie am Nachmittag aufgeschrieben hat, als sie ihren beiden Jungen dabei zusah, wie sie sich abmühten, den Umfang von Artilleriegeschossen und die Geschwindigkeit von Düsenjägern auszurechnen.

Die Kinderpflegerin verweist auf die ideologische Indoktrination der Kinder ab dem dritten Lebensjahr, die autoritäre Erziehung, der sie während der Schulzeit unterworfen sind, auf die Unmöglichkeit, sich frei zu äußern. Wer dafür verantwortlich ist, wissen in diesem Wohnzimmer alle: Margot Honecker, seit mehr als 25 Jahren Ministerin für Volksbildung. Noch im vergangenen Sommer hat sie vier Schüler der Berliner Carl-von-Ossietzky-Oberschule von der Schule verweisen lassen, weil diese es gewagt hatten, den Sinn von Militärparaden infrage zu stellen. Ehe es gegen 23.30 Uhr aufbrechen muss[5], erklärt das Lehrerpaar aus Westberlin, wie das sehr rigide westdeutsche Erziehungswesen nach 1968 umgekrempelt wurde. Emma und Barbara wollen so schnell wie möglich ein Erziehungsforum in Ostberlin veranstalten. »Von Utopie ist keine Rede mehr, es geht um ein politisches Programm. Wir müssen den Druck auf die Regierung erhöhen!«

---

5 Besucher aus dem Westteil Berlins waren verpflichtet, vor Mitternacht wieder in Westberlin zu sein.

154

Ostberlin, Donnerstag, 12. Oktober 1989

Erich Honecker hat sein letztes Wort noch nicht gesprochen.
Er beschließt, das Politbüro zu umgehen und die Ersten Sekretäre der Parteibezirke nach Berlin einzuberufen – alles Leute,
die ihm viel zu verdanken haben.

Helmut Hackenberg, der drei Tage zuvor in Leipzig zurück-
gewichen ist, wird ein eisiger Empfang zuteil. Der Generalsekretär ist wieder ganz obenauf: »Die Feiern zum 40. Jahrestag sind wunderbar verlaufen; sie haben das Ansehen der
DDR gestärkt, einem Hort der Stabilität in der sozialistischen
Welt, deren bester Garant sie ist...« Honecker übergeht das
missbilligende Gemurmel und lässt seiner gewohnten Suada
freien Lauf: »Die Ränke der NATO sind wieder einmal gescheitert...«

Das ist eindeutig zu viel für einige Bezirkssekretäre, die
gehofft hatten, die Nummer eins werde zur Erklärung des
Politbüros und zu der schweren Krise Stellung nehmen, die
sie gerade durchmachen. Hans Modrow aus Dresden beklagt sich bitter über fehlende Anweisungen der Führung
zu der Zeit, als letzte Woche während der Durchfahrt der
Flüchtlingszüge aus Prag in seiner Stadt Unruhen ausge-
brochen sind. Für Günter Jahn aus Potsdam kommen die
Erklärungen des Politbüros zu spät und sind unzureichend.
Indirekt fordert er sogar den Rücktritt des Generalssekre-
tärs.

Verblüfft wendet Honecker sich Günter Schabowski zu:
»Hast du dem etwas hinzuzufügen?«

Der Berliner Parteichef lässt sich nicht lange bitten:

»Die Genossen beklagen sich zu Recht über die Passivität
des Politbüros: Wir haben uns sicherlich zu spät geäußert.
Aber es wäre völlig falsch, sie glauben zu lassen, unsere letzte

Sitzung sei den Machenschaften der NATO gewidmet gewesen und nicht den brennenden Problemen des Landes. Ganz im Gegenteil! Dienstag und Mittwoch hat das Politbüro die Lage sehr ernsthaft erwogen und die Gründe für unsere Probleme festgestellt ...«

Honecker, zum zweiten Mal innerhalb zweier Tage desavouiert, verlässt den Versammlungsraum.

Eine Stunde Pause, und Schabowski nutzt sie, um mit Modrow zu reden, den er aus dessen Zeit als Chef der Agitpropabteilung in Berlin gut kennt. In letzter Zeit schwirren durch die westdeutsche Presse beunruhigende Gerüchte über eine eventuelle Absprache zwischen Modrow und Markus Wolf über die Nachfolge Honeckers; dieser Plan soll angeblich vom KGB und möglicherweise sogar von Gorbatschow unterstützt werden. Gestern hat Wolf, der ehemalige ostdeutsche Meisterspion, der BBC erklärt, die in der DDR stattfindenden Veränderungen seien minimal und würden bei Weitem zu langsam ablaufen. Auf die Frage nach den Möglichkeiten der derzeitigen Führung, die erhofften Reformen zu organisieren, hat er sich mit einem lakonischen, von sibyllinischem Lächeln unterstrichenen »No comment« begnügt. Auf dem Pissoir spricht Schabowski Modrow freundschaftlich an: »Deine Kritik war berechtigt. Ich bin mit dir solidarisch.« Und er schlägt vor, dass man die Unterhaltung rasch wieder aufnehmen solle: Er habe ihm einige interessante Dinge mitzuteilen.

Als er wieder ins Foyer zurückkommt, stößt er auf Krenz und Siegfried Lorenz, den Ersten Sekretär von Karl-Marx-Stadt und Mitglied des Politbüros, die lebhaft diskutieren. Alle drei schwören, dass es eine weitere Vorstellung Honeckers auf der gleichen Linie wie heute niemals mehr geben dürfe. Da kommt Günter Jahn vorbei, dessen Beitrag sie beeindruckt hat. Krenz holt ihn her und spricht ihn unverblümt an:

»Günter, wir wollen offen reden – so kann es nicht weitergehen, oder?«

»Egon«, flüstert der Mann aus Potsdam, »für mich heißt
das, offen gesagt, ehrenvoller Rücktritt.«

»Genau das.«

Später kommen Stoph und Krenz überein, Honecker bei
der nächsten Sitzung des Politbüros am Dienstag, den 17. Oktober, abzusetzen.

Ostberlin, Freitag, 13. Oktober 1989

Honecker verliert jeden Tag mehr an Boden. Gestern hat er
sich am Nachmittag in seinem Büro eingeschlossen – kraftlos
und nach der erregten Sitzung mit den Bezirkssekretären der
Partei nicht in der Lage zu arbeiten. Als er an diesem Morgen
jedoch die Presseschau der westdeutschen Zeitungen durch-
blättert, reißt es ihn hoch. »Honecker, Mittwoch, 18. Oktober:
Letzter Tag vor dem Ruhestand!« kann er als Aufmacher der
Bild-Zeitung lesen. Als Quellen nennt der Artikel Leute aus
dem innersten Zirkel in Ostberlin.

»Egon, was bedeutet diese Komödie?«, schreit er am Telefon.

Krenz tut überrascht: Natürlich hat er keine Ahnung, wo-
von Erich spricht.

»Du willst mir doch nicht weismachen, dass du die Titelseite der *Bild*-Zeitung nicht gelesen hast?«

»Ach das? Also wirklich, Erich, das ist doch nicht ernst zu
nehmen! Du vertraust dem Tratsch der westlichen Rinn-
steinpresse? Das ist wieder so eine Schmutzkampagne von
Springer, wie kannst du nur! Ein niederträchtiger Winkel-
zug, sicher von Kohl und seiner Clique ferngesteuert!«

»Glaubst du wirklich? Kann ich dir vertrauen?«

»Selbstverständlich, Erich. Zuletzt hatten wir zwar ein paar Meinungsverschiedenheiten. Aber du bleibst für uns alle ein Vorbild. Keiner hat vor, dich loszuwerden. Einigkeit war immer unsere Stärke, das weißt du genau.«

Honecker seufzt.

»Gut, ich schlage vor, du organisierst für heute Nachmittag eine Konferenz der Blockparteien. Wir könnten alle drei hingehen, mit Mittag.«

»Bedaure, aber das ist unmöglich. In zwei Stunden muss ich nach Leipzig, um die Vorbereitungen der Polizei und der NVA für die kommende Montagsdemonstration zu überwachen. Bis bald, Erich.«

Als der Generalsekretär auflegt, überfällt ihn ein Schwindelgefühl, doch er will nicht lockerlassen. Er möchte an die Männer herankommen, die ihn herausgefordert haben, um sie in sein Lager zurückzuholen. Um jeden Preis muss er wieder Anschluss an den Gang der Geschichte gewinnen. Er ruft Günter Schabowski an. Der Berliner Parteisekretär hat in jüngster Zeit viele Produktionsbetriebe aufgesucht – er könnte ihm rasch den Besuch eines Kombinats organisieren. In Krisenzeiten ist der Kontakt zu den Proletariern durch nichts zu ersetzen, genau wie in der guten alten Zeit, denkt Honecker. Doch da täuscht er sich. Schabowski rät ihm dringend davon ab, sich zum VEB Bergmann-Borsig zu begeben, wie er es vorhatte: »Es könnte sein, dass man dich feindselig empfängt; seit ein paar Tagen ist die Arbeiterschaft ziemlich aufgebracht.« Dem Generalsekretär verschlägt es die Sprache; verwirrt legt er auf.

Auf dem Weg nach Leipzig geht Egon Krenz in Gedanken alles nochmals durch: Wer war gegenüber der Westpresse indiskret? Der KGB? Die Stasi? Mit welchem Ziel? Offensichtlich will man seinen Plan sabotieren. Aber wem würde das nützen? Den Sowjets? Kohl? Sobald er wieder in Berlin ist, wird er noch am Abend Wjatscheslaw Kotschemassow anrufen, um die Lage zu sondieren. Bis dahin muss er sicherstellen, dass die für Montag vorgesehene Demonstration in Leipzig friedlich verläuft, sonst ist sein Plan zum Scheitern verurteilt. Wenn wieder Zehntausende auf die Straße gehen, sagt er sich, dann werden die letzten Widerspenstigen im Politbüro einwilligen, Honecker dem Pöbel zu dessen Besänftigung zum Fraß vorzuwerfen. Zusammen mit Fritz Streletz, dem Generalstabschef der NVA, General Rudolf Mittig und zwei anderen hohen Sicherheitsverantwortlichen bereitet er sich auf das Treffen mit Hackenberg und Strassenburg in Leipzig vor. Alle kommen überein, den Schießbefehl für die Truppen zurückzunehmen, außer bei Angriffen auf die Einheiten oder auf offizielle Gebäude. Während des Rückflugs beschließt Krenz, die hochrangigen Militärs in seine Absichten einzuweihen: »Mit Honecker kann man nicht mehr weitermachen. Das Politbüro wird sich am Dienstag damit befassen müssen.«

Diese Botschaft wiederholt er auch gegenüber dem sowjetischen Botschafter, der zustimmt, ohne sich seine Sorge im Geringsten anmerken zu lassen. Seit mehreren Tagen schickt der Diplomat warnende Telegramme nach Moskau: Seiner Ansicht nach arbeitet die Zeit gegen die SED; die Bevölkerung ist aufsässig und erwartet ungeduldig umfassende Reformen; man zählt mehr als 150 oppositionelle Veröffentlichungen. Kotschemassow bezweifelt, dass die Absetzung Honeckers, von der Willi Stoph ihn bereits informiert hat, ausreichen wird, die Ruhe in der DDR wiederherzustellen.

Im Lauf des Gesprächs versucht Krenz, dem Botschafter

einen Hinweis zu entlocken, ob die Sowjets hinter seinem Rücken etwas anzetteln. Er lauert auf das leiseste Beben, die kleinste Schwankung in der Stimme des Botschafters. Vergebens. Also beschließt er, eine weitere Karte auszuspielen, um den Kreml oder, falls erforderlich, die Lubjanka[6] zu überrumpeln. Er bittet Kotschemassow, Gorbatschow die Bitte zu übermitteln, er möge in Moskau Harry Tisch empfangen, der am Montag an der Spitze einer Gewerkschaftsdelegation dort sein wird: Der Chef des FDGB werde den Generalsekretär der KPdSU über seine Absicht informieren, Honecker aller Ämter zu entheben.

Als es Nacht geworden ist, schlüpft eine schmale Gestalt in die Gethsemanekirche. Vera erkennt als Erste, wer das ist. »Mein Gott, Hansi«, ruft sie. Sven und ein paar andere kommen angelaufen, um den Aktivisten zu begrüßen, der einen erbärmlichen Anblick bietet. Als Hansi den Spruch »Befreit Hansi Z.« liest, den Sven seit einigen Tagen auf seiner Jacke trägt, fällt er seinem Freund mit Tränen in den Augen in die Arme.

»Ich träume von einem Steak mit Fritten und einem schönen kalten Bier«, verkündet er seinen Gefährten. Sie begleiten ihn in die Anka-Klause, eine Kneipe gegenüber der Kirche, wo Hansi ihnen von seinen üblen Knasterlebnissen berichtet: »Montag ist ein Kerl reingekommen, der versucht hatte, das Land illegal zu verlassen. Zusammen mit dem Skinhead haben mich die anderen dann nach allen Regeln der Kunst fertiggemacht. Schlimmer als die Aufseher! Jede Nacht haben sie mich geweckt, mein Essen haben sie ausgeschüttet. Keinen Augenblick Ruhe in der Zelle. Und beim Hofgang

---

6 Sitz des KGB in Moskau.

musste ich ständig auf der Hut sein: Der Skin kannte wirklich haufenweise Leute im Knast. Die Hölle!«

Als Hansi von den Ereignissen der Woche hört, ist er fassungslos; er hat den Eindruck, das Land vor ewigen Zeiten verlassen zu haben. Dann nimmt er, ein Glas Schnaps in der Hand, Sven beiseite.

»Wie geht es Annette?«

»Ihr geht es gut. Deine Verhaftung hat sie mitgenommen, aber sie hat sich wieder gefangen.«

»Ist sie noch in Berlin?«

»Nein, sie ist Montag zurückgefahren. In einer Kirche in Halle hat sie eine Mahnwache organisiert. Gestern war ich dort, um ihnen zu helfen – sie haben Material zum Drucken im Keller, können aber nicht damit umgehen.«

»Soll ich sie vielleicht besuchen? Sie hat mir so gefehlt, und Samstag war ich nicht wirklich auf der Höhe, weißt du ...«

»Das würde nichts nützen. Im Moment ist sie wieder bei ihrem Mann. Aber demnächst kommt sie nach Berlin zurück, hat sie gesagt. In der Zwischenzeit solltest du dich erholen, das hast du echt nötig. Aber mach nicht so ein Gesicht! Ich sage dir doch, dass sie wiederkommt. Mach es wie ich; widme dich der Revolution! Komm doch morgen zur Versammlung der UB, du wirst sehen, ich hab da eine kleine Überraschung für dich ...«

In Moskau und im ganzen sowjetischen Imperium feiert man während der gesamten Woche die DDR. Kurt Masur und sein Gewandhaus-Orchester sind Ehrengäste des Moskauer Konservatoriums, dessen großer Saal gerammelt voll ist. Die Crème de la crème der Moskauer Intelligenzija hat sich um die Plätze gerissen. Der sowjetische Kulturminister ist ebenso anwesend wie Kurt Hager, seit 1955 Chefideologe der SED.

Hager, ein treuer Vasall Honeckers, hatte zwei Jahre zuvor mit einem flotten Spruch – »Würden Sie, wenn Ihr Nachbar seine Wohnung neu tapeziert, sich verpflichtet fühlen, Ihre Wohnung ebenfalls neu zu tapezieren?« – jede Aussicht auf eine Perestroika in der DDR zurückgewiesen.

Ein glanzvolles Konzert steht bevor, doch das Protokoll hat einen Haken. Wieder einmal sagt Kurt Masur »nein«. Er weigert sich, sein Orchester die ostdeutsche Hymne spielen zu lassen. »In der DDR ereignen sich derzeit zu viele Dinge. Zu viele Fragen sind in der Schwebe. Das ist nicht der richtige Augenblick«, erklärt er dem peinlich berührten Verwalter des Konservatoriums.

Ostberlin, Samstag, 14. Oktober 1989

Günter Schabowski, angetan mit einem Trainingsanzug und brandneuen Sportschuhen, verlässt in der Dämmerung seine Villa in der Waldsiedlung. Er muss Krenz treffen, mit dem er Harry Tisch besuchen will, den Gorbatschow am kommenden Montag empfangen wird. Der Berliner Parteisekretär schlägt sich seitwärts durch die Büsche – er nimmt lieber einen langen Umweg in Kauf, als eventuell auf Erich oder Margot zu stoßen, deren Bungalow auf halbem Weg zwischen seinem und dem von Krenz liegt. Dieser geht die 100 Schritte bis zu der Erle an der Kreuzung von Parkallee und Märkischer Allee, wo sie sich verabredet haben. Schnell sind sie bei der Villa 22; zweimal kurz und einmal lang geklopft, und der Gewerkschaftsführer empfängt sie in Hemdsärmeln und Hosenträgern.

Die drei Männer referieren über die Botschaft, die Tisch an Gorbatschow übermitteln soll, dann besprechen sie die letzten Einzelheiten für die Sitzung des Politbüros am Dienstag. Krenz kündigt an, dass Stoph die erste Attacke reiten wird; Mittag und Herrmann sollen ebenfalls ausgebootet werden. Da erscheint Frau Tisch mit einer Wurstplatte in den Händen.

»Mielke hat angerufen«, sagt sie im Verschwörerton einer Mata Hari. »Er wollte Egon sprechen. ›Was für eine komische Idee, ihn bei uns zu vermuten‹, habe ich ihm gesagt.«

»Also wirklich, meine Süße, du hättest das Gespräch weitergeben sollen. Du bist unglaublich, weißt du! Wie kommst du ...«

»Das ist mein Fehler, Harry«, meint Krenz. »Ich hätte es deiner Frau gleich bei der Ankunft sagen müssen, dass Mielke weiß, wo ich bin. Hat er Ihnen eine Nachricht hinterlassen?«

»Nein. Aber seiner Stimme nach war es wohl dringend.«

Sofort ruft Egon den Chef der Stasi an.

»Was ist los?«

»Erich sucht dich überall. Geh nach Hause, damit er dich erreichen kann. Sonst schöpft er noch Verdacht.«

Der Kronprinz begibt sich in seine Villa zurück. Kaum ist er im Haus, klingelt das Telefon. Honecker fordert ihn auf, so schnell wie möglich zu ihm in die Wohnung zu kommen.

Als Krenz eintritt, sitzt der Generalsekretär am Küchentisch und hat einen großen Stadtplan von Leipzig vor sich ausgebreitet.

»Mein lieber Erich, was kann ich für dich tun?«

»Wir müssen über die kommende Montagsdemonstration in Leipzig reden. Was hast du beschlossen?«

»Ich habe den Befehl erteilt, außer in Fällen legitimer Notwehr nicht zu schießen.«

»Da bin ich nicht einverstanden. Ich sage nicht, dass die Demonstranten niederzuschießen sind, aber man sollte ihnen das Leben auch nicht allzu leicht machen. Sie sollen voller Angst marschieren, verstehst du? Warum bauen wir in der Stadt keine Sperren mit Panzern auf? Schau, ich habe mehrere strategische Punkte ausgemacht, wo man sie aufstellen könnte.«

Krenz zügelt seine Wut. Mit äußerster Selbstbeherrschung versucht er, Honecker zur Vernunft zu bringen:

»Das ist eine ganz schlechte Idee, Erich. Viele Demonstranten haben ihre Ausbildung bei der NVA gemacht; sie wissen, wie man einen Panzer blind macht oder gar zerstört. Die brauchen nur einen Molotow-Cocktail in den Turm zu werfen. Denk an Prag 1968. Die Demonstration läuft Gefahr, zum Blutbad zu werden. Es wäre der reine Wahnsinn. Ist es das, was du willst?«

Honecker starrt den azurblauen Küchenschrank an.

»Nein. Du hast recht. Also wird nichts unternommen.«

Nach Svens Ansicht ist es an der Zeit, die Besetzung der Gethsemanekirche zu beenden, in der seine Freunde und er noch während der ganzen Woche übernachtet haben. Pastor Albani hat ihn darum gebeten: Die Kirche ist zum Unterschlupf für die Säufer des Viertels geworden und in einem beklagenswerten Zustand; man kommt und spaziert darin herum wie in einer Bahnhofshalle. Der junge Mann befragt das Dutzend seiner Gefährten, die ihn im Versammlungsraum der UB umringen.

»Ich denke, wir sollten erst mal ein wenig Musik auflegen«, schlägt Hansi vor. Seit er einen Joint reingezogen hat, trägt er ein albernes Grinsen zur Schau. Bei der von Sven angesprochenen Überraschung ging es nicht um Annette und auch nicht um ein paar Sixpacks – im UB trinkt man nur Rotwein, was Hansi verabscheut –, sondern um einen großen Beutel mit Marihuana unbekannter Herkunft, den er am Vorabend in einem Winkel der Gethsemanekirche gefunden hat. Seinen ersten Joint hatte Hansi im vorigen Sommer in der Tschechoslowakei geraucht, und da hatte er viel gelacht. Mit der Tüte zwischen den Lippen erhebt sich der Anarchist und legt einen Live-Mitschnitt von *Ton Steine Scherben* auf.

»Hansi, kannst du das etwas leiser stellen, bitte?«, fragt Martin.

Der Aktivist aus Leipzig kennt Sven seit Jahren; nach Berlin ist er wegen einer heimlichen Koordinationssitzung des Neuen Forums gekommen, an der Abordnungen der Bewegung aus dem ganzen Land teilgenommen haben.

»Sven hat recht: Die Kirchenbesetzungen müssen beendet werden. Derzeit spielt sich alles auf der Straße ab, das haben unsere Erfahrungen in Leipzig gezeigt. Wir dürfen uns nicht mehr verstecken, sondern müssen versuchen, möglichst viele Leute zusammenzubringen. Die überwiegende Mehrheit der Bevölkerung hat die Schnauze gestrichen voll, zögert aber noch, sich uns anzuschließen. Seit dem letzten Montag hat die Auseinandersetzung ein neues Stadium erreicht. Nur Massendemonstrationen können den Druck auf die Regierung aufrechterhalten, die in keinem Punkt wirklich nachgegeben hat, das muss ich euch nicht eigens sagen. In der DDR wird es keine chinesische Lösung geben, deshalb sollten wir nicht lockerlassen: Bleiben wir auf der Straße und veranstalten wir noch mehr Happenings, genau wie diese Woche in Leipzig. Ich kann euch jetzt schon garantieren, dass bei der Demo am Montag 'ne Menge Leute kommen werden. Wir haben Transparente und dazu Flugblätter mit allen

Namen und Adressen des Neuen Forums vorbereitet, damit die Leute sich uns anschließen können. Das mit dem Untergrund ist vorbei!«

»Das ist doch ein Witz«, unterbricht ihn Hansi. »Von wegen, das Neue Forum versteckt sich nicht mehr! Wo waren sie denn, die Führer des NF, als es letzte Woche gefährlich wurde? Wo war Bärbel Bohley denn?«

»Ich glaube, du solltest mal den einen oder anderen Joint auslassen, Hansi«, erregt sich Martin. »Du spinnst ja ...«

»Er hat nicht ganz unrecht«, geht Sven dazwischen. »Unsere Kritik bezieht sich nicht speziell auf das NF, sondern auf die Anführer der Oppositionsforen, ausgenommen Barbara natürlich. Seit der Wind sich Anfang der Woche gedreht hat, sind sie wieder aufgetaucht; sie kommen in die Kirche, und vor den Fernsehkameras aus dem Ausland geben sie den Charmeur ... Erst gestern habe ich Ibrahim Böhme[7] vor die Tür gesetzt, der sich aufspielen wollte, so in der Art: ›Da bin ich, der große Böhme, ich stelle euch das Programm der SDP vor ...‹ Wir sind doch nicht im Wahlkampf! Wir haben das ganze Risiko getragen, und heute kommen die daher und wollen den Erfolg einheimsen.«

»Das stimmt so nicht«, erwidert Martin. »Ohne die Berichterstattung der westdeutschen Medien wären wir nicht da, wo wir heute stehen!«

»Schön, Jungs, das reicht jetzt«, unterbricht Vera sie. »Wir sind alle damit einverstanden, die Besetzung der Kirchen zu beenden. Die entscheidende Schlacht wird auf der Straße stattfinden, das wissen wir auch. Berlin muss sich an Leipzig orientieren, das ist klar. Warum versuchen wir nicht, morgen was auf die Beine zu stellen?«

---

7 Ibrahim Böhme war einer der Gründer der SDP und ... ein Informant der Stasi, was damals niemand ahnte.

»Ein Straßenmusik-Festival! Heute Abend drucken wir Flugblätter ›Aktion Rot-Schwarz‹ von der Gethsemane-Gruppe, um möglichst viele Leute zusammenzubringen«, schlägt Hansi vor.

»Prima Idee«, freut sich Martin. »Wie in Leipzig!«

Laurenzia, liebe Laurenzia mein
wann wollen wir wieder beisammen sein
am Montag
Ach wenn es doch schon wieder Montag wär
Und ich bei meiner Laurenzia wär
Laurenzia wär.[8]

Sven hat sich auf den Boden vor der Kirche gekauert und spielt auf einer Bongotrommel, Hansi quält die Saiten einer Balalaika, Vera hat aus Karton und Sand Maracas improvisiert, und andere begleiten sie mit Gitarre und Flöte. Man sitzt in der Sonne und pichelt, gemeinsam wird der Refrain von Laurenzia gesungen, dann versucht man sich aus voller Kehle an »Die Internationale«. Marina ist in der Nähe, Wolfgang verschlingt Vera mit den Augen ... Die ganze Familie von der UB und der Gethsemanekirche ist versammelt. Doch der Karneval nimmt ein Ende, als die Volkspolizei eingreift, die Rädelsführer bittet, die Straße zu räumen und im Garten neben der Kirche weiterzusingen. Zur Überraschung aller sprechen die Vopos sie ganz gesittet an. Fast liebenswürdig.

---

8 Kinderlied, das in Ostdeutschland alle Kinder in der Krippe lernten.

Ostberlin, Montag, 16. Oktober 1989

Egon Krenz hat Erich Mielke und General Fritz Streletz, den Generalstabschef der NVA, dazu eingeladen, auf Bildschirmen, die man im Innenministerium aufgestellt hat, den Ablauf der Leipziger Demonstration zu verfolgen. Dazu kommt Friedrich Dickel, der Hausherr. Krenz hat die wichtigsten für die öffentliche Ordnung verantwortlichen Minister um sich versammelt, um absolut sicherzustellen, dass seine Anweisungen peinlichst genau befolgt werden. Am Vorabend der Verschwörung möchte er vor allem seine ranghöchsten Kollegen im Auge behalten. Kurz vor dem Beginn des Friedensgebets in der Nikolaikirche hat sich ein später Gast zu ihnen gesellt: Erich Honecker.

In Dickels Büro sehen die fünf Männer schweigend zu, wie eine Flut von Menschen über das Pflaster des Leipziger Rings flaniert und ihre Autorität infrage stellt. Ruhig ziehen die mehr als 120 000 Menschen dahin; sie fordern die Legalisierung des Neuen Forums, die Abhaltung freier Wahlen, Reisefreiheit, Pressefreiheit, Meinungsfreiheit. Sie hören sie rufen: »Wir sind das Volk!«, »Keine Gewalt!«, »Gorbi! Gorbi!« und »Die Mauer muss weg!«. Mit seinen eingefallenen Wangen wirkt der Generalsekretär wie gelähmt. Als er sieht, wie der Zug den Karl-Marx-Platz erreicht, denkt er an jenen Abend im April 1930, an dem er sich den 100 000 Anhängern der Jungkommunisten angeschlossen hat, genau auf diesem Platz, um Ernst Thälmann zu hören, den damaligen Vorsitzenden der KPD. Der junge Erich hatte das Fahrrad, das ihm seine Eltern geschenkt hatten, verkauft, um nach Sachsen zu gelangen.

Plötzlich richtet Honecker sich auf und starrt Streletz an:
»Fritz! Jetzt müssen wir etwas tun!«

168

»Nein, wir können nichts ausrichten. Wir bemühen uns, die Geschichte friedlich ablaufen zu lassen«, erwidert der Generalstabschef der Volksarmee gütlich. Der Graukopf setzt sich wieder neben Krenz. Das Telefon klingelt. Dickel murmelt ein paar Worte ins Ohr des Verschwörers:

»Harry Tisch in Moskau ist dran.«

Krenz möchte im Boden versinken, doch Honecker ist in Gedanken ganz in Leipzig und lässt den Bildschirm nicht aus den Augen.

»Egon, ich habe gerade mit Michail Sergejewitsch gesprochen. Er wünscht dir viel Erfolg.«

8 Goodbye, Honi!

Ostberlin, Dienstag, 17. Oktober 1989

Wo kann er bloß sein? Warum ist er nicht da? Es ist 10.05 Uhr,
und Erich Honecker, dessen Pünktlichkeit legendär ist, lässt
sich immer noch nicht im Versammlungsraum des Politbüros blicken, wo man ihn nicht ohne Angst erwartet. Egon
Krenz hält es nicht mehr auf seinem Platz. Erich Mielke dagegen ist eher heiter. Früh am Morgen hat der Chef der Stasi
seine Vorkehrungen getroffen, ehe er seine täglichen Bahnen im Schwimmbecken der Waldsiedlung aufgenommen
hat. Er hat den Sicherheitschef des Großen Hauses[1] angerufen, einen seiner treuesten Untergebenen, und ihm befoh-
len, eine Bewachung der Sitzung durch vertrauenswürdige
Männer zu gewährleisten; sie sollen die Leibgarde Honeckers
am Eingreifen hindern, wenn das Drama seiner Auflösung
entgegengeht. Günter Schabowski schaut immer wieder
nervös auf die Uhr und wiederholt zum hundersten Mal
seine Stimmenzählung. Willi Stophs Gesicht verrät keinerlei
Regung, doch innerlich jubelt der Vorsitzende des Ministerrats. Gleich wird er mit Genuss das Gewand des Brutus anlegen. Seit Jahren redet er bei Kotschemassow und den
Sowjets schlecht über den Tyrannen; 1986 hat er dem KGB
sogar ein umfangreiches Dossier über die katastrophale

---

1 Das Gebäude des Zentralkomitees hatte den Beinamen »Großes Haus«.

Amtsführung durch Mittag übermittelt und Gorbatschow mehrere Szenarien zum Sturz Honeckers vorgeschlagen, von dem er annahm, er habe sich »gegen die UdSSR verschworen«.

Um 10.10 Uhr kommt Honecker herein. Erstaunlich frisch und anscheinend gut gelaunt. Wie jeden Dienstag begrüßt er die Genossen einzeln, und dazu ergeht er sich in Entschuldigungen: »Die Verspätung tut mir leid, aber Hans Modrow hat mich angerufen. Er will mich sehen.« Als Krenz den Namen des Dresdner Parteichefs hört, der als einer von wenigen in die Machenschaften des Politbüros eingeweiht ist, erstarrt er. Was hat Modrow vor? Wieso ist Honecker heute so ausgelassen, wo er die letzten Tage so schweigsam gewesen ist? Doch er hat keine Zeit, sich in Vermutungen zu verlieren.

Der Generalsekretär an der Stirnseite des Tisches verliest die Tagesordnung. Kein einziger Punkt befasst sich mit der Riesendemonstration von Leipzig oder einem der anderen Umzüge des Vorabends, für die sich in Halle, Berlin, Dresden und Magdeburg Zehntausende versammelt hatten. Anschließend blickt er, seiner Sache sicher, in die Runde und stellt schließlich die von den Verschwörern erwartete Frage:

»Habt ihr der Tagesordnung noch etwas hinzuzufügen?«

»Wenn du gestattest, Erich«, entgegnet Stoph höflich.

»Ich bitte darum.«

»Als ersten Punkt schlage ich vor, den Genossen Erich Honecker aller seiner Funktionen als Generalsekretär zu entheben und den Genossen Egon Krenz an seiner Stelle zu wählen.«

Schweigen.

Ungerührt beginnt Stoph seine Anklage. Er wirft Honecker die katastrophale Amtsführung vor, die zur aktuellen Krise geführt habe; er sagt ihm, dass sein prekärer Gesundheitszustand ihn daran hindere, sich an die neue Konstellation anzupassen, weshalb er die Macht abgeben müsse.

Honecker ist wie vor den Kopf geschlagen; er hatte nicht gedacht, dass sie es eines Tages wagen würden. Er zeigt keine Emotion und wartet ab, wie viel Mumm die andern vorzuweisen haben:

»Sehr gut! Die Debatte ist eröffnet.« Er erteilt denen das Wort, die er als seine engsten Verbündeten ansieht.

Einer nach dem anderen lässt ihn fallen. Kein einziges Mitglied des Politbüros weist den Vorschlag Stophs zurück. Günter Mittag als Erster. Sein treuester Statthalter stottert herum, belastet ihn aber ohne Skrupel. Joachim Herrmann, bleich wie ein Bettlaken, heult ebenso mit den Wölfen, wobei er seine Verantwortung für das Versagen der nationalen Medien zugibt. Alfred Neumann kann endlich Rache nehmen: Er schlägt vor, beide auf der Stelle aus ihren Ämtern zu entfernen.

Das Schicksal verfolgt Honecker bis zum Beitrag Mielkes. Der Chef der Stasi erteilt seinem alten Freund eine Lektion:

»Ich hatte dich gewarnt, dass die Lage äußerst ernst ist, doch du hast es nicht hören wollen. Du hast nicht darauf reagiert. Durch deinen Fehler ist unsere Macht in Frage gestellt ...«

»Erich, du solltest dein Maul nicht so weit aufreißen!«, herrscht Honecker ihn an.

Als er das hört, lässt Mielke seinem Zorn freien Lauf; er überschüttet Honecker, den keiner in Schutz nimmt, mit einem Schwall Verwünschungen.

Damit ist die Messe gelesen. Die weiteren Wortmeldungen sind bedächtiger. Krenz, der noch nichts gesagt hat, erklärt sich bereit, die Funktionen des Partei- und Staatschefs zu übernehmen; Schabowski spielt den Guten und präsentiert sich als der Besonnenste des Clans: »Wir müssen vor allem nach vorn schauen. Hier geht es nicht um eine persönliche Auseinandersetzung, sondern um politische Probleme, die dringlichst geregelt werden müssen: Reisegenehmigungen, Wirtschaftsaufschwung, Neuorganisation der Medien ...«

Schließlich wird abgestimmt. Erich Honecker fragt die regulären Mitglieder des Politbüros und deren Stellvertreter, ob sie seiner Ablösung von den Posten des Generalsekretärs, des Vorsitzenden des nationalen Verteidigungsrats und des Vorsitzenden des Staatsrats der Deutschen Demokratischen Republik zustimmen. Er sieht zu, wie sie einer nach dem anderen den Arm heben und so den Vorschlag von Willi Stoph billigen. Ohne ein Wort hebt dann auch der Generalsekretär den Arm. Bis zum Schluss wird der Genosse Honecker das Prinzip der Einstimmigkeit hochhalten, das dem demokratischen Sozialismus teuer ist. Auch für die Abberufung Mittags und Herrmanns ergibt sich diese Einstimmigkeit. Nach etwas mehr als drei Stunden ist die Palastrevolution vollzogen.

Erich Honecker geht in sein Büro zurück, ordnet seine Angelegenheiten und sammelt die dringlichsten Akten zusammen, die er seinem Nachfolger übergeben wird. Er ruft Margot im Erziehungsministerium an: »Es ist so gekommen«, teilt er ihr lakonisch mit, dann begrüßt er seine Sekretärin Elli, mit der er seit den glücklichen Tage in der FDJ zusammenarbeitet, und dazu seine engsten Mitarbeiter. Schließlich ruft er Krenz an und bittet ihn, in sein Büro zu kommen.

»Du ahnst sicher, dass mich das alles ziemlich aufregt?«

Ungerührt richtet Krenz den Blick zum Himmel.

»Na schön, Egon ... Tu einfach so, als ob nichts wäre. Aber könntest du mir wenigstens eine kurze Erklärung vorbereiten, die ich im Plenum des Zentralkomitees vorlesen werde, um in Würde abzutreten?«

Krenz verspricht es ihm.

»Gut, in diesem Fall bin ich einverstanden, das Plenum vorzuverlegen.[2] Elli! Elli!«

Die Sekretärin eilt herein – der gestürzte Staatsmann wird ihr ein letztes Schreiben diktieren:

Werte Genossen!
Auf Beschluss des Politbüros ist die Tagung des
Plenums des Zentralkomitees der SED auf Mittwoch,
den 18. Oktober, 14 Uhr, vorverlegt worden.
Mit sozialistischem Gruß

Erich Honecker

Noch ist nicht alles endgültig geregelt. Nur das Zentralkomitee hat die Macht, den Generalsekretär abzuberufen. Also müssen die Verschwörer sicherstellen, dass diese Institution ihren Beschluss nicht zurückweisen wird. 1957 hatte Nikita Chruschtschow einen solchen Gewaltakt erfolgreich durchgezogen: Nachdem er vom Politbüro überstimmt worden war, hatte ihn das Plenum des Zentralkomitees am nächsten Tag wieder in seine Funktionen als Generalsekretär der KPdSU eingesetzt. Honecker genießt immer noch den Respekt zahlreicher Mitglieder des Zentralkomitees, doch Krenz, Schabowski und die anderen halten ihn nicht für fähig, sein Schicksal zu wenden. Dazu hat er ganz einfach keine Lust mehr. Nein, viel mehr Sorge bereitet es ihnen, ein tragfähiges Motiv für die Entmachtung Honeckers zu liefern. Seine wirtschaftliche Inkompetenz? Seine ideologische Machtprobe in Hinblick auf den Reformkurs des großen Bruders Sowjetunion? Seine Absicht, die Panzer nach Leipzig zu

---

2 Ursprünglich sollte das Plenum vom 15. bis 17. November 1989 tagen.

schicken? Nein, es wäre zu heikel, diese Gründe öffentlich anzusprechen. Honecker allein soll die Schuld zugeschoben werden. Honecker ist krank: Der alte Mann wird seinen Rücktritt aus gesundheitlichen Gründen bekannt geben. So, wie er Ulbricht vor 18 Jahren dazu gezwungen hatte ...

Mit Unterstützung von Krenz tippt Günter Schabowski auf der Tastatur eines Amiga-2000-Computers die Erklärung, die von der scheidenden Nummer eins am nächsten Tag verlesen werden soll:

> *Liebe Genossinnen und Genossen,*
> *nach reiflicher Überlegung und im Ergebnis der gestrigen*
> *Beratung im Politbüro bin ich zu folgendem Entschluss*
> *gekommen: Infolge meiner Erkrankung und nach über-*
> *standener Operation erlaubt mir mein Gesundheits-*
> *zustand nicht mehr den Einsatz an Kraft und Energie,*
> *den die Geschicke der Partei und des Volkes heute und*
> *künftig verlangen. Deshalb bitte ich das Zentralkomitee,*
> *mich von der Funktion des Generalsekretärs des ZK, vom*
> *Amt des Vorsitzenden des Staatsrates der DDR und von*
> *der Funktion des Vorsitzenden des nationalen Verteidi-*
> *gungsrats der Deutschen Demokratischen Republik zu*
> *entbinden. Dem Zentralkomitee und der Volkskammer*
> *sollte ein Genosse vorgeschlagen werden, der fähig und*
> *entschlossen ist, der Verantwortung und dem Ausmaß*
> *der Arbeit so zu entsprechen, wie es die Lage [erfordert].* «

Auf die letzte Formulierung ist der SED-Chef von Ostberlin besonders stolz: Der Westpresse und der Bevölkerung soll nicht der Eindruck vermittelt werden, Honecker habe seinen Nachfolger bereits »ausgesucht«. Krenz muss sich auf jeden Fall von seinem Image als Thronfolger absetzen, wenn er seine Popularität festigen und für eine Zäsur stehen will.

Am 18. tagt das Sekretariat des Zentralkomitees in Abwesenheit Honeckers, und Stoph kündigt die »Änderungen bei den Kadern« an, die einstimmig gebilligt werden. Dann tritt das Politbüro erneut zusammen, diesmal aber unter dem kollegialen Vorsitz von Honecker und Krenz: eine Premiere. Nachdem der Ex-Generalsekretär seine von den Verrätern verfasste Erklärung verlesen hat, wird ihm herzlicher Beifall zuteil. Die Antrittsrede, an der der neue Generalsekretär die ganze Nacht hindurch gearbeitet hat und die noch am Nachmittag vor dem Zentralkomitee gehalten werden soll, wird vom Gremium der Kollegen genehmigt.

In den Fluren des »Großen Hauses« ist das Gerücht vom Abschied Honeckers unablässig kolportiert worden. So halten die 206 Delegierten des Zentralkomitees den Atem an, als der alte Mann auf dem Podium erscheint.

»Liebe Genossinnen und Genossen ...«

Honecker gibt seine Rücktrittserklärung mit den vorgesehenen Worten ab, allerdings mit einer Ausnahme: Er schlägt Egon Krenz als seinen Nachfolger vor! Günter Schabowski schäumt vor Wut.

Strahlend lässt Stoph abstimmen: 205 Delegierte billigen den Rücktritt des Generalsekretärs aus gesundheitlichen Gründen – nur die 80-jährige Stalinistin Hanna Wolf spricht sich dagegen aus. Margot hat an der Abstimmung nicht teilgenommen; sie ist zu Hause geblieben. Dann bittet Stoph, dass Honecker sich zurückziehen dürfe, und fordert das Zentralkomitee auf, ihm für sein Handeln und für sein Lebenswerk Dank auszusprechen. Alle im Saal erheben sich und applaudieren dem zu Tränen gerührten Greis frenetisch.

Krenz betritt die Bühne. Er verkündet den Genossen, mit der heutigen Sitzung würden sie »eine Wende einleiten«, und die Partei werde die politische und ideologische Hand-

lungsmacht wiedererlangen. Die SED sei fest davon überzeugt, dass alle Probleme der ostdeutschen Gesellschaft politisch zu lösen seien; er sei entschlossen, Frieden und Ordnung
aufrechtzuerhalten und nicht auf den Sozialismus auf deutschem Boden zu verzichten. Der neue Generalsekretär erklärt,
die Perestroika sei unumgänglich, keine Partei könne sich
von einem Prozess ausschließen, der »die gesamte kommunistische Bewegung, die Umgestaltung in der UdSSR und in
den anderen Bruderländern betrifft«. Außerdem verkündet
er, das Politbüro habe der Regierung vorgeschlagen, ein neues
Gesetzesvorhaben zu Reisen ins Ausland auszuarbeiten.

Diese »Wende« teilt er eiligst den Medien, seinem braven
Volk und dem ganzen Planeten mit. Doch dabei begeht er
einen Anfängerfehler: Anstatt frei zu sprechen und dem Volk
in die Augen zu sehen, verliest er seine lange Rede vor dem
Zentralkomitee noch einmal und bedenkt seine Landsleute,
die das alles satthaben, mit der Anrede »Genossen«.

Während Krenz vor den Kameras posiert, verlässt Erich
Honecker das Gebäude des Zentralkomitees zum letzten Mal.
Er hat seinen Fahrer gebeten, ihn am Waldrand bei der Waldsiedlung abzusetzen. Niedergeschlagen, wie er ist, möchte er
dort allein spazieren gehen. In nur zehn Tagen ist er von der
ostdeutschen Oktoberrevolution hinweggefegt worden.

Zweiter Teil

Die Mauer muss weg!

9 Unbeliebt

Ostberlin, Donnerstag, 19. Oktober 1989

Egon Krenz steht zögernd vor dem Kleiderschrank. Heute Morgen zählt jedes Detail. Haltung, Erscheinung, Gestik. All das Gekünstelte, diese Image-Besessenheit, die im Westen solche Bedeutung genießt und über die er sich stets lustig gemacht hat.

Um die Wende einzuleiten, hat der neue Generalsekretär beschlossen, eine Fabrik in Berlin zu besuchen, eine der 16 Niederlassungen des Kombinats »7. Oktober«, wo man Werkzeugmaschinen herstellt. Weißes Hemd, dunkler Anzug, Krawatte mit feinen Diagonalstreifen – er überprüft sein Aussehen im Spiegel. Eine letzte Korrektur der angegrauten, nach hinten gekämmten Mähne. Er hat sich gründlich rasiert, um den Bartschatten auf der Haut unsichtbar werden zu lassen. »Du siehst immer aus, als kämst du direkt aus dem Gefängnis«, hat sein Sohn mal gesagt, nachdem er ihn im Fernsehen gesehen hatte. Und eben dieses Fernsehen wird ihn heute schon vor dem Eingang des Kombinats erwarten. Die Objektive werden einen Mann im besten Alter einfangen, einen Reformer, der bereit ist, die Zügel der DDR in die Hand zu nehmen: offen, mit einem Lächeln, modern.

Als er sich ins Auto setzt, erwarten ihn im Fond einige Akten: der tägliche Lagebericht der Stasi, eine Präsentation des Kombinats »7. Oktober« sowie Gratulationsbotschaften der kommunistischen Bruderparteien. Doch es ist ein anderer Aktendeckel, den Egon Krenz gespannt aufklappt: Die Auslands-Presseschau. Was sagt man in der BRD über ihn? Eine Minute genügt, um ihm die Zornesröte ins Gesicht zu treiben. Dabei hätte er damit rechnen müssen: Die Journalisten des kapitalistischen »Klassenfeindes« lassen kein gutes Haar an der Ablösung in Ostberlin. Was ihn betrifft, so kommt es knüppeldick: »Hüter der harten Linie«, »Kind des Stalinismus«, »Unglaubwürdig«, »Wahlfälscher[1]«, »Lügner«, »fragwürdige Gestalt«. Das reicht jetzt aber. Ein Artikel erbost ihn besonders. Der Liedermacher Wolf Biermann rechnet ab: *»Krenz, der versoffene FDJ-Veteran, der Jubelperser[2] des Politbüros, der optimistische Idiot, [...] das ewig lachende Gebiss, ist von allen möglichen Kandidaten am verachtenswertesten. Mit ihm geht es im Rückwärtsgang vorwärts!«*

Egon Krenz holt tief Luft und wird wieder ruhiger. Denen wird er zeigen, aus welchem Holz er geschnitzt ist. Die DDR braucht nur wieder flottgemacht zu werden. Honecker hat sich halsstarrig und dumm verhalten, wo ein paar Konzessionen gereicht hätten, um die Gemüter zu beruhigen. Krenz glaubt, das allmähliche Ausbluten durch eine flexiblere Regelung für Auslandsreisen eindämmen zu können. Und um die Jugend ruhigzustellen, sagt er sich, dürfte es genügen, den Medien etwas mehr Vielfalt einzuimpfen. Seine Version von Perestroika wird die Wagnisse Gorbatschows in den Schatten stellen.

---

1 Am 7. Mai 1989 hatte die SED die Kommunalwahlen mit 98,85 Prozent der Stimmen gewonnen. Die Bürgerbewegungen hatten Egon Krenz als Organisator der Abstimmung beschuldigt, das Ergebnis gefälscht zu haben.
2 Der Ausdruck »Jubelperser« geht auf den Besuch des Schahs von Persien in Berlin im Juni 1967 zurück. Der Herrscher hatte Geheimagenten in der Menge verteilt, die ihm applaudieren und feindselige Demonstranten einschüchtern sollten. Der Besuch endete in Tumulten, bei denen der Demonstrant Benno Ohnesorg von einem Polizisten erschossen wurde.

In Wandlitz ist der marineblaue Volvo zusammen mit der Eskorte am frühen Morgen abgefahren. Die Kolonne erreicht die Vororte Berlins. Während sie durchrauscht, machen die Trabbis Platz, um nicht vom Luftsog mitgerissen zu werden. Der Fahrer steuert den Wagen in das Industriegebiet von Weißensee und parkt vor einem kargen dreistöckigen Gebäude mit schwärzlich verdreckter Fassade – es ist der Sitz des Kombinats »7. Oktober«. Auf dem Gehsteig sind schon der Generaldirektor, die örtlichen Parteivertreter und ein paar Journalisten versammelt, um Krenz zu empfangen.

Doch der will keine Zeit mit Liebenswürdigkeiten vertändeln; er ist gekommen, um den Zug des Sozialismus wieder auf die Schienen zu setzen. Kaum ist er ausgestiegen, wendet er sich an die Arbeiter, die sich aus den Fenstern lehnen. »Guten Tag, Genossen, wie seht ihr die Lage? Habt ihr die Beschlüsse des Zentralkomitees von gestern gelesen?« »Wir warten ab«, »Mal sehen«, »Wir haben schon so viele Versprechungen gehört« – spöttisch bieten ihm die Metaller eine Kostprobe der »Berliner Schnauze«. Der Generalsekretär regt sich auf: »Genug gewartet, genug damit, dass ihr sagt, wir hier unten, ihr da oben! Weiter voran kommen wir nur gemeinsam und mit der Hingabe, die jeder in seine Arbeit legen muss. Seid ihr da oben einverstanden?« Einer der Aufmüpfigen zuckt mit den Schultern: »Einigermaßen, ja.«

In der ersten Werkshalle dankt ein Arbeiter dem Generalsekretär herzlich und mit einem Lächeln dafür, dass er gekommen ist: Die seit Monaten defekten Glühbirnen und Neonstäbe sind endlich ausgetauscht worden. Ein Gewerkschafter ergreift seinen Arm, um ihm die Anschlagtafel zu zeigen, wo regelmäßig die Wandzeitungen zerrissen werden. Niemand hat sich die Mühe gemacht, die Parolen zu entfernen, mit denen die Wand bedeckt ist: Beförderung nach Leistung, unabhängige Gewerkschaft, Modernisierung der Anlage ... Diese Forderungen sind keine große Überraschung für ihn. Sie bestätigen, was die Stasi in ihren Berichten anführt. Ihn wundert eher die Kühnheit. In dieser Fabrik, die doch als Vorzeigebetrieb gilt, hat erkennbar weder die SED noch die Gewerkschaft auch nur die geringste Autorität. Deren Ansehen scheint so abgeschabt zu sein wie die Parolen zum Ruhme des Kommunismus auf den verrottenden Wänden.

Der Generaldirektor, der ihn zwischen den Produktionsbändern herumführt, wagt einige Kritik. »Wir sind stolz darauf, dass unsere Produkte zu den besten der Welt gehören. Doch das gilt nur für einige Produktlinien. Wir sind Weltmeister der Improvisation, aber leider nicht der Rechnungsführung. Die Planziele müssen eingehalten werden. Doch das erreichen wir nicht mehr mit Reden; statt des bequemen Konformismus, der in der Partei herrscht, brauchen wir einen Geist der Entschlossenheit ...«

Der Besuch wird durch eine Diskussion abgeschlossen. Man bittet Egon Krenz, an einem U-förmigen Tisch in einem kleinen Versammlungsraum Platz zu nehmen. Etwa 50 von der Partei handverlesene Arbeiter erwarten ihn ungeduldig. Über den zunehmend angespannten Generalsekretär ergießt sich eine Flut von Vorwürfen. Alles muss raus. Die Partei habe kein Vertrauen in die Bürger, die Materialknappheit halte die Produktion auf, in den Kaufhäusern gebe es keine Qualitätsprodukte – man müsse Jahre warten, um ein erbärmlich schlechtes Auto erwerben zu können. Ein Werkmeister, Mitglied der SED, nimmt die Medien aufs Korn: »Was man uns in euren Zeitungen und im Fernsehen erzählt, hat mit der Wirklichkeit nichts zu tun. Diese Märchen glaubt doch keiner mehr!« Eine Arbeiterin wirft die Frage auf, die allen auf den Nägeln brennt: »In den Werkstätten macht es sich stark bemerkbar, dass so viele Leute abgehauen sind. Die Arbeit ist nicht mehr richtig organisiert. Genosse Krenz, wir brauchen eine Neuregelung bei den Auslandsreisen, um die Abwanderung zu begrenzen!« Da kommt Beifall auf, von allen Seiten hagelt es Vorwürfe. Ein Dreher wird laut, um sich Gehör zu verschaffen: »Wer weder Verwandte im Westen noch einen Passierschein hat, steckt wirklich in der Scheiße[3]!«

Die Kameras haben diese Wortwechsel ebenso vollständig eingefangen wie die Rundfunksender. Das Unbehagen der Arbeiter des »VEB 7. Oktober« geht noch am selben Abend auf Sendung. Egon Krenz versucht, mit seiner Erwiderung gegenzuhalten: »Die Frage des freien Reiseverkehrs scheitert an der Politik der BRD. Solange Bonn die ostdeutsche Staatsangehörigkeit eines jeden Bürgers der DDR nicht automatisch anerkennt, werden wir die Angelegenheit nicht voranbringen können.«

Konsterniert schütteln die Arbeiter den Kopf. Mehr als das alte Lied, das andere Deutschland sei schuld, hat der neue Mann der Regierung also nicht anzubieten. Sie sind enttäuscht. Er, der davon träumt, der Gorbatschow von der Spree zu werden, hat es eilig, die Sache zu Ende zu bringen. Er beendet die Sitzung mit einer Wendung zu den Reportern: »Das sind keine Nörgler, denen ich hier zugehört habe, sondern ernsthafte Leute, die Vorschläge gemacht haben, welche im Sinne unserer Partei sind. Vielen Dank!«

Erich Mielke und Harry Tisch hatten ihm anvertraut, dass

---

3 Die zwischen den beiden deutschen Staaten geschlossenen Abkommen boten den Bürgern der DDR die Möglichkeit, Angehörige in der BRD zu besuchen. Wer dort keine Verwandten besaß, hatte, abgesehen von besonders Privilegierten, kaum Chancen, in die Bundesrepublik zu gelangen.

sie befürchteten, Streiks könnten die Fabriken lähmen. Die Arbeiter vom »7. Oktober« haben bei Egon Krenz die letzten Zweifel ausgeräumt.

Helmut Kohl, der die am Vorabend im Fernsehen übertragene Rede von Egon Krenz verfolgt hat, ohne darin den kleinsten Hoffnungsschimmer entdeckt zu haben, nimmt an diesem Morgen die Aktennotiz zur Kenntnis, die einer seiner Berater zur Lage auf der anderen Seite der Mauer verfasst hat. Beim dritten und letzten Punkt hält er inne: »Es ist wenig wahrscheinlich, dass die Veränderungen an der Macht ausreichen, um den Druck zu vermindern, dem die Führung der DDR im Augenblick ausgesetzt ist. Krenz, obschon jünger als sein Vorgänger, gehört der alten Garde an und leidet deshalb unter demselben Vertrauensverlust. Er ist ein Mann, der die Macht der SED kompromisslos und mit aller notwendigen Brutalität verteidigen wird; er ist bereit, das mit allen Mitteln durchzusetzen. Wahrscheinlich ist er lediglich ein Protagonist des Übergangs, doch er selbst sieht sich sicher nicht in dieser Rolle.« Der Kanzler hebt die Augen zum Himmel und seufzt tief auf. Sein politischer Instinkt sagt ihm, dass die Krise noch nicht ausgestanden ist. Dramatische Entwicklungen können nicht ausgeschlossen werden. In den bislang sieben Jahren seiner Kanzlerschaft hat er über alle Stürme hinweg einen Wahlspruch gefunden: Kurs halten. So lautet denn auch sein Glückwunschtelegramm an Krenz: »*Ich wünsche Ihnen, dass Sie zum Wohle aller arbeiten, ebenso erhoffe ich eine signifikante Konsolidierung des Dialogs und der Zusammenarbeit zwischen unseren beiden Staaten in dieser Epoche unumgänglicher Erneuerung.*«

Ivan Nowikow stützt sich mit beiden Armen auf den Rand des Schwimmbeckens und stemmt sich aus dem Wasser. Während er nach seinem Handtuch greift, wirft der Oberst des KGB einen zufriedenen Blick auf die Uhr. »500 Meter in acht Minuten! Gar nicht so eingerostet für meine 50 Jahre!« In der Schule 302 in Minsk, wo er seine Ausbildung als KGB-Agent erhalten hat, hatte der junge Sibirier im 50-Meter-Becken alle Kameraden geschlagen. »Der einzige Russe, der das Wasser dem Wodka vorzieht«, behauptete sein Zimmergenosse immer stolz, wenn er ihn den Mädchen vorstellte, die sie in Bars ansprachen.

Zu dieser Morgenstunde hat er das Schwimmbecken der sowjetischen Botschaft für sich allein. Die Funktionäre und Diplomaten im anschließenden Gebäudekomplex sind noch am Aufwachen. Iwan Nowikow genießt diese morgendliche Stunde, sie ist für ihn eine Möglichkeit, dieser abgeschotteten Welt zu entkommen, die bei ihm Klaustrophobie auslöst.

Er hört die Schwingtür hinter sich aufgehen und dreht sich um. Vor ihm steht, in grüner, mit einem breiten roten Band geschmückter Uniform, General Snetkow, Oberkommandierender der Westgruppe der Truppen[4].

»Genosse General, so früh habe ich dich hier noch nie gesehen. Du musst schon vor Sonnenaufgang in Wünsdorf losgefahren sein.«

»Ich muss dich unter vier Augen sprechen.«

»Mich oder das Komitet[5]?«

»Beides. Ich weiß, dass ich dir vertrauen kann. Wir haben so oft über Deutschland diskutiert, ich kenne deine Ansichten. Und ich bin sicher, du teilst meine Befürchtungen.«

---

4 So lautete die Bezeichnung der in der DDR stationierten Roten Armee.
5 Kurzbezeichnung für das Nationale Verteidigungskomitee der UdSSR.

»Wegen der Zukunft der DDR?«

»Genau. Und wegen der Vertretung unserer Interessen. Ich habe den Eindruck, wir haben hier nichts mehr unter Kontrolle. Honecker war am Ende, doch Krenz wird das Land nicht aus der Patsche holen. Jedenfalls nicht allein. Ich bin mit dem Botschafter verabredet, um die Lage mit ihm zu besprechen. Ich weiß nicht, was in seinen Telegrammen an das MID steht, aber Moskau muss die Sache wieder in die Hand nehmen, ehe es zu spät ist.«

»Du verschwendest deine Zeit. Kotschemassow ist ein Bezirkssekretär der Partei, dem man zur Belohnung einen Botschafterposten zugeschoben hat. Er träumt nur von zwei Dingen: Vom Leninorden und vom Garten seiner Datscha, um dort Heidelbeeren zu pflücken. Ich kann mir keinen Moment lang vorstellen, dass er sich gegen die Höflinge im Kreml wendet. Er hasst es, negativ aufzufallen!«

»Genau deshalb wollte ich vorher mit dir reden. Ich lasse dem Verteidigungsministerium ständig Informationen zukommen. Meine Offiziere in Wünsdorf sind besorgt. Als sie an der Akademie studiert haben, hat man ihnen in allen Tonlagen eingebleut, sie seien die Elite der Roten Armee, allein ihre Anwesenheit lasse die NATO zittern. Und plötzlich, seit die Demonstranten vorüberziehen, weist Moskau sie an, in den Kasernen zu bleiben. Man befiehlt ihnen, vor ein paar Tausend Demonstranten ohne Waffen zu kuschen... Gorbatschow hat die Breschnew-Doktrin gekippt, sei's drum! Aber im Ernst, für die DDR kann das nicht gelten.«

»Was willst du? Sollen unsere Soldaten in die Menge schießen?«

»Nein, einige aufsehenerregende Manöver würden ausreichen. Auf diese Weise haben wir die Dinge in Polen gestoppt, und Jaruzelski hat den Ausnahmezustand ausgerufen. Aber ich brauche die Unterstützung des KGB, um das durchzubringen.«

»Genosse General, ›der‹ KGB, wie du ihn dir vorstellst, existiert nicht mehr. Die einen denken so, die anderen so. Diese verdammte Perestroika hat nicht nur das sozialistische System aus den Fugen geraten lassen, sie hat auch die besten Köpfe des Komitet vergiftet. Vergiss nicht, dass es Andropow war, der die Karriere Gorbatschows gefördert hat. Auch ich übermittle ständig Informationen an die Lubjanka. Ich habe ihnen gesagt, was unsere Agenten in Leipzig und anderswo berichten: Die Demonstrationen werden von Asozialen und von westdeutschen Provokateuren organisiert. Einige Abteilungen des KGB werden unruhig. Aber keiner wagt es, sich dem Kreml zu widersetzen. Umso weniger, als Krenz von Mielke gestützt worden ist, was unsere alte Garde als Vertrauensbeweis wertet.«

»Der Fisch stinkt vom Kopf her, Iwan.«

»Sicher, Genosse General, aber ich muss dich jetzt verlassen. Ich muss mich auf die Konferenz vorbereiten.«

Als Iwan Nowikow den Konferenzsaal betritt, sind die Verantwortlichen der diplomatischen Vertretung schon alle um Wjatscheslaw Kotschemassow versammelt. Am Abend zuvor hatte der Bericht des Botschafters aus einem einzigen Satz bestanden: »Heute findet das Plenum des Zentralkomitees der SED statt.« An diesem Morgen ist er gesprächiger: »Das Politbüro und die Vollversammlung haben Egon Krenz einstimmig gewählt. Die Entscheidung, die vorige Führung abzusetzen, ist allein Sache der SED. Ulbrichts Abschied wurde mithilfe der sowjetischen Führung vollzogen. Dieses Mal ist die Inszenierung völlig anders gewesen. Das Zentralkomitee der SED hat selbst die Kraft zum Richtungswechsel aufgebracht.« Was die neue Nummer eins angeht, ist er voll

des Lobes. »Seine Rede war gut. Er hat eine solide Berater-
truppe um sich versammelt. Er wird wissen, warum er nicht
alle zusammen ablöst; die Kontinuität muss gewahrt bleiben.«

Iwan Nowikow lässt sich nichts vormachen: Diese Erklä-
rung stammt direkt aus Moskau. »Die sind nicht nur naiv,
die sind blind! Für Gorbatschow und seine Clique liegt in der
DDR das Schlimmste schon hinter uns. Ein paar Wochen der
Anpassung, und die neue Mannschaft hat die Geschichte
wieder in der Hand. Mit diesem Tölpel Egon Krenz in der
Rolle des Zauberkünstlers ...« seufzt er, während er zu seinem
Büro zurückkehrt.

Er schickt sich an, der Lubjanka den x-ten Alarmruf zu sen-
den. Er kommt sich vor, als würde er eine Flaschenpost ins
Meer werfen.

Bei den Hausbesetzern in der Leipziger Mariannenstraße 46
herrscht explosive Stimmung. Es ist Mittag, und Martin ist
gerade aufgewacht. In der letzten Nacht hat er im Altenheim
als Nachtwache gearbeitet. Er öffnet den Kühlschrank: leer.
Wegen der Regeln der Wohngemeinschaft ist Martin stink-
sauer auf Werner.

»Du gehst mir auf die Nerven! Wir leben hier zu sechst!
Arbeit und Einkäufe sind von allen zu tragen. Du spülst nie
das Geschirr ab, du nimmst keinen Besen in die Hand und du
frisst weg, was die anderen einkaufen. Zum Glück habe ich
keine Freundin, die würde ich wahrscheinlich bei dir im Bett
finden!«

»Ich bin Student. Ihr kriegt doch alle ein Gehalt. Außerdem hab ich die Last mit dem Forum am Hals. Ich laufe von
einem Haus zum anderen, um die Infos zu verbreiten. Ich
liefere die Flugblätter aus.«

»Ey, findest du nicht, dass du das ein wenig aufbauschst? Wir alle rennen ständig irgendwohin, um die Verbindung zwischen den Gruppen herzustellen, aber das hält uns nicht davon ab, uns um den Haushalt zu kümmern! Wenn du so weitermachst, mein Kleiner, dann fliegst du raus!«

Reiner, ein Mitbewohner und verfemter Gelegenheitsautor, geht dazwischen. Er stammt aus Bitterfeld und hat sich aus ökologischem Engagement der Opposition angeschlossen, als sein Vater, der im Chemiekomplex gearbeitet hatte, an Lungenkrebs gestorben ist.

»*Peace*«, wirft er belustigt ein, als er sieht, dass sie kurz davor stehen, sich zu prügeln. »Ich muss euch was aus Bitterfeld erzählen.«

»Hast du vielleicht saubere Luft eingeatmet?«

»Nee, ich habe Figuren aus der Partei getroffen, die absolut nichts mehr kapieren. Gestern hat uns ein örtlicher Parteisekretär eingeladen, über die Umweltverschmutzung zu diskutieren, das ist das Neuste! Der Typ hat ein paar Probleme eingeräumt, und dann hat er uns seine Sicht der Dinge klargemacht: Ihr habt nichts als negative Argumente, ihr macht die Massen verrückt, ihr verhaltet euch wie Staatsfeinde usw. Er wurde immer lauter. Plötzlich kam der Erste Sekretär von Bitterfeld rein und bittet ihn, ihm zu folgen.«

»Wollte er ihn anschnauzen?«

»Bis er zurückkam, hatten wir keine Ahnung. Er macht die Tür auf, leichenblass, mit Tränen in den Augen. Grade hatte er erfahren, dass Honecker gefeuert war.«

»Habt ihr gelacht?«

»Ein wenig. Doch der Sekretär ist ausgerastet und hat gemeint, die Feinde der Regierung würden das als Sieg werten, man täte gut daran, ihnen aufs Maul zu hauen usw. Das ist ein gutes Zeichen – sie verlieren die Nerven.«

»Na ja, da wäre ich mir nicht so sicher«, sagt Martin. »Weißt du, mit seiner Geschichte von der Wende könnte Krenz uns den Wind aus den Segeln nehmen, und wenn wir nächsten Montag weniger Leute auf die Straße bringen, wird die SED das Land wieder in den Griff bekommen, als wenn nichts gewesen wäre.«

Martin, den die Leipziger Stasi als »Staatsfeind Nummer eins« bezeichnet, interessiert sich weder für Palastintrigen noch für die Konvulsionen des Politbüros. Mit organisatorischen Fragen ist er voll ausgelastet. Es wird Zeit, dass die ostdeutsche Opposition aus dem schützenden Schoß der Kirchen herauskommt. Die protestantische Kirche zeigt sich furchtsam, genau wie Pastor Führer von der Nikolaikirche, der sich schon mehrfach gegen seine politischen Initiativen gewandt hat, und die Nähe ihrer Bewegung zu religiösen Kreisen stößt die Ungläubigen ab, die sich ihnen ansonsten angeschlossen hätten.

Allerdings kann der Kokon der Kirchen nicht auf Kommando verlassen werden. Ohne die Genehmigung irgendeines untergeordneten Parteiheinis ist es unmöglich, einen Versammlungsraum zu finden. Unvorstellbar, ohne grünes Licht der Machthaber einen Telefonanschluss zu kriegen. Wenn es um Möglichkeiten zum Drucken und Vervielfältigen geht, sind sie einem streng überwachten Monopol des Staates unterworfen. Doch daran soll es nicht scheitern: Martin sagt sich immer wieder, dass sie das schon schaffen werden. Gelegenheiten werden sich zwangsläufig ergeben, schon wegen des sich beschleunigenden Zerfalls der Macht.

Wie gewohnt wirft Hansi einen kurzen Blick hinter sich, um den Mann in Blousonjacke oder Anorak ausfindig zu machen, der sich gleich an seine Fersen heften wird. Die Bullen von der Stasi zu erkennen ist Spiel und Notwendigkeit zugleich geworden. Seit er aus dem Gefängnis freigekommen ist, lassen die Häscher Mielkes ihn nicht aus den Augen. Es sind mindestens zwei, die unten vor seinem Haus in Bereitschaft stehen.

Wenn er, wie heute, zur UB geht, dann findet er es komisch, verfolgt zu werden: Der Agent, der ihm hinterherdackelt, wird am Ende der Strecke auf seine zahlreichen Kollegen in Zivil stoßen, die rund um die Zionskirche postiert sind.

Wenn Hansi die Strecke ändert, dient das allein dazu, den Verfolger zu ärgern – und es geht darum, nicht die Initiative zu verlieren. Er biegt nach rechts ab und geht plötzlich wieder in die Gegenrichtung. Er läuft in eine Sackgasse, kehrt um und steht vor seinem »Schutzengel«, der plötzlich mit hoch konzentrierter Miene den Himmel absucht. Dann bleibt er vor einem Hauseingang stehen und studiert scheinbar die Namen auf dem Klingelbrett, ehe er seinen Weg fortsetzt. Als er die Tür der UB aufstößt, ist er eine gute Stunde durch die Straßen am Prenzlauer Berg marschiert, während er für den kürzesten Weg weniger als 20 Minuten gebraucht hätte.

Sven und Vera sind im Souterrain beschäftigt. Sie sind begeistert über ihren jüngsten Einfall, den sie als Titel für ein Flugblatt gegen Krenz verwenden wollen: »Dialüger«, eine Verbindung der beiden Worte Dialog und lügen. Und die Unterzeile lautet: Zu dumm zum addieren – aber ein ganzes Land regieren. Die Matrizen sind bereits fertig.

»Wer ist denn heute dran?«, fragt Hansi und lacht laut auf.

»Krenz. Wer denn sonst?«, erwidert Sven.

»Egon! Erinnerst du dich an die dänische Fernsehserie ›Die Olsenbande‹? Der Anführer der Gaunerbande hieß Egon. Ein Gangster wie er. Und ein Trottel, auch wie er.«

Die beiden Jungs kringeln sich vor Lachen. Vera, die einen Stapel schlechtes graues Papier in der Hand hält, kann ihre Heiterkeit nicht teilen. Empört sagt sie:

»Diesen Krenz, den finde ich nicht zum Lachen. Wieder einmal hat die SED uns für blöd verkauft. Ausgerechnet den an die Macht zu bringen, der die Wahlen gefälscht hat, das ist eine Beleidigung für alle!«

»Borniert, die sind so borniert«, bestätigt Sven. »Die Mächtigen bilden sich ein, sie könnten sich mit Reförmchen herauswinden. Diese Typen begreifen es einfach nicht, was im Land geschieht.«

Seit dem Morgen ist die Opposition in Wallung geraten. Die Ernennung von Egon Krenz hat im ganzen Land eine Welle der Unzufriedenheit ausgelöst. Man ruft zu Demonstrationen auf, organisiert Sit-ins, öffentliche Diskussionen und Pfeifkonzerte. All die Initiativen, von denen es mehr denn je gibt, laufen bei der UB zusammen. Der *Telegraph* soll die Ankündigungen verbreiten. Die Ausgabe 5 der Untergrundzeitung, die am 22. Oktober in Druck gehen sollte, quillt über von Nachrichten aus allen Teilen des Landes.

24 Stunden nach seiner Machtübernahme hat Egon Krenz alle Rekorde in Sachen Mobilisierung gebrochen. Gegen sich.

10 Kein Volk zu finden

Erstarrung und Erschütterungen. Seit einigen Wochen wird Günter Schabowski von Zweifeln geplagt. Die kommunistische Regierung, dem er so viele Jahre alle seine Anstrengungen gewidmet hat, ist ins Wanken geraten.

Schabowski hat sich nie vom Anblick des kriegszerstörten Landes erholt, vom Anblick der in Trümmern liegenden Städte, durch die er als Jugendlicher gekommen ist, der abgemagerten, den Schutt wegräumenden Frauen, die er damals getroffen hat. Wie so viele Deutsche seiner Generation hat er sehr schnell die von den sowjetischen Besatzern aufgezwungene kommunistische Ideologie angenommen. Von 1947 an hat er, aufgeweckt und zu einfachen Formulierungen fähig, für das Gewerkschaftsorgan *Tribüne* gearbeitet. Er fiel seinen Vorgesetzten auf und erhielt eine ideologische Ausbildung, wie sie den Hoffnungsträgern der Partei vorbehalten war. An der Leipziger Karl-Marx-Universität schloss er mit einem Diplom in Journalismus ab, worauf er nach Moskau ging, um an Seminaren der Parteihochschule der KPdSU teilzunehmen. Zu jener Zeit stand die UdSSR unter der Regierung von Leonid Breschnew, dem Mann, der Dissidenten in psychiatrische Anstalten einweisen ließ und Panzer schickte, um den Prager Frühling niederzuwalzen. Von seinen Jahren in der sowjetischen Hauptstadt nahm der Ostdeutsche am

Ende eine wesentliche Lektion mit nach Hause: Die Vasallen der UdSSR dürfen nicht von der Linie des Kreml abweichen.

Bei seiner Rückkehr nach Deutschland stellte man Günter Schabowski für die Tageszeitung *Neues Deutschland* ab, deren Chefredakteur er wurde. Der Posten beförderte ihn ins Zentrum der Macht. Erich Honecker hatte Vertrauen zu ihm, und so gelangte er an die Spitze der Partei: Mitglied des Zentralkomitees, dann des Politbüros und schließlich Erster Sekretär für den Bezirk Berlin. Eine beneidenswerte Position, zu der er sich bis zu diesem Herbst 1989 nur beglückwünschen konnte.

Er hatte erwartet, dass einiges vom Glanz der in Berlin, seinem »Lehen«, abgehaltenen Feiern zum 40. Jahrestag der DDR auf ihn fallen würde. Doch ganz im Gegenteil: Die Demonstrationen und vor allem die anschließende energische Unterdrückung haben ihn in eine missliche Lage gebracht. Die Vertreter der Bürgerrechtsbewegungen, Anwälte und die Würdenträger der protestantischen Kirche haben die Brutalität der Ordnungskräfte heftig angeprangert. Alle haben darauf aufmerksam gemacht, dass die jungen Protestierenden sich damit begnügt hätten, »Gorbi! Gorbi!« zu rufen und den Beginn einer ostdeutschen Perestroika zu fordern. In Berlin hat ihm sogar die Basis der SED ihre Unzufriedenheit zu verstehen gegeben. Hier verkehren die Parteimitglieder – Intellektuelle, Forscher, Funktionäre – in anderen Kreisen als in Magdeburg oder Jena. Viele gehen auf Reisen, speziell in die UdSSR, wo sie vor Ort die Erschütterungen der Revolution Gorbatschows beobachten konnten. Und manche haben ihm ungeniert erklärt, Honecker sei auf dem falschen Weg.

Von den Demonstranten ist er als Mann der liebedienerischen Medien an den Pranger gestellt worden. Schabowski verkörpert den Staatsjournalismus der vorgefertigten Artikel, der dem Generalsekretär unterstellten Titelseiten und der vom Politbüro diktierten Leitartikel. Diese öde und verlogene Propaganda kann keiner mehr ertragen. Schabowski und Krenz sind sich dessen durchaus bewusst: Wenn sie die Wende zum Erfolg führen wollen, müssen sie die Presse für Kritik öffnen.

An diesem Morgen sucht Schabowski nach einer symbolischen Geste, einem Bravourstück, das die Stimmung trifft. Er liebt das Wagnis, die glanzvollen Manöver – im Gegensatz zu Krenz, dessen Ängstlichkeit er fürchtet. Das tun offensichtlich auch die Sowjets. Bei seiner Rückkehr aus Moskau hat Harry Tisch ihm erzählt, Gorbatschow habe bei ihrem Gespräch unter vier Augen den Namen Hans Modrow genannt. Erneut haben bei Günter Schabowski die Alarmglocken geläutet. Die Methoden des »großen Bruders« ändern sich nicht, der Kreml hat schon seinen Kandidaten. Für den Berliner SED-Sekretär kommt es gar nicht in Frage, über ein Zuviel an Vorsicht zu stürzen. Wer wagt, gewinnt: Den Demonstrationen muss ein Ende bereitet werden, und damit die Straßen frei werden, muss die Macht sich dem Dialog öffnen.

Mit der Brille auf der Nasenspitze blättert er die von den Dienststellen des Zentralkomitees vorbereiteten Notizen durch. Die Berliner Vopo teilt mit, Oppositionsgruppen hätten vor, am Nachmittag zwischen dem Palast der Republik und der Polizeidirektion eine Menschenkette aufzuziehen. Sie wollen die Freilassung der letzten Gefangenen vom 7. und 8. Oktober fordern, dazu die Einstellung der gegen sie geführten Gerichtsverfahren. Der Leiter der Vopo hat angeordnet, dass den Protestierenden durch einen am Ende des Alexanderplatzes aufgestellten Sicherheitskordon der Zugang zu seinem Hauptquartier verwehrt werden soll.

Das ist die Gelegenheit für ein starkes Signal. Die Menschenkette wird sich durch das Zentrum ziehen, wo das politische Herz des Landes schlägt, der Staatsrat, das Zentralkomitee, das Rathaus. Anstatt der Herausforderung der Straße nur als Zuschauer zu begegnen, wird er sie annehmen. Er wird mit den Opponenten sprechen, Auge in Auge. Zum ersten Mal wird die SED ihren Elfenbeinturm verlassen, und der Dialog wird ein Gesicht bekommen. Seines!

Wie gewohnt ist Egon Krenz um vier Uhr in der Frühe aufgestanden. Im noch in Dunkelheit getauchten Wald ist er zehn Kilometer gelaufen und hat vergeblich versucht, die Angst hinter sich zu lassen, die ihn seit mehreren Wochen im Griff hat.

Gegen 9.30 Uhr klingelt das Telefon. Er fährt hoch – seit mehr als vier Stunden hat er sich in seine Post und seine Akten vertieft. »Genosse Generalsekretär, ein Anruf aus Moskau.« Am anderen Ende der Leitung hört er die singende Stimme von Michail Gorbatschow: »Ich gratuliere dir von ganzem Herzen zu deinem Aufstieg in die höchsten Ämter. Ich beneide dich nicht, Egon. Wer außer dir hätte diese Last auf sich nehmen können? Ich bin erfreut, dass du Mut bewiesen hast. Ich begrüße dich als neuen Partner, mit dem ich gern zusammenarbeiten werde.«

Krenz antwortet auf Russisch; er wählt seine Worte:

»Danke, Michail Sergejewitsch. Die schwerste Last ruht auf deinen Schultern. Vom Erfolg der Perestroika hängt das Schicksal des Sozialismus ab. Ich wünsche dir viel Mut. Hier bei uns unterstützen dich die Menschen. Das konntest du am 6. Oktober selbst sehen und hören. Was mich betrifft, so haben mir deine Botschaften an Kohl und andere Staatschefs in den letzten Tagen sehr geholfen. Ich danke dir sehr herzlich.«

Gorbatschow lädt seinen Amtskollegen nach Moskau ein. Er schlägt ihm vor, an den Feierlichkeiten anlässlich des Jahrestags der Oktoberrevolution teilzunehmen. Der Deutsche lehnt ab:

»Die Stimmung hier ist nicht nach Feiern. Es gibt sehr vieles, worüber ich mit dir sprechen muss. Darunter auch über die BRD. Anfang der Woche schicke ich einen Emissär[1] nach Bonn. Er soll sondieren, wie Kohl auf die Veränderungen bei uns reagiert.«

»Hüte dich vor einer Erpressung durch Kohl, Egon. Er hat das Thema Nationalgefühl aufgegriffen. Nichts ist gefährlicher als das. Er fordert Reformen, aber die sollen im Sinne Bonns verlaufen. Das ist unannehmbar. Du darfst dich auf keinen Fall von ihm abhängig machen ...«

Kurt Masur ist aus der UdSSR zurück. Politik hat ihn nie besonders interessiert, die Musik nimmt seinen Geist ausreichend in Anspruch. Aber er empfindet Respekt für den in Ungnade gefallenen alten Generalsekretär. Ohne Honecker hätte sein geliebtes Gewandhaus nie das Licht der Welt erblickt. Er erinnert sich an die Kämpfe um den Wiederaufbau dieser Hochburg der Musik. Als er Anfang der Siebzigerjahre die Leitung des Leipziger Orchesters übernahm, war vom Gewandhaus nichts mehr übrig – die Ruinen des im Jahr 1944 durch alliierte Bomben zerstörten Gebäudes hatte man schon 1968 abgetragen. Von da an hatte das heimatlose Orchester im Kongresspalast in der Nähe des Zoos gespielt, in einem Saal mit miserabler Akustik. Man hatte vage Bauprojekte außerhalb der Stadtmitte skizziert, doch die waren an ört-

---

1 Egon Krenz hatte Alexander Schalck-Golodkowski, die Schlüsselfigur des ostdeutschen Außenhandels, damit beauftragt, der Bundesregierung die Bitte um eine zur Grenzöffnung erforderliche Finanzhilfe zu übermitteln.

lichen Widerständen oder an der Trägheit der Bürokratie gescheitert.

Dann hatte Masur entschlossen an den neuen Generalsekretär Erich Honecker geschrieben, der für offener und moderner gehalten wurde als sein Vorgänger. In seinem Brief erinnerte er daran, wie viel den Leipzigern das Gewandhaus bedeutet. Als einziges nicht von einem Fürsten oder Erzbischof gegründetes deutsches Orchester verdanke es seine Existenz den Händlern dieser Stadt, nicht umsonst habe es den Namen des Messehauses der Tuchwarenhändler – Gewandhaus – angenommen, in dem die Musiker im 18. Jahrhundert für die Bürger der Stadt gespielt hätten. Zuletzt erinnerte Masur noch daran, dass das Orchester 1981 sein 200-jähriges Jubiläum begehen würde und dass es »eine Schande« sei, wenn die DDR ihre Schatzkammer nicht mit diesem Juwel bereichere.

Einen Monat später beschloss Erich Honecker, das Gewandhaus wieder an seinem ursprünglichen Standort aufbauen zu lassen – gegenüber der Oper am Karl-Marx-Platz. Am 8. Oktober 1981 öffnete ein Palast mit gläserner Fassade, gekrönt von einem mächtigen Betondach, seine Pforten. Das vernachlässigte Leipzig, von der kommunistischen Regierung in den Schatten Berlins gedrängt, hatte endlich ein seinem Stolz angemessenes Monument erhalten. Der lateinische Wahlspruch des Orchesters auf der Orgel – *Res severa verum gaudium*[2] – gab sein Selbstverständnis umfassend wieder.

An den Einweihungsabend erinnert sich Masur auch jetzt, nach acht Jahren, noch sehr gut: eine Flut von Lichtern im tristen Grau Leipzigs, das Foyer von Gesprächen erfüllt, die ersten Töne, die den großen Konzertsaal durchdringen, die freudigen

---

2 Wahre Freude ist eine ernste Sache (Seneca).

Gesichter. Genau deshalb greift er jetzt wieder zur Feder, um Erich Honecker ein Wort der Sympathie zukommen zu lassen, dem Mann, der für die Auferstehung des Gewandhauses verantwortlich war und heute entmachtet worden ist.

In der Stadt stellt der Orchesterchef fest, dass sich die Stimmung weiter verschlechtert hat. Die Amtsübernahme durch Egon Krenz hat die Geister nicht beruhigt, ganz im Gegenteil. Die Leipziger haben kein Vertrauen zu ihm. Die Montagsdemonstrationen haben ihnen Mut und Risikofreude vermittelt. Man will sich nicht mehr von einem neuen, in Berlin eingesetzten Potentaten unterjochen lassen.

Die Sechs von Leipzig, die einen Zusammenstoß fürchten, vereinbaren hastig ein Treffen. Der Musiker, der Kabarettist und der Theologe kommen mit den drei örtlichen SED-Verantwortlichen zusammen und suchen nach einer Möglichkeit, die Spannungen abzubauen. Ein Aufruf zur Gewaltlosigkeit wie am 9. Oktober wird kein zweites Mal wirken. Sie beschließen, an die Initiative des letzten Sommers anzuknüpfen, wo Masur, schockiert vom Verbot eines Straßenmusikfestivals, das Foyer des Gewandhauses für die Bevölkerung geöffnet hat. Ein weiteres Mal wird jeder seine Befürchtungen, Hoffnungen und Wünsche frei ausdrücken können. Die Apparatschiks – Kurt Meyer, Roland Wötzel und Jochen Pommert – haben nichts dagegen einzuwenden. Dabei ist Letzterer für die Propaganda im Bezirk Leipzig zuständig: Ein Bürgerforum würde seinem Amt jeden Sinn nehmen. Doch wie seine Genossen ahnt er, dass es ohne einen Dialog zum Zusammenbruch der Partei und damit der DDR kommen würde.

Am nächsten Tag werden die Leipziger durch Plakate an den Mauern der Stadt eingeladen, am Sonntag, den 22. Oktober, an den »Treffen im Gewandhaus« teilzunehmen.

In der Normannenstraße sind die Samstage normaler-
weise ruhig. Freie Tage verbringt Heinrich Knopf gewöhn-
lich nicht im Büro, und wenn er kommt, beschränkt er sich
auf eine kurze Unterhaltung mit dem Wachhabenden der
Bereitschaft und einen schnellen Blick auf die Berichte der
Informanten über die Aktivitäten der Staatsfeinde. Doch seit
Ende September verlangt die Parteiführung von ihm, den
Zustand der oppositionellen Kräfte täglich zu analysieren.
Inzwischen verbringt Knopf seine Wochenenden am Sitz der
Stasi.

An diesem späten Vormittag fehlt es ihm nicht an Gesellschaft. Mielke hat seinen gesamten Generalstab und
sämtliche Abteilungsleiter einschließlich der Stellvertreter
zusammengerufen. Das sind 74 Generäle und Oberste. Bei
einigen verrät der ärgerliche Gesichtsausdruck, dass eine
Geburtstagsfeier verpasst oder eine Kartenpartie unter
Freunden in letzter Minute abgesagt wurde.

Wie ein Tornado stürmt der Chef der Stasi in den Raum,
ohne ein Wort der Entschuldigung für diese eilige Einbestel-
lung: »Genossen, ich habe euch heute hier zusammengeholt,
um euch die Weisungen des neuen Generalsekretärs zu
übermitteln.« Leicht verlegen macht der oberste Bulle der
Regierung eine kurze Pause, ehe er seine Truppen auffordert,
anders mit den Staatsfeinden umzugehen. »Wir können
diese Kräfte nicht mehr so behandeln, wie sie es verdienen«,
setzt er hinzu. »Denken Sie an die Antrittsrede des Genossen
Generalsekretär, in der er erklärt hat: ›Wir sind der festen
Überzeugung, dass es für alle Probleme unserer Gesellschaft
eine politische Lösung gibt.‹ Deshalb müssen wir uns von
jetzt an darauf beschränken, die Demonstrationen zu beobachten, die Versammlungen zu überwachen und die Organisationen zu unterwandern.« Es läuft darauf hinaus, dass

für die Stasi als einzige Aufgabe die geheimdienstliche Aufklärung bleibt. Er ermahnt seine Leute, dass sie sich unbedingt an diese Richtlinie zu halten hätten, »trotz der Konsequenzen, die das nach sich ziehen könnte«. Den zahlreich anwesenden Anhängern einer harten Linie ruft der Minister für Staatssicherheit in Erinnerung, dass man nicht gegen den Willen Moskaus handeln werde. »Ohne die Sowjetunion gäbe es keine DDR«, sagt er zuletzt, den Blick ins Leere gerichtet.

Die Generäle und Oberste wanken völlig erledigt hinaus. Keiner sagt etwas – im Reich der Denunziation ist es besser, seine Zunge im Zaum zu halten. Aber die niedergeschlagenen Blicke und resignierten Mienen sagen alles. Während sie das Haus verlassen, denken viele, der Höllenhund der Partei habe keinen Biss mehr. Sie haben ihren Chef noch im Ohr: »Trotz der Konsequenzen...« Mielke, 40 Jahre Stasi, lässt die Arme sinken. Er, der Verhöre liebend gern selbst führte und Verdächtigen androhte, er werde ihnen »den Kopf abreißen«, verzichtet auf Gewaltanwendung. Wie ein Militärchirurg, der sich plötzlich der Kräutermedizin zuwendet.

Zurück im Büro zeigt Heinrich Knopf Wirkung. Er schaut auf seine tadellos geführten Dossiers, auf die Akten, die Fotos, die Abhörprotokolle, die Ablagen voller zu bearbeitender Berichte. Zum ersten Mal in seiner Karriere macht er sich Sorgen um das Überleben der Regierung. Er geht seine Mitteilungen ans Politbüro durch und stößt auf die letzte Schätzung der gegnerischen Kräfte: 2500 Personen und 250 organisierte Gruppen im ganzen Land. Er hätte nie geglaubt, dass die Parteiführung eines Tages angesichts einer Handvoll Aufrührer im Solde des Westens nachgeben würde.

Als Leiter der Abteilung XX weiß der Oberst alles über diese Papiertiger, denen man das Etikett Opponent aufgepappt hat. Die geheimdienstliche Aufklärung und deren Analyse, das ist er. Das genügt ihm, um sich als letztes Schutzschild der Stasi zu sehen. Er verfügt über ein machtvolles Arsenal. In diesen Papierstapeln, diesen Aktendeckeln und Ordnern sind alle Tatsachen und Handlungen – bis hin zu den intimsten – der Aufrührer zusammengetragen. Ihre Pläne durchkreuzen, ihre Ansätze vorwegnehmen, die kleinste Geste vorhersehen: Die Stasi muss ihnen das Leben unmöglich machen.

Zigarettenqualm füllt die Gewölbe der Moritzbastei wie dicker Nebel. Die alten Ziegelmauern werfen Stimmengewirr zurück, ein Gemisch aus Gesprächen und einer Platte des westdeutschen Rocksängers Udo Lindenberg. Der Treffpunkt der Karl-Marx-Universität ist brechend voll. Diese Bastion der ehemaligen Leipziger Stadtbefestigung beherbergt den größten Jugendklub der DDR. Die Organisation der kommunistischen Jugend hatte die Bastion in den Siebzigerjahren zu einem Symbol gemacht. Sie hatte ihren Wiederaufbau betrieben und dazu »Freiwillige« aufgerufen – ohne die Hilfe professioneller Bauhandwerker. Die Leipziger hatten sich darüber lustig gemacht und das Bauwerk als »Denkmal der Schwarzarbeit« bezeichnet.

Martin hat diesen Ort nie gemocht. Das Signum der FDJ, die Studenten, die sich der SED-Regierung angepasst haben, um an der Uni zugelassen zu werden, die vorgeblich kritischen Schlagworte auf den Plakaten: All das löst Unbehagen bei ihm aus. Er hält die Moritzbastei für einen Hort von Spitzeln.

Als Martin im Hauptraum des Treffs an der Bar entlanggeht, hat er den Eindruck, dass ihn jemand anstarrt. Nur mit Mühe kann er sich einen Weg bahnen. Am Ende des Raums entdeckt er schließlich Werner, der sich hinter einem Bier verschanzt hat.

»So viel Leute hab ich hier noch nie gesehen«, sagt Martin.

»Klar, du kommst ja auch so selten! Seit den Montagsdemonstrationen ist die Moritzbastei nie leer. Schau dich doch um: Kein Tisch, an dem nicht über Politik geredet wird. Die Universität steht an der Spitze der Revolution.«

»Die und Revolutionäre? Die Eltern sind in der Partei, sie selbst waren bei den Jungen Pionieren, in der FDJ, haben den Wehrdienst als Unteroffizier abgeleistet, eine vorgezeichnete Parteikarriere gemacht und sitzen auf einem Arbeitsplatz mit den besten Bedingungen, die das Land zu bieten hat. Mit solchen Revolutionären kann Egon Krenz in aller Ruhe sein Jubiläum angehen!«

»So pauschal darfst du das nicht sehen, Martin ... Ich sage dir, die Stimmung ist umgeschlagen. Kommenden Montag werden sie mit uns demonstrieren.«

»Das glaube ich nicht. Die trifft man morgen eher im Gewandhaus. Hast du die Plakate für die ›Treffen‹ am Eingang gesehen?«

»Gehst du hin?«

»Kommt nicht in Frage. Ich hab keine Zeit. Es macht einfach zu viel Arbeit, die neue Opposition zu organisieren. Zwischen meinem Dienst im Altenheim und den Koordinationsversammlungen sehe ich kein Land mehr. Außerdem kommt mir diese Geschichte im Gewandhaus eher wie ein Rettungsversuch vor. Diese Privilegierten, diese verhätschelten Kinder der Regierung, die zu einem Bürgerforum einladen, das stinkt doch zum Himmel!«

Als Emma ihr Fenster öffnet, seufzt sie behaglich auf. Der Tag scheint mild zu werden – milchiggrauer Himmel, eine leichte Brise und vor allem kein Regen. Alle, die sich am Nachmittag in die Menschenkette einreihen wollen, werden nicht vom Wetter abgeschreckt werden. Die Veranstalter vom Neuen Forum haben sich viel vorgenommen: Sie möchten eine Großdemonstration organisieren, die sich an der westdeutschen Friedensbewegung orientiert. 1983 hatten sich Hunderttausende Gegner der Stationierung von Atomraketen bei den Händen gefasst und zwischen Ulm und Stuttgart eine mehr als 100 Kilometer lange Menschenkette gebildet. Auf dieser Seite der Mauer werden die Ausmaße bescheidener sein. Die Kette wird von der Volkskammer bis zum Polizeipräsidium reichen – entlang der Karl-Liebknecht-Straße, einer Verlängerung der Straße Unter den Linden, eine Strecke von etwa eineinhalb Kilometern.

Die Aufrufe des Neuen Forums haben Wirkung gezeigt. Rund um das Parlamentsgebäude drängt sich eine dichte Menschenmenge auf den Gehwegen und der Fahrbahn. Den Verkehr hat man umgeleitet. Ein Kordon uniformierter Polizisten blockiert den Zugang zur Brücke über die Spree. Einer nach dem anderen reihen sich 3000 Berliner entlang der von den monumentalen Standbildern von Marx und Engels beherrschten Karl-Liebknecht-Straße Seite an Seite auf und nehmen einander bei der Hand. Innerhalb weniger Minuten ist die Kette durchgehend geschlossen. Sie schlängelt sich bis zum Alexanderplatz. Ein weiterer Kordon uniformierter Agenten verhindert, dass sie sich weiter fortsetzt. Die Protestierenden jubeln: Eine nicht genehmigte Demonstration hat das Stadtzentrum eingenommen.

Zusammen mit ihren Freunden vom Neuen Forum steht Emma strahlend am Ende der Kette ganz in der Nähe der Spree, unter der Fassade des Palast-Hotels mit seinen vier Sternen, wo die Regierung offizielle Delegationen unterbringt. Die Flüsterpropaganda hat weit besser funktioniert, als sie erhofft hatten. Und die stoischen Volkspolizisten scheinen keine Gewalt anwenden zu wollen.

Sven und Hansi lehnen abseits der Kette an der Fassade des Hotels und beobachten die Szene. Die Typen von der Stasi können sie auf den ersten Blick ausmachen. Seit Tagen organisieren die beiden Jungs hier im Viertel kleine Spontandemos. Jedes Mal sind es dieselben Polizisten in Zivil, die sie kontrollieren und auseinandertreiben. Einer von ihnen hat Sven vorgestern am Abend festgenommen; er hat seinen Familiennamen gebrüllt und ihn als »Arschloch« beschimpft. Der Agent wohnt in Marzahn in einem Gebäude neben dem der Familie des jungen Oppositionellen.

Was sie beeindruckt, ist die Zahl der Demonstranten, nicht die Parolen. Sven tritt ungeduldig auf der Stelle. Das Neue Forum geht nicht weit genug. All diese Künstler und Intellektuellen fassen die Regierung mit Samthandschuhen an, wo doch die Zeit für radikale Forderungen gekommen ist. Wie die Opferung Honeckers beweist, ist die Macht schon mit einem Knie am Boden, und Sven will sie dazu zwingen, sich ganz zu ergeben.

Hansi hält sich nicht mehr zurück. Er fängt an, aus Leibeskräften seine anarchistischen Lieblingsparolen zu brüllen. Die Bullen von der Stasi zucken nicht mit der Wimper. Man hat sein Gesicht so oft fotografiert, dass jeder Agent sein Porträt schon mehrfach gesehen haben muss. Heute behalten die Männer in den Blousons jedoch die Hände in den Taschen und tun so, als würden sie nichts hören. Dafür bringen ihm seine Beschimpfungen eher Vorwürfe von den Demonstranten des Neuen Forums ein. Sie sind gegen jede Art von Gewalt, ob körperlich oder verbal, und so fordern sie ihn auf, den Mund zu halten, und lesen ihm die Leviten.

Ihre Auseinandersetzung ist in vollem Gang, als plötzlich eine Gruppe Offizieller auf der Brücke erscheint. Die hochgewachsene Gestalt Günter Schabowskis überquert mit großen Schritten die Straße, in seinem Schlepptau ein Team des Staatsfernsehens. Die Demonstranten stellen ihren Streit sofort zurück. Ein Mitglied des Politbüros, hier, direkt vor ihnen. Diese gewöhnlich so starre, distanzierte, fast immaterielle Macht nimmt menschliche Formen an. Schon seit Wochen kämpfen Regierung und Opposition gegeneinander, ohne sich jemals getroffen zu haben, Wochen, in denen die Machthaber ihre Gegner nicht zur Kenntnis nahmen, wenn sie sie nicht einfach von den Ordnungskräften niederknüppeln ließen. Den Menschen »in Ketten« stockt der Atem. Emma und ihre Freunde machen große Augen.

Ohne Krawatte und mit offenem Hemdkragen mischt das Mitglied des Politbüros sich unter die Demonstranten. Er gibt ein paar Leuten die Hand, dann schlägt er vor, man könne sich über dieses und jenes unterhalten. Die Kamera vollführt einen Schwenk. Schabowski fordert seine Gegenüber auf, sich zu äußern. »Na los! Sagt mir, was ihr auf dem Herzen habt. Dafür bin ich hier.« Ein Augenblick herrscht Erstarrung, dann legen die Demonstranten zunächst verschüchtert los, werden dann kühner. In kürzester Zeit wird der hohe Würdenträger von einem Gewitter aus Beschwerden zugedeckt. Jeder will seinen Fall schildern. Keiner der Gesprächsteilnehmer begrüßt die Wachablösung, niemand erweist sich als Anhänger des neuen Generalsekretärs.

Emma mustert den Apparatschik. Er weiß nicht mehr, wohin er den Kopf wenden soll, und bewegt sich wie auf glühenden Kohlen. Seine Sätze kann er nicht zu Ende bringen; man unterbricht ihn, widerspricht ihm, krakeelt, macht sich lustig. Für die Partei ist die Lehrzeit in direkter Demokratie ebenso hart wie für die Oppositionsgruppen, stellt Emma belustigt fest.

Als ein Passant die heikle Frage der Auslandsreisen anspricht, explodieren alle Demonstranten vor Wut. Im allgemeinen Geschrei versucht Günter Schabowski, sich Gehör zu verschaffen: »Das hat für uns absoluten Vorrang. Ab Montag wird die Regierung sich mit dem Problem befassen.« In der Menge wird gehöhnt, geseufzt, gebrüllt. Keiner glaubt ihm ein Wort. »Ihr werdet uns wieder bloß eine Falle stellen«, meint ein Demonstrant. Der Amtsträger zuckt mit den Schultern: »Für eine gewisse Zeit wird alles, was wir beschließen, als Falle wahrgenommen werden, auch wenn es nicht so ist. Damit muss man leben.« Günter Schabowski versichert, die gesamte Partei, allen voran Egon Krenz, werde tun, was er sagt. Seine Ansprache bringt ihm allgemeines Murren und einen Chor von Sarkasmen ein. Sei's drum. Hauptsache, seine Worte werden in der Tagesschau gesendet und im Osten wie im Westen gesehen …

Im Verlauf von Schabowskis Rede hat Hansi unverdrossen »Lügner« gebrüllt, während Sven die ganze Szene aus der Entfernung beobachtet hat. Gar nicht dumm, findet er – er kann nicht umhin, einen gewissen Respekt für diesen hart attackierten hohen Vertreter der Macht zu empfinden, der seine Fehler zugibt. Zurück am Prenzlauer Berg hört er, wie eine Frau vom Dialog zwischen dem Parteiführer und den Leuten auf der Straße berichtet. »Er wirkte aufrichtig«, sagt sie voller Überraschung. Sven wendet sich um: »Einem Kerl wie ihm kann man nie wirklich vertrauen. Er wollte nur die Spannung abbauen, damit die SED sich an der Macht halten kann.«

Endlich ein Tag ohne die UB! Seit Wochen schon verbringt Vera die Hälfte ihrer Tage in dem feuchten Untergeschoss. Das Leben als Verschwörerin, die Tricks, mit denen die Stasi abzuhängen ist, das Abenteuer – all das findet sie toll. Doch ab und zu muss sie mal auf andere Gedanken kommen und andere Gesichter sehen. Als ihr älterer Bruder Bernd sie zu seinem 30. Geburtstag in sein Haus in Weißensee eingeladen hat, ist Vera wieder eingefallen, dass es auch noch eine andere Welt gibt.

Bernd öffnet die Tür. Mit einem Blumenstrauß in der Hand fällt sie ihm um den Hals. »Alles Gute zum Geburtstag, Bruder. Für einen Dreißiger hast du dich gut gehalten, wirklich!« Im Wohnzimmer ist alles für die Feier vorbereitet: Wurstplatten, Schnittchen, Kuchen und am Ende des Tisches der Rotkäppchen-Sekt.

Auch wenn sie sich noch so mögen – Bruder und Schwester leben doch in sehr verschiedenen Welten. Bernd wird allmählich alt, setzt Bauch an und hat sich etabliert – solides Berufsleben, Familie, Haus. Er denkt nur daran, das bereits Erreichte zu behalten, und sieht die politischen Beben, von denen die DDR erschüttert wird, eher negativ.

»Du bist noch immer in Sachen Revolution tätig, Schwesterchen?«

»Tag und Nacht.«

»Das Land hat das nicht nötig. Die Leute hauen ab, sobald sie können. Deine Freunde und du, ihr vergrößert das Chaos bloß.«

»Aber sie hauen doch nur ab, weil die DDR ihnen nicht gibt, was wir fordern. Keine Freiheit, eine zerstörte Umwelt, Dinosaurier an der Macht, eine Partei, die sich nur noch mit Tricks halten kann. Ist doch wunderschön, dieses Paradies der Arbeiter und Bauern!«

»Dir ist klar, dass du unsere Familie in Gefahr bringst?«

»Ach hör doch auf, Bernd…«

»Die Stasi hat Papa einen Besuch abgestattet. Sie haben ihm ins Gewissen geredet und sich über deine Aktivitäten beklagt. Deinetwegen verliert er vielleicht seine Stelle an der Humboldt-Universität. Auch zu mir sind sie gekommen und haben mich aufgefordert, dich zur Ruhe zu bringen. Du kennst die ja: Sie kommen nie ein zweites Mal…«

»Die Dreckskerle!«

Die Türglocke unterbricht das Gespräch. Es sind die Eltern von Bernd und Vera. Ihre Mutter schließt sie fest in den Arm und flüstert ihr ins Ohr: »Pass auf, Liebes.« Ihr Vater lässt den Blick auf ihr ruhen. Mit keinem Wort geht er auf den Besuch von Mielkes Leuten ein. Es ist sie, die es als Erste anspricht:

»Hast du meinetwegen Probleme mit der Stasi?«

»Dein Bruder redet zu viel.«

Mehr sagt er nicht. Veras Vater hat seiner Tochter nie Vorhaltungen wegen ihrer politischen Aktivitäten gemacht. Die väterliche Liebe ist mit einer Portion schlechten Gewissens verbunden. Was ist schlimmer: Sich der Partei zu widersetzen oder sich mit ihr zu arrangieren?

Die Korken knallen; endlich fängt die Feier an. Ein Gesprächsthema behält die Oberhand: die politische Zukunft des Landes. Bernds Freunde umringen seine Schwester. Sie wollen alles über die Opposition wissen, über die Kirchen, die Überwachung durch die Polizei. Vera findet wachere Bürger vor als früher; die jüngsten Ereignisse haben sie in ihren Bann gezogen. Als die ersten Gäste sich verabschieden, verteilt sie die Flugblätter mit dem Thema *Dialüger*, mit denen sie ihren Rucksack vollgestopft hat. Die ersten Empfänger zögern peinlich berührt. Das Papier ist ihnen zu heiß. Noch nie haben sie etwas so Kompromittierendes angefasst. Nach einem Moment des Schweigens nehmen sie es schließlich doch. Drei Wochen zuvor hätte einen der Besitz solcher Dinge direkt ins Gefängnis bringen können.

11 Leipziger Sprechchöre

Leipzig, Sonntag, 22. Oktober 1989

Der Karl-Marx-Platz ist vom Sonnenlicht überflutet. Auf dem weitläufigen Vorplatz des Gewandhauses stehen Hunderte Leipziger in kleinen Grüppchen herum und diskutieren. Die Sonntagsdemonstranten unterscheiden sich von denen des Montags. Sie sind älter, tragen verwaschene Hemden und Hosen aus grobem Tuch und nicht die Jeans, T-Shirts und Parkas, die bei den wöchentlichen Umzügen schon fast Pflicht sind. Sie reden über Arbeitsbedingungen, Verknappung von Qualitätsware in den Kaufhäusern oder Reisefreiheit. An diesem Morgen sind es die »kleinen Leute« der Stadt, die der Einladung des Maestros gefolgt sind.

Als die Türen des Foyers aufgehen, ist so etwas wie Lampenfieber zu spüren – als ginge es darum, ein Orchester zu dirigieren, mit dem nie geprobt wurde. Die Leute strömen hinein, laufen durcheinander, füllen jeden Winkel. Innerhalb weniger Minuten ist alles überfüllt: Treppen, Balkone, jede Ecke. Von seinem Pult aus mustert Kurt Masur mit seinen stahlblauen Augen die Versammlung. Er heißt alle willkommen, dankt der Handvoll Offizieller, die erschienen sind. Dann sagt er: »Wie jeder weiß, ist diese Zusammenkunft offiziell genehmigt. Keiner hat etwas zu befürchten«, und erteilt den Leuten im Saal das Wort. Sein vertrauenerweckender Tonfall hört sich wie eine Garantie der Redefreiheit an. Die Stimmung wird allmählich gelöster, die Worte werden freier.

Drei Stunden lang wird das Gewandhaus zur Agora – ein unwirkliches Zwischenspiel in der ostdeutschen Parteidiktatur. Die wenigen anwesenden Vertreter der SED werden zu allen möglichen Themen befragt. Mit jeder Wortmeldung werden die Leipziger kühner. Je weiter die Zeit voranschreitet, desto mehr Hände gehen hoch. Man reißt sich die drei im Saal verteilten Mikros gegenseitig aus der Hand. Die Menschen fordern Rechte. Das Recht zu demonstrieren, zu wählen, zu reisen, eine freie und vielfältige Presse zu lesen. Auch die Nöte Leipzigs werden angesprochen, der Verfall der Häuser, der erbärmliche Zustand der Straßen, die Privilegien, die man Berlin und Dresden zugestanden hat, die unerträgliche Luftverschmutzung, die veralteten öffentlichen Verkehrsmittel.

Angesichts dieser Flut werden die drei örtlichen Sekretäre der Partei, die nebeneinander wie auf der Anklagebank sitzen, immer bleicher. Fast schlägt ihr Wagemut auf sie selbst zurück. Mutig haben sie den Aufruf vom 9. Oktober unterzeichnet, haben dieses Forum mitorganisiert, doch nun sitzen sie da und sind für 600 Leipziger zum Prügelknaben geworden. Mit besorgter und konzentrierter Miene versuchen sie, die Forderungen als Vorschläge zu begreifen. Doch die Leute im Saal treiben sie in die Enge, und sie durchleben die vermutlich schlimmsten Stunden ihres bisherigen Lebens. Diese sächsischen Apparatschiks müssen für die Sünden ihrer Regierung aus 40 Jahren büßen – sie werden von aufgebrachten Bürgern angegriffen, die durch offizielle Plakate zum öffentlichen Dialog eingeladen worden sind.

Als Kurt Masur die Versammlung aufhebt, schaut er voller Stolz auf den Saal. Die Gesichter strahlen vor Zufriedenheit.

Es ist alles angesprochen worden, man hat alles sagen können. Selbst am Ende eines seiner Konzerte hat er in der DDR
noch nie so viele Menschen glücklich gesehen! Die Debatte
war lebhaft, aber gewaltlos. Darüber hat der Maestro persönlich gewacht. Auch ohne seinen Dirigentenstab hat er das
Ensemble harmonisch geleitet.

Die letzten Wochen haben ihn nicht unberührt gelassen.
Der Orchesterleiter träumt von einer idealen DDR, einem
Sozialismus, der sich für die Freiheit öffnet, ohne die Sicherheit zu opfern, die er allen garantiert. Er hat sich fest vorgenommen, das Gewandhaus als eines der Foren zu etablieren,
in denen diese neue Gesellschaft aufblühen kann. Künftig
wird er seine Pforten jeden Sonntag öffnen, um Raum zu geben für öffentliche Diskussionen, aus denen schließlich ein
Manifest hervorgehen soll.

Marina, angetan mit weiten, schwarzen Jeans mit Hosenträgern und einem Pullunder, hat sich im Gras ausgestreckt
und genießt die frische Luft. Sie lässt die Gedanken wandern. Wenn Berlin in Sonne getaucht ist, bietet der Park von
Friedrichshain eine friedliche Zuflucht inmitten der Groß-
stadt. Klaus, der gerade zu ihr gekommen ist, hat sich neben
sie gelegt. Als er ihr mit der Hand durchs Haar fährt, stößt sie
ihn mit einer knappen Bewegung zurück und dreht ihm den
Rücken zu. Marina kramt in ihrer Handtasche. Sie holt ihre
Packung Club heraus und zündet sich nervös eine Zigarette
an.

»Kann ich auch eine haben?«

»Bedien dich«, erwidert sie und wirft ihm die Packung zu.

Der junge Mann nimmt lange Züge und macht ihr dabei
schöne Augen, doch Marina weigert sich hartnäckig, ihn
anzusehen. Allein der Anblick des lieben Klaus regt sie auf.

Sie verzeiht ihm nicht, dass er sich bei der politischen Agitation in diesem Oktober abseits gehalten hat. Seit dem Tag, als er sie versetzt hat, hat ihr Zorn nicht nachgelassen.

»Weißt du, Marina, ich würde gern mit dir zusammen nach Leipzig gehen, morgen.«

Schweigen.

»Ich hab wirklich Lust darauf, am Montag mit den anderen zu demonstrieren. Dem Krenz muss gezeigt werden, dass sich nichts geändert hat, dass ihn keiner haben will.«

»Hoho! Ein Revolutionär ist geboren! Klaus wird die Partei erbeben lassen! Egon, pass auf! Der Tiger von Berlin ist aufgewacht!«

»Du machst dich über mich lustig. Ich meine es ernst. Ich glaube daran und will mich dafür einsetzen.«

»Zu spät. Heute riskierst du nichts mehr, wenn du mitmarschierst. Du bist bloß ein Mitläufer. Gerade gut genug, hinter den Anführern herzulatschen, wenn nichts mehr zu befürchten ist.«

»Du bist ungerecht. Ich wollte meine Stelle nicht wegen eines Fotos verlieren, das die Stasi macht.«

»Du meinst wohl, die anderen hatten nichts zu verlieren? Foto oder nicht, sie sind für die Freiheit auf die Straße gegangen. Ich will dich nicht mehr sehen, Klaus. Ciao!«

Hastig sammelt die junge Frau ihre Sachen ein. Sie feuert die Sonnenbrille in die Handtasche, lässt ihre Zigaretten zurück und rauscht entschlossenen Schrittes davon. Erfolglos versucht Klaus, sie einzuholen. Ohne sich umzudrehen, rennt sie den Hang hinab und erreicht die Umzäunung des Parks.

Als sie bei ihrer Freundin Petra ankommt, trifft sie dort ihre ganze Clique, sie wollen zusammen die Sendung »Pop Café« des Senders DT 64 anhören. Heute ist es eine Sonder-

sendung über *The Cure*, deren neue Scheibe »Disintegration«
gerade erschienen ist. Marina ist ein Fan der Gruppe und auf
Wolke sieben. Da entdeckt sie ein neues Gesicht. Auf einem
abgewetzten Sofa sitzt, Zigarette zwischen den Lippen, ein
strubbeliger Junge, der ebenso empfindsam auf die melan-
cholische Stimme von Robert Smith zu reagieren scheint wie
sie. Er heißt Michael und kommt aus Kreuzberg, dem Viertel
der rebellischen Jugend Westberlins. Auf der anderen Seite
der Mauer hat er sich einen soliden Ruf als Straßenkämpfer
erworben. In letzter Zeit erscheint er regelmäßig, um »der
Revolution zu helfen«. Petra und ihre Clique hat er auf der
Straße getroffen.

Michael gibt Marina eine Lehrstunde über die Autonomen
von Kreuzberg. Sie wohnen in besetzten Häusern und leben
von der Sozialhilfe; aus allen Teilen der BRD kommend,
haben sie sich Westberlin ausgesucht, weil man hier dem
Wehrdienst entgeht.[1] Als Anarchisten lehnen sie jede Form
der Ordnung ab und legen sich regelmäßig mit der Polizei an.
Michael sagt, er finde Leipzig spannend. Solche Demos gebe
es nicht einmal in Westberlin. Marina nutzt die Gelegenheit:

»Ich glaube, morgen kommen viele Leute zusammen.«

»Gehst du hin?«

»Ich glaube, ja.«

»Meinst du, ich kann mit Kumpels aus Kreuzberg kommen?«

»Kein Problem. Bei der Ankunft in Leipzig kontrollieren
die Bullen keinen mehr.«

Am späten Vormittag des nächsten Tages hält ein alter,
schmutziggelber VW-Kombi am Kontrollpunkt Invaliden-

---

1 Der entmilitarisierte Status von Berlin, unterzeichnet von den vier Siegermächten,
die die Stadt 1945 unter sich aufgeteilt hatten, verbot den Einwohnern, Militärdienst ab-
zuleisten. Das wurde allerdings nur in den drei Westsektoren beachtet.

straße.[2] Michael sitzt am Steuer, begleitet wird er von einer jungen Frau und zwei Kerlen. Nach den üblichen Fragen gestattet man ihnen, in die »Hauptstadt der DDR« einzureisen, wie das Transparent über dem Posten verkündet. Marina erwartet sie ein Stück weiter an der Kastanienallee. Als sie in den Kleinbus steigt, schlägt ihr das Herz schneller. Bis jetzt hat sie nichts Illegales getan; jedenfalls nichts, was wirklich böse wäre. Aber mit Leuten aus dem Westen, denen es nicht erlaubt ist, Ostberlin zu verlassen, nach Leipzig zu fahren, das ist gravierender. Nach dem DDR-Strafgesetzbuch ist es sogar ein Vergehen: Sollten sie geschnappt werden, setzt sie sich dem Bannstrahl der Stasi aus.

Auf der Autobahn nach Leipzig warnt Marina Michael: »Achte auf die Geschwindigkeitsbeschränkung. Bei Autos mit Westkennzeichen ist die Polizei unnachgiebig.« Er verspricht, die erlaubten 100 km/h nicht zu überschreiten.

Mehr als zwei Stunden lang rumpelt der Kombi über die schlecht verfugten Betonplatten der A9. Man ist entspannter Stimmung und lauscht den geistigen Abschweifungen Falcos: »Alles klar, Herr Kommissar!« Einer von Michaels Freunden hat einen Joint gedreht und lässt ihn herumgehen. Marina, die erstmals einen reinzieht, wird blass; leichter Schwindel überfällt sie – sie hat zu tief und zu schnell inhaliert, und ihre Reisegefährten kringeln sich vor Lachen.

Als sie von einem weißen Lada mit aufgemalten grünen Flügeln überholt werden, vergeht Michael das Lachen. Der Wagen der Volkspolizei setzt sich mit laufendem Blaulicht direkt vor sie. Aus dem rechten Seitenfenster zeigt ein Stab mit schwarz-weißem Zebrastreifenmuster an, dass Michael auf dem nächstgelegenen Rastplatz anhalten soll.

---

2 Dieser Übergang war nur für Westberliner vorgesehen, die in den Osten reisten.

Als die Vopos herankommen, halten Marina und die anderen im Auto den Atem an. Mit ausgeprägtem sächsischem Akzent erklärt ein Polizist Michael, dass er beim Überholen mehrmals nicht den Blinker betätigt hat. Der Vopo verlangt 40 DM Verwarnungsgebühr, die sofort zu entrichten sind. Keine Frage, was er so nahe bei Leipzig sucht, keine Bemerkung über den seltsamen Geruch, der den Kombi durchzieht. Abgesehen vom Führerschein des Fahrers wollen sie nicht einmal die Papiere der übrigen Passagiere sehen. Während Marina noch zittert, merkt Michael ironisch an: »Diese Bullen sind nur dazu da, Devisen abzukassieren.«

In der Nikolaikirche ist gerade das Friedensgebet zu Ende gegangen. Die Menge, in Richtung Karl-Marx-Platz unterwegs, füllt die von den beeindruckenden Bauten der Kaufhäuser aus der Vorkriegszeit beherrschte Grimmaische Straße. Aus allen Straßen strömen Leute herbei. Die Altstadt erscheint wie von einem anschwellenden Strom durchflossen, der von seinen Zuflüssen her immer stärker wird. Für die 100 Meter von der Kirche bis zu dem von Oper und Gewandhaus begrenzten Platz benötigt man fast eine halbe Stunde.

Michael und Marina tauchen in die Flut der Demonstranten ein. Die Menge ruft »Gorbi, hilf uns!«, Plakate und Transparente sind auf Egon Krenz gemünzt: »Egon, sei klug, vierzig Jahre sind genug!« Ein Stück weiter verkündet ein langes Spruchband: »Wie wir heute demonstrieren, werden wir morgen leben!« und »Wir sind das Volk!« – diese Parole wird von allen aufgegriffen und gerufen. Der Ton wird schärfer, als man an der Runden Ecke der Stasi vorbeikommt. Tausende Demonstranten brüllen: »Stasi in die Produktion! Stasi in den Tagebau!«

Ein wenig abseits steuert ein stämmiger junger Mann sein Fahrrad auf ein Haus zu. Er steigt ab und nimmt ein Heft zur Hand. Eifrig notiert er, während er die Menge beobachtet, die Parolen. Marina, die auf ihn aufmerksam geworden ist, stürzt zu ihm hin. »Scheiß-Spitzel, du willst einen Bericht für die Bullen machen! Die brauchen dich nicht, wir stehen direkt unter ihren Fenstern.« Lachend unterbricht Martin sie und erklärt ihr, er sei eine der Stützen der Opposition in Leipzig und Gründer des örtlichen Neuen Forums.

»Warum machst du dir Notizen, anstatt mitzumarschieren?«

»Ich bin es, der die Medien im Westen anruft und ihnen sagt, wie viele Demonstranten unterwegs sind und welche neuen Parolen sie erfunden haben.«

»Was übermittelst du heute Abend?«

»Die größte Montagsdemonstration, seit es sie gibt: 300 000 Menschen.«

»Und die Parole?«

»›Stasi in die Produktion!‹ Die Leute haben keine Angst mehr vor den Bullenschweinen.«

Martin schwingt sich wieder auf sein Fahrrad und radelt zum Gemeindesaal, wo die Kirche ihm ein Telefon zur Verfügung gestellt hat. Er ruft den Journalisten Roland Jahn vom Sender Freies Berlin an, der schon auf diesen Anruf wartet. Die wenigen Leitungen nach Westberlin sind ständig besetzt. Martin wählt die Nummer einmal, zweimal, dreimal... Beim zehnten Versuch erreicht er den Reporter schließlich. Die Nachricht ist schnell übermittelt. In weniger als einer Viertelstunde wird Roland Jahn auf Sendung sein und verkünden: »300 000 Menschen in Leipzig. Parolen gegen die Stasi. Dutzende Transparente gegen die neuen Leute an der Macht.«

Egon Krenz hat wirklich einen schlechten Start.

Potsdam, Dienstag, 23. Oktober 1989

Der himmelblaue Trabant ist ohne Licht unterwegs. 200 Meter vor der Wache erstirbt der Lärm des Zweitakters plötzlich. Der Fahrer weckt Siggi, der auf dem Beifahrersitz zusammengesunken ist.

»Endstation! Michendorf-Kaserne. Alles aussteigen!«

»Nicht so laut. Mir platzt gleich der Schädel.«

»Ab, wo du hingehörst, Don Juan, ich bleib hier nicht länger stehen. Keine Viertelstunde mehr, bis es hell wird. Und ein Unteroffizier, der über den Zaun steigt, ist dem Knast näher als einer ehrenvollen Erwähnung im Tagesbefehl der Armee ...«

Siggi schraubt sich nicht ohne Anstrengung aus der Seifenkiste seines Pygmalion. Ein Hemdzipfel ist ihm aus der verknitterten Hose gerutscht. Bei Sabine, seiner Eroberung vom Abend zuvor, hat er sich aus Angst, sie zu wecken, heimlich und ohne das Licht einzuschalten davongemacht. Er hat sich hastig im Dunkeln angezogen, und jetzt richtet er, hinter Bäumen verborgen, seine Uniform wieder her.

Viel Alkohol und eine Liebesnacht ohne Reue haben dem jungen Soldaten den Kopf verdreht. Er kniet am Rand eines kleinen Baches, spritzt sich das eisige Wasser ins Gesicht, kneift sich in die Wangen und atmet die frische Luft tief ein. Nun ist er bereit, den Kasernenzaun in der anderen Richtung zu überqueren. Im Unterholz kommt er nur schwer voran; die Füße verfangen sich in Brombeerranken, er stolpert über Baumstämme.

Gut zehn Minuten geht Siggi am Zaun entlang, bis er die schmale Lücke im Stacheldraht wiederfindet. Vorsichtig zwängt er sich hindurch, wobei er sorgfältig darauf achtet, nicht mit der Uniform hängen zu bleiben, dann zieht er sein großes Gestell auf die Mauerkrone. Es gelingt ihm, die Beine auf die Seite zu schwingen, doch dann verliert er den Halt und fällt drei Meter tief. Der dumpfe Laut seines Sturzes hat den Hundezwinger alarmiert. Einige Köter beginnen zu bellen. Für lange Minuten bleibt Siggi bewegungslos im Gras liegen. Das Gebell hört allmählich auf. Kein Soldat hat sich vom Wachposten aus auf den Weg gemacht.

Schüchtern kriecht die Sonne über den Horizont, und Siggi muss unbedingt vor Tagesanbruch im Quartier der Unteroffiziere sein. Er rennt los, stürzt in sein Zimmer und macht die Tür hinter sich zu. Sein plötzliches Erscheinen weckt seinen Stubenkameraden. Christoph greift nach seiner Uhr. »6.20 Uhr, du Knallkopf. Du hast deinen Rekord überboten!« Siggi antwortet nicht. Er zieht sich aus und wirft sich ins Bett. Sein Kamerad ruft ihn zur Ordnung.

»Du spinnst. In zehn Minuten ist Wecken. Du wirst nicht zum Schlafen kommen.«

»Reg dich nicht auf. Offiziell bin ich heute Morgen im Hundezwinger. Also muss ich auch nicht beim Appell anwesend sein.«

»Um 8.30 Uhr rückt General Baumgarten wieder an, und alle Offiziere und Unteroffiziere sind hinbefohlen.«

»Ich werde da sein. Ich penne für eine Stunde, das ist alles.«

Schlag 8.29 Uhr betritt General Baumgarten den Speisesaal der Michendorfer Kaserne. Die an langen Tischen aufgereihten Offiziere und Unteroffiziere nehmen sofort Haltung an. Mit weit ausholenden Schritten durchquert der Kommandeur der Grenztruppen den Mittelgang. Mit einem Satz ist er auf dem Podium. Oberst Schäfer, der Regimentskommandeur, salutiert. »Rührt euch!« Baumgarten nimmt seine Mütze ab und beginnt mit seiner Belehrung.

Nachdem er schon fast zehn Minuten lang die Fortschritte beim Projekt Mauer 2000 dargelegt hat, geht die Tür des Speisesaals auf. Siggi tritt ein und murmelt mitleiderregend »Entschuldigen Sie«. Oberst Schäfer ist außer sich. Hauptfeldwebel Grobstock durchbohrt Siggi mit seinen Blicken. Eines ist sicher: Die nächsten 20 Strafdienste des Regiments sind ihm zugedacht. Da gibt es für ihn keinen Zweifel, und er weiß auch, dass er weit davon entfernt ist, für einen Abend Ausgang nach Potsdam zu kriegen. Adieu Anna, adieu Sabine!

Egon Krenz ist verblüfft. Gestern Abend hat General Snetkow, der Oberbefehlshaber der Sowjettruppen in der DDR, ihn um ein dringendes Gespräch ersucht. Doch kaum ist er heute Morgen in seinem Büro angekommen, hat er einen Anruf des sowjetischen Botschafters Wjatscheslaw Kotschemassow erhalten, der gerade von dem für heute Nachmittag geplanten Besuch Snetkows erfahren hatte. Seine in ärgerlichem Ton vorgebrachte Warnung hatte auf einmal gar nichts Diplomatisches mehr an sich gehabt: »Finden Sie nicht, Genosse Krenz, dass ein Treffen mit unseren Generälen am Vorabend Ihrer Wahl zum Vorsitzenden des Staatsrats ein falsches Signal darstellt?«

Was soll er von der Sowjetunion, dem leuchtenden Vorbild des Sozialismus, halten, wenn der Repräsentant der Außenpolitik sich gegen den der Verteidigung stellt? Und was ist über das »Signal« zu sagen, das sie selbst aussendet?

Kotschemassow gelingt es nicht, das Treffen zu verhindern. Aber er setzt durch, dass dieses Gespräch vertraulich bleibt.

Auf einen Schlag wird Krenz klar, dass Snetkow nur eines beabsichtigt: Er will ihm in kaum verhüllter Form seine

Dienste anbieten. »Genosse Krenz, wir sind bereit, der DDR in welcher Form auch immer zu Hilfe zu kommen. Wenn Sie uns brauchen, lassen Sie es mich im Namen der Waffenbrüderschaft zwischen der Roten Armee und der NVA wissen…«

Vernon A. Walters hat viel von einem Militär und sehr wenig von einem Diplomaten an sich. Diese Naturgewalt, auf ausdrücklichen Wunsch seines Freundes George Bush Botschafter der USA in der Bundesrepublik Deutschland, hat sich gewisse Reflexe des früheren Lebens bewahrt. Als As der militärischen Aufklärung, stellvertretender Direktor der CIA, Spezialist für geheime Missionen, der acht Sprachen einschließlich Russisch und Deutsch spricht, ist Walters ein reines Produkt des Kalten Krieges. Der glühende Katholik hat seine ganze Energie darauf verwendet – und alle Mittel eingesetzt –, um der polnischen Kirche und der Gewerkschaft Solidarność dabei behilflich zu sein, die kommunistische Regierung ins Wanken zu bringen.

Der amerikanische Botschafter mit seinen mehr als 70 Jahren tritt in stolzer Haltung auf, und als er Rudolf Seiters' Büro im Kanzleramt betritt, ist dieser voller Bewunderung. Walters hat Seiters um eine Audienz ersucht, in der die jüngsten Ereignisse in der DDR zur Sprache kommen sollen. Was sich dort offenkundig entwickelt, missfällt ihm ganz und gar nicht. Er vertraut der rechten Hand Kohls an, dass die Lage in Ostdeutschland in Washington mit höchster Aufmerksamkeit beobachtet werde. Diese Nachricht erfreut den deutschen Minister sehr. Denn Bonn ist erstaunt über das geringe Interesse seiner westeuropäischen Verbündeten an den Erschütterungen im anderen Teil Deutschlands. Speziell Paris und London haben das Kanzleramt nicht aufgefordert, ihnen seine Analyse der laufenden Ereignisse zur Kenntnis zu bringen. Vernon Walters wiederum äußert mehrmals seine »Befürchtung«, es könne einen Volksaufstand geben. Er schlägt dem deutschen Minister vor, die BRD und die USA sollten sich eng abstimmen, um dieser Möglichkeit begegnen zu können.

Rudolf Seiters versichert ihm, die deutsche Regierung werde alles unternehmen, um die Reformen in der DDR zu unterstützen. Zwar habe Egon Krenz alle Voraussetzungen eines orthodoxen Kommunisten, doch ungeachtet dessen sollte Ostberlin Reisen in den Westen rasch liberalisieren und den politischen Gefangenen eine Amnestie gewähren. Seiters unterstreicht die Notwendigkeit, sich mit den drei alliierten Mächten USA, Großbritannien und Frankreich abzustimmen.

Ein paar Büros weiter hat Helmut Kohl gerade mit dem Präsidenten der Vereinigten Staaten gesprochen. Nachdem er die Situation in Polen und Ungarn in Erinnerung gerufen hat, spricht der Kanzler das andere Deutschland an: »Leider bezweifle ich sehr, dass Egon Krenz das Format hat, die Reformen zu einem guten Ende zu bringen, die in der DDR zwingend notwendig sind. Eines ist sicher, die Zeit drängt – für ihn wie für mich! Wenn die Menschen weiterhin im derzeitigen Tempo in die BRD flüchten, werden wir bis Weihnachten 150 000 Flüchtlinge aufgenommen haben. Junge Menschen, das Durchschnittsalter liegt bei unter 30 Jahren.« »Verdammt«, erwidert Bush überrascht. »Ich hätte nicht gedacht, dass es so viele sind …«

Eine Tasse mit heißem Tee hat nicht ausgereicht, um wirklich wach zu werden, dafür ist die Nacht zu anstrengend gewesen: Im Untergeschoss der UB hat sie die Ausgabe 5 des *Telegraph* gegen 20 Uhr abgeschlossen. Anschließend musste sie gedruckt werden, ehe man den landesweiten Versand vorbereiten konnte.

Gegen neun Uhr schlurft Vera ins Badezimmer. Jemand klopft an die Tür. Sie schlüpft in einen abgeschabten Bademantel und fährt sich mit der Bürste durchs Haar, um wieder wie ein Mensch auszusehen. Nun hämmert jemand gegen die Tür. Schlagartig beendet ein Adrenalinstoß ihre Schläfrigkeit. Sie reißt die Tür auf, vor ihr steht Sven. »Du bist der ungeduldigste und ungezogenste Typ, den ich kenne!«

Aber Sven bleibt unbeeindruckt. Hinter ihm steht ein dürrer junger Mann mit langen blonden Haaren. »Darf ich vorstellen: Alexander. Ein Freund aus Westberlin. Er hat eine tolle Überraschung für uns.«

Wenig später rollt der im Westen zugelassene weiße R4 mit geöffneten Fenstern durch die Landschaft Brandenburgs. Vera und Sven haben Alexander bis nach Henningsdorf im Norden der Hauptstadt geleitet. Um zum Havelkanal zu gelangen, mussten sie Westberlin weiträumig umfahren. Im Moment inspizieren die jungen Leute das Ufer der Wasserstraße, um eine Stelle zu finden, wo man diskret an Land gehen kann.

Alexander ist Mitbegründer der selbstverwalteten Druckerei »Oktoberdruck«. Die UB hat sich von dieser Firma aus dem Westen eine schnellere und praktischere Offset-Druckerpresse erbeten, mit der größere Auflagen möglich sind als mit ihren altertümlichen Vervielfältigungsgeräten. Alexander hat eine aufgetrieben. Außerdem hat er mit einem polnischen Flussschiffer Kontakt aufgenommen, der bereit ist, sie auf seinem Lastkahn in die DDR zu schmuggeln. Nur der Treffpunkt muss noch gefunden werden. Auf dem Weg von Westberlin nach Polen fahren die Schiffe zwangsläufig durch diesen breiten Kanal.

Auf den ersten Blick vereint die Schleuse von Schönwalde alle Vorzüge in sich. Man kann mit dem Auto bis zum Kai fahren, doch die Stelle ist zu belebt. Das Abladen würde zwangsläufig die Aufmerksamkeit der Schleusenwärter oder Schiffer erregen. Im weiteren Verlauf überquert die Straße den Kanal mehrmals, ohne an ihm entlang zu verlaufen. Als die beiden Verkehrswege dann endlich parallel liegen, sind sie durch eine breite Wiese voneinander getrennt. Vera schlägt vor, die Presse am Ufer zu entladen und dann querfeldein zu transportieren. Alexander redet ihr das aus – die Maschine ist groß und wiegt mehr als 100 Kilo, man kann sie unmöglich rasch über eine solche Entfernung schleppen.

Das Trio ist den Kanal in ganzer Länge abgefahren, hat jeden Weg besichtigt und sich die fantastischsten Abläufe ausgedacht. Sie müssen sich damit abfinden, dass es nicht funktioniert. Dieser verflixte Havelkanal bietet keine einzige Stelle, die sich für ihr Geheimunternehmen eignen würde. Das Geschenk der Firma »Oktoberdruck«, das Vera und Sven heute Morgen so gefreut hatte, wird nicht auf die andere Seite der Mauer gelangen.

»Es ist eine konstante Entwicklung der Kommunikationsstrukturen innerhalb der Gesamtheit antisozialistischer Bewegungen festzustellen. Neben ›Kontaktadressen‹ und ›Sprechern‹ – diese Personen fungieren als Verbreiter von Informationen, als Anwerber und als Organisatoren – spielen die von den Pfarrgemeinden zur Verfügung gestellten Kontakt-Telefonnummern eine wichtige Rolle bei der schnellen Informationsweitergabe und der Koordination von Aktivitäten der Opposition. In großem Ausmaß werden private technische Einrichtungen zur Vervielfältigung politischer Dokumente verwendet; ihre Verbreitung nimmt ständig zu, und man kann

davon ausgehen, dass diese Prosa in weite Kreise der Bevölkerung vorgedrungen ist.«

Heinrich Knopf hämmert auf die Tastatur seiner Schreibmaschine des Typs Robotron 20. Wenn er ein sehr wichtiges Dokument verfasst, lässt er es von keinem anderen abtippen. An diesem Morgen schreibt er einen langen Bericht über die antisozialistischen Bewegungen, der zunächst für Erich Mielke bestimmt ist. Sobald dieser davon Kenntnis genommen und den Inhalt gebilligt hat, wird der Minister der Staatssicherheit den Bericht unterzeichnen und anschließend an das gesamte Politbüro weiterleiten. Diese Parteibonzen wiegen sich nach Überzeugung des Stasioffiziers in Illusionen, und er hat vor, ihnen das mit einem Dutzend Seiten zu beweisen.

Die während des Wochenendes hereingekommenen Berichte der Bezirksleiter zeugen von den schnellen Fortschritten der feindlichen Kräfte. Aus der ganzen DDR laufen Informationen ein – über die Gründung politischer Bewegungen, die Einrichtung von Koordinationsnetzen zwischen den Gruppen der verschiedenen Großstädte, das Erscheinen von Flugblättern und bisher unbekannter Untergrundzeitschriften. Die Opposition umfasst jetzt das gesamte Gebiet in der Fläche.

Was Heinrich Knopf liest, gefällt ihm nicht. Dresden, Halle, Leipzig, Magdeburg, Jena: Alle Antennen der Stasi registrieren eine neue Solidarität zwischen den Regierungsgegnern. Die Organisatoren stimmen sich untereinander ab und veranstalten gemeinsame öffentliche Versammlungen. Sie überwinden ihre Zersplitterung, um gegenüber der SED eine einheitliche Front zu bilden. Das Neue Forum ist dabei, zur Dachorganisation der Bewegungen zu werden. Bärbel Bohley und ihre Freunde wachsen allmählich zu einer Art Gegenmacht heran, die das Politbüro bald nicht mehr übergehen kann.

Die Zahlen sind wie die Fakten: nicht wegzudiskutieren. Nach der Zählung des Obersten haben zwischen dem 16. und dem 22. Oktober – in nur sieben Tagen! – im ganzen Land mehr als 100 000 Menschen an politischen Versammlungen teilgenommen. Die als Versammlungsorte dienenden Kirchengewölbe leeren sich nicht. Pastoren sahen sich gezwungen, vor ihren Gotteshäusern Lautsprecher aufstellen zu lassen, damit alle Teilnehmer den Diskussionen folgen konnten. In der Potsdamer Friedrichskirche hat das Neue Forum beschlossen, fünf Konferenzen in Folge abzuhalten, um dem Zustrom der Neugierigen gerecht werden zu können. In Berlin organisiert die Gethsemanekirche tägliche Zusammenkünfte.

Heinrich Knopf listet alles auf, was der Normannenstraße Sorge bereitet. Die beste Geheimpolizei des sozialistischen Blocks schwankt zwischen Ohnmacht und Verständnislosigkeit. Krenz ist seit weniger als einer Woche Generalsekretär, doch die Offiziere der Stasi sagen bereits sein Scheitern voraus. Honecker hat sich bis zu seinem Sturz an eine Vogel-Strauß-Politik gehalten; Krenz praktiziert die Politik einer schnellen und ungeschickten Öffnung, die zum gleichen Ergebnis führen wird. Am Abend zuvor hat Knopf mit einem seiner besten Leute, dem jungen und eifrigen Offizier Rainer, Kaffee getrunken – der ist stolz darauf, dem Sozialismus zu dienen. Als der Untergebene über seine letzte Mission berichtete und dabei nervös mit dem Kaffeelöffel spielte, hat Knopf ihn mit seinen durchdringenden grauen Augen fixiert:

»Du hast doch etwas auf dem Herzen, Genosse?«

»Ich erlebe eine zunehmende Feindseligkeit uns gegenüber, Genosse Oberst. Ich bin noch keine 30, ich habe Familie, und ich weiß nicht, ob mir die Stasi eine Zukunft bieten kann.« Knopf hat sich nichts anmerken lassen. Er hat mit gewollt aufbauendem Tonfall erwidert: »Du hast in letzter Zeit viel gearbeitet, du bist erschöpft.« Doch innerlich hat er das Bekenntnis Rainers wie einen Tiefschlag empfunden.

Er hat die Worte des jungen Hauptmanns noch im Ohr, als er den nächsten Absatz in Angriff nimmt:

»Auf diesen Versammlungen kommt es zu massiven Angriffen auf die Politik der Partei und der Regierung, auf deren höchste Repräsentanten sowie auf die Ordnungs- und Sicherheitskräfte.«

Sogar die Künstler, diese verhätschelten Kinder des Sozialismus, verraten die Partei. In seinem Dokument fasst der Oberst die Informationen zusammen, die ihm von seinen in die Kreise der Kulturschaffenden eingeschleusten Maulwürfen übermittelt wurden. Er hat oft an der Loyalität dieser Schriftsteller, Schauspieler und Musiker gezweifelt, deren Treueschwüre durch so manche Privilegien belohnt wurden – Pass, Westauftritte, manchmal sogar eine annehmbare Wohnung im Herzen der Hauptstadt.

»Die antisozialistischen Bewegungen verstärken ihre Aktivitäten auf den Gebieten der Kunst und der Kultur. So ist es Vertretern des Neuen Forums möglich gewesen, ihre Vorstellungen bei Sitzungen der Akademie der Künste der DDR und bei Versammlungen des Schriftstellerverbands vorzutragen. Die Romanautorin Christa Wolf hat sie aktiv unterstützt. Stephan Hermlin wiederum hat am vergangenen 19. Oktober im Rahmen der Vollversammlung der Akademie der Künste das Neue Forum als ›Motor des Fortschritts in der DDR‹ gewürdigt.«

Diese beiden Schriftsteller hat Heinrich Knopf nicht zufällig genannt. Die Regierung hat sie seit Jahren als Botschafter der ostdeutschen Literatur in der Bundesrepublik gehätschelt – in seinen Augen verkörpern sie schamlose Undankbarkeit.

Als der Offizier den Text durchliest, kommt er ihm ein wenig kraftlos vor. Eigentlich sollten allein die dargestellten Fakten die Parteiführung dazu bringen, etwas zu tun. Doch Knopf glaubt nicht daran. Er beschließt, eine Prise Desinformation beziehungsweise grobe Übertreibung einzufügen, um seine Zusammenfassung etwas aufzuwerten. Dafür fischt er sich ein paar Zeilen aus einem Bericht der Plauener Stasi heraus. In der kleinen Stadt an der tschechischen Grenze soll das örtliche Parteibüro feindselige Anrufe erhalten haben. Knopf verwandelt den Vorfall zu einer *»großen Zahl von Drohungen, die in Form von anonymen Anrufen oder Briefen eingegangen sind«.* Weiter schreibt er, die geheimnisvollen Briefeschreiber würden behaupten, Bombenanschläge gegen offizielle Gebäude – oder schlimmer, gegen hohe Parteivertreter – zu planen.

Knopf legt beide Hände auf seine Robotron. Er liest das letzte Blatt noch einmal durch, ehe er es zufrieden an seine Assistentin weiterreicht. Dieses Mal ist es das Politbüro, dem die Stasi Angst machen will.

Berlin, Dienstag, 24. Oktober

Schwere Böen überraschen die Abgeordneten im Sonntags-
staat, als sie auf dem Platz vor dem Palast der Republik aus
dem Auto steigen. Eiligen Schrittes flüchten sie in die sozialistische Kathedrale aus weißem Marmor und kupferfar-
ben verspiegeltem Glas. Die Männer tragen Krawatten in zu
stumpfen oder zu schrillen Farben, die Damen dröge Schnei-
derkostüme unbestimmbaren Alters. Die gewählten Vertreter der Volkskammer, die man für diesen Vormittag ein-
berufen hat, damit sie anstelle des »zurückgetretenen« Erich
Honeckers einen neuen Staatsratsvorsitzenden wählen, sind
ein getreues Abbild des Sozialismus *made in GDR*.

Die Vollversammlung ist für 10.30 Uhr angesetzt. Zuvor
finden vorbereitende Sitzungen statt, bei denen sie auf
Wunsch ihrer Parlamentsfraktionen zu erscheinen haben.
Neben der umfangreichen Truppe der SED-Parlamentarier
halten die Blockparteien als demokratisches Feigenblatt des
ostdeutschen Kommunismus ihr Konklave ab.

Gewöhnlich sind die Fraktionssitzungen reine Formsache.
Das Parlament nimmt jede Vorlage einstimmig an. Überflüssig, irgendwelche Stimmempfehlungen durchzusetzen
oder die auf der Tagesordnung stehenden Gesetzesvorhaben
zu erläutern. Doch an diesem Morgen spricht Günter Schabowski zu den Abgeordneten der SED: Er fordert sie auf, die

neue Parteiführung zu unterstützen und, vor allem, sich hinter Egon Krenz zu stellen. Er erklärt ihnen, dass er bei der Kirchenleitung vergebens darum gebeten habe, sie möge eine Pressekonferenz verhindern, in der die Oppositionsgruppen die in der Nacht vom 7. auf 8. Oktober begangenen Ausschreitungen der Polizei in allen Einzelheiten geschildert haben. Ein Bischof habe vorgeschützt, sein Einfluss reiche dafür nicht aus. Günter Schabowski verschärft die Stimmlage und endet mit einer gewollt dramatischen Bemerkung: »Sie sollten wissen, dass die SED sich nur noch auf sich selbst verlassen kann und dass ihre Mitglieder zusammenhalten müssen.«

Eine Stunde darauf streben alle zu ihren Plätzen. Innerhalb weniger Minuten ist der weitläufige Saal voll besetzt. Die 500 Abgeordneten im Plenarsaal schauen auf ein Podium, das von einer Doppelreihe mit Würdenträgern der Partei beherrscht wird. Als wolle er seine eigene politische Bedeutungslosigkeit im Parlament deutlich vorführen, eröffnet der Volkskammerpräsident Horst Sindermann die Vollversammlung, indem er direkt zur Abstimmung aufruft. Er übergeht die Forderung nach einer vorher zu führenden Debatte, die der Führer der liberalen Partei, ermutigt durch die Wende, eingebracht hat. Trotz dieser Ablehnung macht niemand den Mund auf. Die Volkskammer weiß, wo ihr Platz ist – unter den Augen des Politbüros erhebt keiner die Stimme.

Soeben hat Heinz Sindermann jene Abgeordneten, die der Wahl von Egon Krenz zustimmen, gebeten, den Arm zu heben. Viele Hundert Hände gehen hoch. Als er nach Gegenstimmen fragt, wirft er kaum einen Blick auf die Versammlung. Doch 26 Abgeordnete äußern sich entsprechend, während weitere 26 sich der Stimme enthalten. Eine unerhörte

Situation, undenkbar für den Mann, der seit mehr als einem Vierteljahrhundert Vorsitzender dieser Kammer ist. Der 70-Jährige ist so irritiert, dass er sich bei der Addition der Stimmen verzählt. Hilflos wendet er sich an seinen Nachbarn: »Zähl doch bitte mit mir nach!« Sindermann meint, die Stimmung mit einem Scherz entschärfen zu können: »Ich werde das Ergebnis nicht verfälschen!« Für Egon Krenz ist dieser Geistesblitz eine Demütigung ...

Weder das Händeschütteln noch die Umarmungen und auch nicht die Rede von Egon Krenz können die allgemeine Verlegenheit vertreiben. 52 Wagemutige haben die Geschichte des ostdeutschen Parlamentarismus verändert. Die Kühnheit einiger macht die anderen fassungslos. Alle sehen einander über die Bankreihen hinweg an, flüstern, tuscheln kurze Sätze. Am Ende hat eine Handvoll Mitglieder der liberalen Partei zusammen mit einigen Freischärlern aus der SED ausgereicht, in der DDR ein politisches Erdbeben auszulösen.

Egon Krenz spult seine Rede leidenschaftslos ab. Die Ohrfeige – eine weitere – hat ihn erschüttert: Die Volkskammer war wirklich der letzte Ort, an dem er mit einem Hindernis gerechnet hätte.

Beim Morgenappell ist Siggi der Erste. Sein wassergrünes Hemd ist faltenlos, der Krawattenknoten absolut regelkonform, die Schuhe blitzblank. Ein ostdeutscher Vorzeigesoldat.

Der junge Unteroffizier hat aber auch einiges abzubüßen. Auf Verlangen von Oberst Schäfer hat man ihm zwei Monate Ausgehverbot aufgebrummt. Gestern hat Hauptfeldwebel Grobstock ihn einbestellt, um ihm die Bestrafung mitzuteilen. Genüsslich hat er ihm in aller Ruhe seine Predigt gehalten. Siggi hat die Missgunst und die Verachtung, die sich in diesem Berufssoldaten angestaut haben, voll abbekommen. Grobstock verabscheut Typen seines Schlages, weil sie ihre Rangabzeichen als Unteroffizier missbräuchlich erwerben, weil sie so tun, als dienten sie ihrem Land, nur um Zugang zur Universität zu erhalten, ehe sie im Zivilleben Privilegien anhäufen. Siggi hatte das Gefühl, für Dutzende seiner Unteroffiziers-Vorgänger in Michendorf zahlen zu müssen, die Grobstock nicht hatte in die Enge treiben können. Der Hauptfeldwebel hat geschworen, er werde ihn bis zum Ende seiner Dienstzeit im Auge behalten; der nächste Vorfall werde ihm einen Aufenthalt in der Arrestzelle einbringen.

Nach dem Appell baut Oberst Schäfer sich vor dem Regiment auf. Er verkündet, dass zwei Kompanien noch am Abend abrücken werden, um die Sicherheit an der Grenze zu erhöhen. Als Grobstock die Mannschaft wegtreten lässt, ruft er Siggi zu sich. Nachdem er ihn von oben bis unten gemustert hat, teilt ihm der Hauptfeldwebel mit, er werde zu dem Kontingent gehören. Damit war zu rechnen gewesen.

Um 18 Uhr fahren sechs LKWs im Regimentshof auf. 200 mit Gewehren und Munition bewaffnete Männer klettern auf die Fahrzeuge, dazu kommen 150 Hunde. Ein Dutzend Offiziere führt die Truppe an. Siggi hat auf einem Planen-LKW Platz gefunden. Sein treuer Hund Quini, nervös kläffend, liegt ihm zu Füßen.

Die LKWs verlassen Potsdam und umfahren Westberlin in weitem Bogen. Dann nehmen die Fahrer, die dicht hinter den Kübelwagen[1] der Offiziere herfahren, Kurs in Richtung Ostberlin. Wenn Siggis Leute die Plane zur Seite ziehen, können sie in der hereinbrechenden Dunkelheit zu ihrer Freude

---

1   Die Militärversion des Trabant war ein viersitziger Geländewagen mit Klappverdeck.

die Hauptstadt sehen. Für viele der jungen Leute ist das eine Entdeckung. Sie sind nicht berechtigt, sich dort aufzuhalten – ihre Ausgangsgenehmigung erstreckt sich nur auf den Umkreis Potsdams. Nach eineinhalb Stunden Fahrt erkennen sie die Lindenreihen der Straße Unter den Linden. Die Kolonne rollt zum Ende der Allee bis in die für die Öffentlichkeit verbotene Zone und hält dort an.

Auf dem windgepeitschten Pariser Platz vor dem hell erleuchteten Brandenburger Tor befiehlt ein Oberstleutnant den 200 Soldaten, zur Befehlsausgabe anzutreten. Ihr Auftrag ist ganz einfach – den Zugang zur Mauer verhindern. Die ganze Nacht hindurch sollen sie auf einigen Hundert Metern Länge an den Abwehreinrichtungen patrouillieren, die den Betonwall schützen. Waffen und Hunde sind als Abschreckung gedacht. Doch der hohe Offizier fordert die jungen Soldaten auf, jede Grenzverletzung »mit allen Mitteln« zu verhindern.

Siggi ist angespannt, er fragt sich, warum man den am stärksten gesicherten Sektor der Mauer verstärkt bewacht. Warum setzt man als Verstärkung Soldaten ein, deren Ausbildung gerade erst abgeschlossen ist, grüne Jungs, deren Reaktionen nicht absehbar sind? Der in einer weltabgeschiedenen Garnison lebende Unteroffizier hat von einigen Demonstrationen am Monatsanfang gehört. Er fragt sich, ob eine Gruppe antisozialistischer Subjekte vorhat, die Mauer zu stürmen. Doch gegenüber den jungen Provinzlern, die seinem Befehl unterstehen und sich in ihrer Haut nicht wohlfühlen, lässt er sich nichts anmerken.

Im Gegensatz zu den Warnungen des Oberstleutnants verläuft die Nacht ruhig. Frierend hat Siggi elf Stunden vor dem Brandenburger Tor verbracht, ohne dass etwas passiert wäre. Auf einem der LKW, mit denen die Truppen nach Michendorf zurückfahren, zieht Siggi am Morgen des 25. Oktober gemeinsam mit anderen, ein Stück weiter weg eingesetzten Unteroffizieren eine Bilanz dieser Nacht. Einstimmige Meinung: KbV[2].

Erneut sind die Ordnungskräfte im Alarmzustand. Mehrere Oppositionsgruppen haben dazu aufgerufen, an diesem Abend gegen die Wahl von Egon Krenz zum Vorsitzenden des Staatsrats zu demonstrieren. Der Aufruf ist im *Telegraph* veröffentlicht worden und hat die gesamte Bewegung erreicht. Er ist ein Erfolg. Mehr als 12 000 Menschen ziehen vom Alexanderplatz zum Palast der Republik. Alle Parolen richten sich gegen Egon Krenz.

Als die Demonstration endet, löst sie sich – anders als von der Polizei erwartet – nicht auf; die Protestierenden gehen in Richtung Staatsratsgebäude weiter. Ein dichter Kordon der Stasitruppen riegelt das Gebäude ab. Die Demonstranten drängen sich nebeneinander auf dem Bürgersteig gegenüber. Plötzlich überquert einer von ihnen die Straße. Vor einem uniformierten Polizisten zündet er eine Kerze an. Er kauert sich nieder, neigt die Kerze zur Seite, damit einige Tropfen Wachs auf den Boden fallen, und klebt sie auf den Asphaltbelag. Der Agent der Stasi hat nicht die kleinste Bewegung angedeutet. Ein weiterer Opponent zieht nach, dann zwei, dann fünf, dann zehn. Wenig später brennt vor dem Tor des Staatsrats eine ganze Fläche voller Kerzen. Ihr Licht zeichnet flackernde Schatten auf die Gesichter der hilflosen Polizisten. Die Behörden hatten sich auf einen Sturm auf die Mauer vorbereitet, doch sie erleben ein Sit-in vor ihren Fenstern.

---

2 Keine besonderen Vorkommnisse.

Berlin, Donnerstag, 26. Oktober 1989

»Hier Kohl.« Es ist 8.30 Uhr. Seit 30 Minuten wippt Egon Krenz ungeduldig mit den Füßen. Am Vorabend hat das westdeutsche Kanzleramt sein Sekretariat angerufen, um ein Telefongespräch mit dem Kanzler für die Zeit zwischen acht und zehn Uhr zu vereinbaren. Egon Krenz verspricht sich viel von dieser Unterhaltung. Er will die gesetzliche Regelung für Auslandsreisen der DDR-Bürger mildern, und dazu muss er unbedingt ein Arrangement mit der BRD treffen. Die meisten Ostdeutschen, die sich in die BRD begeben, werden Devisen benötigen. Doch darüber verfügt die DDR nicht mehr. Wieder einmal wird die DDR ihr Nachbarland bitten, ihren Staatsangehörigen ein wenig Taschengeld zukommen zu lassen.

»*Krenz hier, ich freue mich, Sie so früh am Morgen zu hören.*« In privaten Gesprächen zeigt der Kanzler sich sehr viel herzlicher und umgänglicher als in seinen öffentlichen Auftritten, wo er sich schroff und kontrolliert verhält. Das hat der Ostdeutsche bei den Telefonaten Honeckers mit Bonn bereits mitbekommen. Helmut Kohl gratuliert ihm zur Vervollständigung seiner neuen und hohen Ämter. Dann erklärt er, worum es ihm geht:

»*Mein erster Wunsch ist, um das gleich vorweg zu sagen, dass wir regelmäßig miteinander telefonieren.*«

»*Das ist eine gute Idee. Miteinander reden ist immer besser als übereinander reden.*«

»*Es ist inzwischen möglich, dass ich, um einmal ein Beispiel zu nennen, ganz selbstverständlich zum Telefonhörer greife und den Generalsekretär in Moskau anrufe oder umgekehrt. Und ich wünsche mir, dass das auch zwischen uns geschieht.*«

»*Also abgemacht, Herr Bundeskanzler.*«

238

Anschließend spricht Egon Krenz an, was ihm Sorgen bereitet – der freie Reiseverkehr der Ostdeutschen und dessen finanzielle Folgen. Vorgestern hatte er einen Emissär nach Bonn geschickt, dem man aber nur hinhaltende Antworten gegeben hat. Die BRD hat zwar vor, den Bürgern der DDR bei den Kosten für die Rückreise finanziell zu helfen, doch sie hat keinerlei Hoffnung gelassen, dass sie die ostdeutsche Staatsangehörigkeit anerkennen werde. Krenz schlägt weitere Treffen vor. Kohl, der keine Eile hat, kündigt an, Rudolf Seiters in der zweiten Novemberhälfte nach Ostberlin zu entsenden. Im selben Atemzug zählt er eine Reihe von Forderungen auf: Amnestie für DDR-Bürger, die das Land illegal verlassen haben, Einstellung der Verfahren gegen Demonstranten, eine schnelle Lösung für jene, die diesen Sommer geflohen sind und ihren Besitz wiedererlangen wollen. In vertraulichem Ton fügt der Kanzler hinzu: »Offen gesagt, wenn Ihr Name mit einer großzügigen Geste in Verbindung gebracht wird, so wird das erhebliche Auswirkungen haben, nicht nur hier, sondern auch in der DDR.«

Egon Krenz hat nicht die Absicht, auf diese Weise in die Geschichte einzugehen. Er unterbricht seinen Gesprächspartner: »Da, hoffe ich, stimmen Sie mit mir überein, dass eine sozialistische DDR auch im Interesse der Stabilität in Europa ist.« Kohl tut so, als verstünde er nicht, und weicht auf das Thema der deutschen Frage und Europas aus.

Beharrlich kommt Egon Krenz auf die Frage der Finanzierung seiner Mitbürger zurück. In einer Note an Bonn hat er einen westdeutschen Beitrag in Höhe von vier Milliarden D-Mark gefordert. Doch Helmut Kohl spielt erneut auf Zeit: Bis zum Ende des Gesprächs macht er keinerlei Zusagen.

Berlin, Samstag, 28. Oktober 1989

Mit entschlossenem Schritt eilt Heinrich Knopf durch die verlassenen Flure des Zentralkomitees. Am Wochenende kommen nur die höchsten Amtsträger zur Arbeit. Als der Stasioberst die Etage der SED-Bezirksleitung Berlin erreicht hat, stößt er die Tür eines großen Versammlungsraumes auf. Dort trifft er neben den Verantwortlichen der Partei und den hochrangigen Vertretern der Staatssicherheit auch den Kulturminister, einen leitenden Vertreter der Künstlergewerkschaft, einen weiteren von der Journalistenvereinigung und dazu den Polizeipräsidenten. Von dieser Geheimsitzung soll das Signal zum Gegenangriff ausgehen. Hier nimmt die Rückeroberung der Macht ihren Anfang. Heinrich Knopf ist froh, zum Kreis derer zu gehören, die die sozialistische DDR retten werden.

Auf der Tagesordnung steht nur ein einziger Punkt: das Treffen zugunsten der Meinungsfreiheit, das die Leute vom Theater für Samstag, den 4. November, auf dem Alexanderplatz planen. In Übereinstimmung mit Günter Schabowski hat die Stasi beschlossen, diese Demonstration zu unterwandern und sie zugunsten der von Egon Krenz herausgestellten Wendepolitik umzudeuten. In den letzten Tagen haben die wichtigsten Statthalter Erich Mielkes ihre Strategie sorgfältig ausgearbeitet. Sie zielt darauf ab, die Oppositionsgruppen an den Rand zu drängen, damit sie aus der Versammlung keinen politischen Gewinn ziehen können. Die Stasi glaubt, mit der Mobilisierung »sympathischer« Persönlichkeiten aus der Kulturszene und mithilfe der zahlreichen Spitzel, die von der Geheimpolizei ins Theatermilieu eingeschleust worden sind, die Steuerung der Versammlung sicherstellen zu können. Es muss nur noch die endgültige Liste der Redner festgelegt werden, außerdem will man sich darauf einigen, welche Parolen die in der Menge verteilten Anhänger der SED rufen sollen.

Erich Mielke ist persönlich erschienen, um seinen ehemaligen Untergebenen General Markus Wolf dazu zu bringen, sich an die Menschenmenge zu wenden. Der frühere Chef der Gegenspionage, Kopf der gemeinsten Schläge gegen die westlichen Dienste, ist vor zwei Jahren in den Ruhestand gegangen. Er steht Moskau sehr nahe und hat im Frühjahr einen Aufsatz mit dem Titel »Die Troika« veröffentlicht, in dem er dringend zu einer Perestroika in der DDR aufruft. Allein der Name des Chefspions auf der Rednerliste hat schon einige kritische Persönlichkeiten – die von der Stasi nicht erwünscht waren – davon abgehalten, aufs Podium zu steigen. Umso besser! Außerdem hat die Geheimpolizei die Veranstalter unter Druck gesetzt, bestimmte Dissidenten nicht zu Wort kommen zu lassen. Knopf und seine Leute haben eine Liste der unerwünschten Personen erstellt. Dazu hat der Oberst seine weitreichenden Kenntnisse über die Vertreter der Opposition genutzt. Das betrifft die Talente jedes Einzelnen, die zwischen ihnen stehenden Eifersüchteleien und die Unterstützung, die die verschiedenen Führer jeweils genießen.

Vor allen anderen hat man die Künstlerin Bärbel Bohley aussortiert. Innerhalb weniger Monate hat sie sich als Ikone des Protests in Ostberlin durchgesetzt. Unablässig wird sie von der Westpresse interviewt, zitiert und abgebildet. Der Auftritt auf der Tribüne des Alexanderplatzes würde sie in den Augen der gesamten DDR zur Oppositionellen Nummer eins weihen, was wiederum ihr Neues Forum in den Status einer politischen Kraft erster Ordnung erheben würde. Als zweite unerwünschte Person gilt Wolf Biermann, einst aus der DDR abgeschoben und ausgebürgert – ihn hatten die Veranstalter ursprünglich eingeladen. Für die Stasi bleibt der Unruhestifter weiterhin ein Schreckgespenst. Die Schmähungen, die er gegen Egon Krenz am Tag von dessen Ernennung als Parteichef geäußert hat, haben nicht gerade dazu beigetragen, diese Angelegenheit beizulegen. Dafür wird die Anwesenheit einiger Persönlichkeiten der Opposition, etwa des Physikers Jens Reich, geduldet.

Der Kulturminister warnt alle: »Diese Regierung ist äußerst unbeliebt. Man kann auftreten lassen, wen man will, er wird von Anfang an ausgepfiffen werden.« Er selbst verzichtet darauf, bei der Versammlung zu sprechen, und überlässt diese Aufgabe Günter Schabowski – dieser ist, wie er glaubt, der Konfrontation besser gewachsen.

Der Polizeipräsident wiederum macht sich Sorgen wegen der zu erwartenden Zahl der Teilnehmer. Man spricht von 300 000 Menschen. Auch wenn die Partei die Demonstration unterwandert, wird sie eine solche Menschenmenge nicht kontrollieren können. In seinen Gesprächen mit den Veranstaltern hat er gefordert, eine »rote Linie« über die Spreebrücken zu legen: Der Chef der Volkspolizei will mit allen Mitteln verhindern, dass die Demonstranten den Weg über die Straße Unter den Linden einschlagen und sich der Mauer nähern.

Schließlich ist die Auswahl der Parolen an der Reihe. Eine heikle Übung mit Tendenz zur Groteske. Die höchsten Funktionäre der Stasi, der Polizei und der Partei bemühen sich um Formulierungen, die der Macht gegenüber so feindlich klingen, dass sie glaubwürdig erscheinen, aber so gemäßigt sind, dass die öffentliche Meinung sich nicht gegen Egon Krenz wendet. »Gegen sozialistischen Provinzialismus«, »Die Straße ist die Tribüne des Volkes«, »Misstrauen ist die erste Bürgerpflicht«, »Rehabilitierung der Opfer der stalinistischen Prozesse in der DDR«... Schließlich gehen die alten Tschekisten auseinander – glücklich, dass sie an das alte Konzept der Unterwanderung anknüpfen konnten.

Heinrich Knopf eilt zu seinem Wartburg. Er fährt nicht ins Büro zurück, sondern schlägt die Richtung zum Prenzlauer Berg ein, stellt den Wagen bei der Zionskirche in einer Nebenstraße ab und verschwindet in einem gesichtslosen Gebäude mit grauer, heruntergekommener Fassade. Im dritten Stock klopft er an eine Tür. Hinter dem Türspion glaubt er einen Schatten zu erkennen. Ein junger Mann im T-Shirt öffnet; der Oberst tritt in den Flur, ohne ein Wort zu sagen. Er schaut sich in allen Winkeln der Wohnung um. Agent Bauer folgt ihm überallhin. Im Hauptraum steht Agent Holzer stramm wie ein Ladestock. Die beiden Stasileute sind wie gelähmt, weil ein so wichtiger Offizier in ihrem Versteck auftaucht.

Knopf nimmt sie hartnäckig nicht zur Kenntnis. Er geht zu dem, was früher ein Schlafzimmer gewesen war und jetzt eher einem Aufnahmestudio ähnelt. Auf einem langen Tisch sind Tonbandgeräte, Steuerpult, Kopfhörer und eine Funkverbindung mit dem Hauptquartier aufgebaut. Auf einer Schreibmaschine liegt ein unfertiges Protokoll. Der vorgesetzte Offizier greift danach, überfliegt es rasch und wendet sich an seine Leute: »Ist das alles?« Holzer und Bauer haben keine Antwort. »Es interessiert mich nicht, dass bei dem Treffen gestern neun Leute im Esszimmer beisammensaßen und darüber geredet haben, die Erziehung in der DDR zu reformieren. Wenn Sie glauben, Ihre Aufgabe bestehe allein darin, sich auf einen Stuhl zu flegeln und dem Geschwätz der Etage darunter zuzuhören, haben Sie nichts begriffen. Heute ist die Staatssicherheit der DDR auf Ihren Einsatz angewiesen. Diese Leute haben regelmäßige Kontakte mit West-agenten, die sie unterstützen und finanzieren. Wir müssen wissen, wer, wann, wo und wie! Diese Feinde des Sozialismus geben sich wie Heilige; unsere Aufgabe ist es, ihr wahres Gesicht zu entlarven: vom Kapitalismus bezahlte Provokateure!«

Dann nimmt Knopf im Wohnzimmer Platz. Er befragt seine Untergebenen zu den Überwachungsmethoden. Die jungen Polizisten teilen ihm mit, was sie tagaus, tagein so tun. Routine. Abgesehen von den Aufzeichnungen unternehmen die rund um die Zionskirche eingesetzten Stasi-trupps so gut wie nichts mehr gegen dieses Nest von Gegnern. Sie hätten, sagen sie, die Beschattung aufgegeben, weil ihre Gesichter bei den »Zielen« bekannt seien. Die Zahl der Leute, die zur Kirche und deren Untereinrichtungen wie etwa der Umweltbibliothek kämen und gingen, sei so groß, dass es unmöglich sei, alle zu überwachen und zu registrieren. Überdies würden jeden Tag Dutzende Westjournalisten vorbeischauen. Falls da ausländische Agenten dabei seien, die den Beruf als Tarnung nutzten, hielten sie es für unmöglich, sie ausfindig zu machen, wenn sie nicht einen Skandal in den Westmedien provozieren wollten – dort würde man wegen der Einschränkungen der Pressefreiheit aufheulen.

Heinrich Knopf lässt sich nichts vormachen. »Ihr gehört zur Staatssicherheit. Ihr seid hier, um unsere sozialistische Ordnung zu verteidigen. Allein das zählt. Im Kampf gegen unsere Feinde benötigen wir Informationen, Protokolle, materielle Beweise. Ich erwarte in kürzester Frist Ergebnisse.« Der Oberst macht sich davon, ohne die beiden versteinerten Männer auch nur zu grüßen.

Leipzig, Montag, 30. Oktober 1989

Die Angst lässt Christoph Wonneberger keine Ruhe mehr. Versetzungen, Predigtverbot, Repressalien – der Pastor hat die ganze Bandbreite der Sanktionen durch die Regierung aushalten müssen, auch wenn ihm seit dem Erfolg der Demonstration vom 9. Oktober niemand mehr etwas verbietet.

Trotzdem steht der Mann nach wie vor unter Druck. Seine Pfarrkirche, die Lukaskirche, dient den Oppositionellen Leipzigs als Basis. Dort treffen sie sich, dort drucken sie ihre Unterlagen, dort telefonieren sie. Der Pastor findet nicht einmal mehr die Zeit, die Montagsgebete zu beseelen und selbst zu demonstrieren. Eigentlich ist er fast nur noch auf dem Fahrrad unterwegs. Kreuz und quer fährt er durch die Stadt, um dieses Forum zu koordinieren oder jene Gemeinschaftssitzung zweier Gruppen in die Wege zu leiten. Christoph Wonneberger spürt das nahe Ende der SED-Tyrannei. Er versucht überall gleichzeitig zu sein, um die Zeit danach vorzubereiten, die Zukunft einer DDR, die sich von ihrem verkommenen Sozialismus befreit hat.

An diesem Morgen nimmt er sich kaum Zeit, sein Frühstück hinunterzuschlingen. Mit einer Tasse Kaffee in der Hand zieht er sich so schnell wie möglich in sein Büro in der Wohnung der Pfarrei zurück. Er hat sich geschworen, zum Wochenanfang Ordnung in das biblische Durcheinander zu bringen, das sich auf seinem Schreibtisch ausgebreitet hat. Die Post häuft sich, die aus der ganzen DDR eingetroffenen Unterlagen und Flugblätter liegen stapelweise unsortiert herum. Nachdem Christoph Wonneberger die Papiere geordnet hat, öffnet er die Umschläge und liest die aufgelaufenen Briefe. Dann greift er nach dem Stift, um zu antworten.

Ohne Vorwarnung gehorcht ihm sein rechter Arm nicht mehr. Leichenblass versucht er, seine Frau zu rufen, doch er bringt keinen Ton mehr heraus. Er ist stumm. Vor 15 Jahren hat der Pastor einen Schlaganfall erlitten. Ihm ist klar, das ist ein Rückfall. Er verlässt das Büro und hastet zu seiner Frau. Christoph Wonneberger zeigt stumm auf das Telefon, damit sie die Rettungskräfte anruft. Eine halbe Stunde später wird er von einer Ambulanz eilig ins Leipziger Park-Krankenhaus gebracht.

Abends, als Pastor Wonneberger in der Reanimation liegt, trotzen 250 000 Menschen auf dem Leipziger Ring dem Wind und dem Regen. Ein neuer Sprechchor ist zu hören: »Die Mauer muss weg!«

Moskau, Mittwoch, 1. November 1989

Die lange schwarze SIL-Limousine fährt über die Moskwa-Brücke. Gegen den grauen Himmel des Moskauer Herbstes heben sich die bunten Glühbirnen der Basilius-Kathedrale ab. Das Regierungsfahrzeug schlägt nicht die Richtung zum Erlöserturm ein, den man durchfährt, wenn man die Kreml-mauer passieren will. Es biegt nach rechts ab. Als Egon Krenz am Vorabend am Flughafen Wnukowo gelandet ist, hat er erfahren, dass sein Gespräch mit Michail S. Gorbatschow nicht im Machtzentrum, sondern im Zentralkomitee der KPdSU stattfinden soll. Ein Generalsekretär empfängt einen anderen: So soll der ganzen Welt die erneuerte Bruderschaft zwischen KPdSU und SED vor Augen geführt werden.

Den Deutschen hat diese Geste kaum berührt. Er denkt noch intensiv darüber nach, was ihm ein nächtlicher Besucher gestern Abend in der Residenz des Botschafters der DDR verraten hat. Im Park, inmitten von Wind und Schneefall, aber fern von neugierigen Lauschern und Wanzen, ist er von einem hohen KGB-Offizier gewarnt worden: »Genosse Krenz, Ihre Freunde, Ihre *wahren* Freunde, möchten vermeiden, dass Sie sich dem Löwen zum Fraß vorwerfen.« Dann hat der Geheimdienstmann ihm erklärt, Gorbatschow schätze seinen Besuch in der BRD im Juni so hoch ein und habe seine Beziehung zu Kohl so intensiviert, dass die DDR in seinen Augen immer weniger zähle. »Die Sowjetunion durchlebt ihre schlimmste Krise seit der Oktoberrevolution, Genosse Krenz. Um wieder hochzukommen, brauchen wir sehr reiche Freunde. Sie verstehen? Vorsicht! Die DDR ist in großer Gefahr.«

Als der Generalsekretär der SED am nächsten Tag das Büro der sowjetischen Nummer eins betritt, ist Michail Gorbatschow von einem Dutzend Journalisten umringt. Egon Krenz, der nicht damit gerechnet hatte, auf so viele Leute zu treffen, bringt kein Wort heraus. Der Russe stürzt auf seinen neuen Partner zu, umarmt ihn und verpasst ihm herzhafte Bruderküsse.

Alle lassen sich an dem langen Konferenztisch nieder, und der sowjetische Reformer verweist zufrieden darauf, wie sehr die Dinge in Berlin sich beschleunigt hätten. Er betont, man dürfe die Stunde nicht verpassen, in der Veränderungen geboten seien, wie er anlässlich seines Besuchs Anfang Oktober schon erklärt habe. »Wir müssen vermeiden, dass Probleme zu einem Knäuel werden, das nicht mehr entwirrt werden kann.« Egon Krenz stimmt ihm zu: »Deine Worte – wer zu spät kommt, den bestraft das Leben – haben uns zum Handeln veranlasst.« Gorbatschow entgegnet ihm, er habe die DDR nicht belehren wollen, sondern habe die Sowjetunion gemeint. Mit einer Metapher schildert er den Weg, der noch zurückzulegen sei, wenn man die Ziele der Perestroika erreichen wolle: »Das Pferd ist gesattelt, aber der Ritt noch nicht vollendet.«

Nach dem Vorgeplänkel über die Vorzüge des Wandels und die Verspätung dank der konservativen Haltung Erich Honeckers gibt Egon Krenz dem Gespräch eine andere Richtung. Er gesteht Gorbatschow den katastrophalen Zustand der ostdeutschen Wirtschaft ein. Wenn er das Land wieder in den Griff bekommen wolle, benötige der neue Generalsekretär Hilfe, die rasch und großzügig kommen müsse. Krenz weiß, dass nach der Weigerung Kohls heute in Moskau für ihn viel auf dem Spiel steht: Wenn die UdSSR die DDR nicht über Wasser hält, wird sie den kommenden Winter nicht überleben. Er zeichnet seinem Gesprächspartner ein ungeschminktes Bild der finanziellen Katastrophe. Stark zurückgegangene Investitionen hätten das Wachstum abstürzen lassen. Die Ziele des Fünfjahresplans würden nicht erreicht werden. Die von Honecker so gepriesene Mikroelektronik produziere zu derart hohen Kosten, dass man sie mit drei Milliarden Mark subventionieren müsse, um wenigstens einen Anschein von Wettbewerbsfähigkeit herzustellen. Krenz betont, es seien neue Kredite notwendig, um der Verschuldung begegnen zu können. Allein die Zinsen dieser Schulden würden 62 Prozent vom Erlös der Exporte verschlingen. »Wenn wir uns nur auf die eigene Produktion verlassen würden, müssten wir den Lebensstandard um 30 Prozent senken. Das ist politisch unvorstellbar.«

Gorbatschow gesteht ihm, er kenne die Lage in der DDR dank seiner Beziehungen zur Bundesrepublik sehr genau. Egon Krenz ist bestürzt. Der Besucher gestern Abend hatte recht: Moskau und Berlin reden hinter seinem Rücken über die DDR! Der Sowjetchef ist es leid; er weicht aus und begnügt sich damit, ihm Gas- und Öllieferungen zu unveränderten Preisen zu garantieren. Er warnt ihn davor, sich an die BRD zu wenden, da dieser mächtige Nachbar ihn an sich binden könnte. »Die DDR muss so handeln, dass die Entscheidungen in Ostberlin und nicht in Bonn getroffen werden.«

Fassungslos versucht Krenz, die Situation zu nutzen. »Michail Sergejewitsch, welchen Platz gestehst du der BRD und der DDR im gemeinsamen europäischen Haus[3] zu? Die DDR ist gewissermaßen ein Kind der Sowjetunion, und die Vaterschaft über seine Kinder muss man anerkennen.« Gorbatschow denkt nach; als Antwort zitiert er ein russisches Sprichwort: »Wie lang sich die Schnur auch windet, es kommt doch ein Ende.« In seinen Notizen schreibt Egon Krenz ein großes Fragezeichen an den Rand. Als er seine Frage wiederholt, spricht der verärgerte Russe mit gewohntem Schwung weiter. Er berichtet von seinen Gesprächen mit Margaret Thatcher, François Mitterrand, Giulio Andreotti oder General Jaruzelski. Alle hätten ihm versichert, sie würden von der Existenz zweier deutscher Staaten ausgehen.

Egon Krenz stellt die Reformen bezüglich des freien Reiseverkehrs vor, die er schnell umsetzen will. Erster Punkt, die DDR werde den Einsatz von Waffen an der Grenze vermeiden. Er sei nur in Fällen legitimer Notwehr zulässig. Anschließend spricht der Deutsche das neue Reisegesetz an, das er vor Weihnachten verabschieden lassen will. Wie gegenüber Helmut Kohl gesteht er, er wisse nicht, wie das Problem der Devisen zu regeln sei, die die Bürger der DDR bei Reisen in die BRD benötigten. Mit vorgetäuschter Naivität schlägt Gor-

---

3 Um den Kalten Krieg zu beenden und die Spaltung des Kontinents in zwei Blöcke zu überwinden, hatte Michail Gorbatschow das diplomatische Konzept vom »gemeinsamen europäischen Haus« entwickelt.

batschow vor, man könne eine allmähliche Herstellung der Konvertierbarkeit der DDR-Mark ins Auge fassen ...

Krenz erzählt ihm von dem Treffen, das die Künstler angeregt haben – zu diesem Anlass könnten am nächsten Samstag 500 000 Menschen zusammenkommen. Er erklärt ihm, dass Günter Schabowski auf die Tribüne steigen werde, und zählt die zehn Themen auf, die über die Parolen vermittelt werden sollen. Michail Sergejewitsch scheint weder vom Ansatz noch von der Strategie überzeugt zu sein.

»Wirst du das Neue Forum anerkennen?«

»Da ist noch nichts entschieden.«

»Bei diesen Fragen ist keine Zeit zu verlieren. Antisozialistische und kriminelle Elemente sind die eine Seite des Problems. Aber insgesamt kann man das Volk nicht als Feind betrachten. Man darf den Zeitpunkt nicht verpassen, sonst besteht die Gefahr, dass solche Bewegungen auf die andere Seite der Barrikade geraten. Die Partei darf solchen Problemen nicht ausweichen, sie muss mit diesen Kräften arbeiten.«

Moskau ist besser informiert, als Egon Krenz gedacht hatte. Und der Generalsekretär der KPdSU schlägt ihm vor, Grüppchen zu legitimieren, die er bestenfalls ignorieren und schlimmstenfalls auslöschen wollte.

Die Sowjetunion flirtet mit Bonn, scharwenzelt mit Washington und erteilt Ostberlin einen Verweis. Sie hat nicht vor, ihm auch nur eine Kopeke zukommen zu lassen! Nach vier Stunden des Zwiegesprächs hat der Generalsekretär der SED das Gefühl, den kommunistischen Boden unter den Füßen zu verlieren. Der bei dem zu seinen Ehren abgehaltenen Essen im Kreml zu jedem Trinkspruch gekippte Wodka wärmt ihn nicht. Das »Kind« der Sowjetunion erkennt für sich keinen Vater mehr.

13 Theater der Agonie

Berlin, Samstag, 4. November 1989

Je näher der Zeitpunkt des Treffens heranrückt, desto mehr steigt die Spannung in der Abteilung XX der Stasi. Man hat ein Merkblatt mit der Adresse von vier im Berliner Stadtzentrum gelegenen Tarnwohnungen an einige Hundert Agenten verteilt, die sich in die Menge mischen werden. Die Quartiere sollen als Rückzugsmöglichkeit dienen, falls die Demonstranten beschließen, den Zugang zum Ministerium für Staatssicherheit zu blockieren. In jeder dieser »konspirativen« Wohnungen stehen ein paar Offiziere in Bereitschaft, die ihre Kollegen in Empfang nehmen können. Losungswort: Blume.

Im Hauptquartier an der Normannenstraße plant man für das schlimmste denkbare Szenario. Die Nachrichten sind so besorgniserregend, dass man sich überlegt hat, das Treffen abzusagen. Doch für einen Rückzieher ist es zu spät: Die Demonstration verspricht eine der größten in der Geschichte der DDR zu werden, und alle, von der Opposition bis zu öffentlichen Organen, haben die Bevölkerung dazu ermuntert, daran teilzunehmen. Es sind zahlreiche Flugblätter im Umlauf; der *Telegraph* wie der *Morgen*, das Organ der überaus beflissenen christlich-demokratischen Partei der DDR, haben den Aufruf abgedruckt; sowohl Künstlerkreise als auch das vom Verbund der Kirchen unterstützte Neue Forum haben die Information im ganzen Land verbreitet.

Da die Verantwortlichen der Stasi seit Tagen spüren, wie ihnen das Ereignis aus der Hand gleitet, überlegen sie fieberhaft, wie sie vermeiden können, dass ihnen ihre gute Idee zur Katastrophe gerät. Sie haben ihre »Freunde« aus der Welt des Theaters und der Kunst zusammengetrommelt, um sich deren Unterstützung zu sichern. Können sie noch darauf vertrauen, dass ihre Maulwürfe diese Possenreißer mit den unvorhersehbaren Reaktionen beeinflussen können? Neue Anführer haben sich durchgesetzt, spontane Initiativen sind entstanden, gewisse Veranstalter, die mit der Regierung geliebäugelt haben, sind im Abseits gelandet. Die Schnüffler Mielkes entdecken, dass die Freiheit der Meinungsäußerung – wie Sprengstoff – heikel zu handhaben ist.

Nach den Prognosen der Ordnungskräfte sollten gegen Mittag etwa eine halbe Million Menschen auf dem Alexanderplatz versammelt sein. Ein Meer aus Menschen, das niemand kontrollieren, ja nicht einmal in Schranken halten kann. Die auf die Demonstration verteilten Agenten haben Anweisungen erhalten, die mit »angemessenen Mitteln« ausgeführt werden sollen. Erstens sind die militanten »Feinde« aufzuspüren und zu isolieren, die die Demonstration vielleicht für Provokationen nutzen wollen; zweitens sind die »positiven und vernünftigen Kräfte« zu unterstützen, um einen friedlichen Verlauf der Veranstaltung zu fördern – im Klartext, man soll den »guten« Rednern applaudieren und die Spötter zum Schweigen bringen; drittens ist dem Ordnungsdienst der Veranstalter zu helfen. Was die SED angeht, so hat sie ihre Anhänger dazu ermuntert, an dem Treffen teilzunehmen, um Egon Krenz zu unterstützen.

Obwohl der Demonstrationszug weit von der Mauer entfernt vorbeiziehen soll, hat die Stasi an den Zufahrtsstraßen

Leute postiert. Die Parteiführung wird weiterhin von der Vorstellung geplagt, die »Grenze« könne in einem Sturmangriff überwunden werden. In einem solchen Fall wird man alles tun müssen, um die Angreifer aufzuhalten. In unmittelbarer Nähe des Brandenburger Tors sind wieder bewaffnete munitionierte Grenzwachen aufgezogen.

Am Abend zuvor hat Egon Krenz in einer Fernsehansprache sein Bestes getan, um sich das Wohlwollen seiner Landsleute zu sichern. Mit einem Lächeln auf den Lippen, warmer Stimme und durchdringendem Blick hat er eine Lawine von Maßnahmen aufgezählt, wie sie die DDR seit ihrer Gründung nicht erlebt hat: Einrichtung eines Verfassungsgerichts, Verwaltungsreform, Beschränkung der Mandatsdauer, Schaffung eines Zivildienstes für Wehrdienstverweigerer aus Gewissensgründen, grundlegende Erneuerung des Wirtschaftssystems, Überprüfung der Schulpolitik ... Als Zeichen guten Willens hat er nach den Rücktritten von Harry Tisch und Margot Honecker einen Tag zuvor die Ablösung weiterer Apparatschiks angekündigt. Um die Wende glaubwürdig erscheinen zu lassen, ist eine Verjüngung, wie Gorbatschow ihm nahegelegt hat, zwingend geboten. Fünf nicht gerade unbedeutende Mitglieder des Politbüros, alte Männer, die seit Jahrzehnten im Amt sind, schicken sich an, aus dem Machtapparat auszuscheiden: Kurt Hager, verantwortlich für Ideologie, Hermann Axen, Alfred Neumann und – die Fernsehzuschauer trauten ihren Ohren nicht – Erich Mielke ... Selbst der oberste Bulle der DDR, noch dazu ein Mann Moskaus, hat sich dazu entschließen müssen, das Handtuch zu werfen.

Zum Schluss hat der Generalsekretär die Bevölkerung zur Geduld aufgefordert. »Die Dinge lassen sich nicht in ein paar Wochen und schon gar nicht in wenigen Tagen korrigieren.

Ein unüberlegtes, überstürztes Vorgehen würde mehr Unannehmlichkeiten als Vorteile nach sich ziehen.«

An diesem Samstagmorgen, als die ersten Spaziergänger am Alexanderplatz ankommen, sind Leute von der Stasi in Zivil bemüht, sie von der Teilnahme an dem Treffen abzuhalten. »Habt ihr die Rede gestern Abend gehört? Krenz hat in allen Punkten nachgegeben, demonstrieren führt zu nichts, Genossen.«

Im Innenministerium ist man nur halbherzig bei der Sache. Egon Krenz, Verteidigungsminister Heinz Kessler, Willi Stoph und Erich Mielke haben sich im Büro des Ministers Friedrich Dickel eingefunden, um sich das große Berliner Happening im Fernsehen anzuschauen. Erich Mielke ist über Nacht um 15 Jahre gealtert: der ausladende Brustkorb eingefallen, die Lider schwer, die Lippen blutleer. Man hat zwei telefonische Standleitungen zu den sowjetischen »Statthaltern« in der DDR eingerichtet. Eine verbindet sie mit dem Generalstab der Roten Armee in Wünsdorf, die andere mit dem KGB in Karlshorst. Letztere sind darauf eingestellt, in jedem Augenblick Verbindung mit Michail Sergejewitsch in Moskau aufzunehmen. Sollte sich in der Nähe der Mauer auch nur der kleinste Zwischenfall ereignen, wird der kommunistische große Bruder es unverzüglich erfahren.

Vor ihnen stehen fünf Fernsehgeräte. Auf einem läuft das Erste Programm Ostdeutschlands, dem Egon Krenz eine Direktübertragung der Demonstration erlaubt hat. Auf den anderen sind Bilder der Überwachungskameras zu sehen, die man an neuralgischen Punkten der Hauptstadt eingerichtet hat. Im Moment entdecken die fünf Parteibonzen nur einen Grund zur Beunruhigung: Ein für einen Samstagnachmittag ungewöhnlich dichter Verkehr verstopft die Straßen der Hauptstadt. Trabbis, Wartburgs, Ladas aus der gesamten DDR treffen auf den ins Zentrum führenden Verkehrsadern zusammen. Es ist noch keine neun Uhr, und für die Verantwortlichen der SED zeichnet sich ein unangenehmer Tag ab.

Am Bahnhof Friedrichstraße, dem einzigen Eisenbahn-Grenzübergang zwischen den beiden siamesischen Stadt-zwillingen – einem Ort der Tränen, wo die Deutschen für einen Augenblick von mediterraner Herzlichkeit ergriffen sind, wenn sie sich im Moment des Wiedersehens oder des Abschieds weinend umarmen und küssen –, wartet der Liedermacher Wolf Biermann auf seine Abfertigung an der Grenzkontrolle. Durch ein schmales Schalterfenster reicht er einem hinter einem abblätternden Spiegel verborgenen Polizisten seinen westdeutschen Personalausweis. »Einen Moment«, sagt die gesichtslose Stimme. Auf der anderen Seite des Grenzpostens, hinter einer Schwingtür aus Span-platten, wartet Bärbel Bohley auf den berühmtesten Dissi-denten der DDR. Die Künstlerin hüpft von einem Bein auf das andere. Werden sie ihn passieren lassen? Ihr von kurzen Haaren umrahmtes jugendliches Gesicht verrät Angst. Ohne Zweifel hat die Stasi ihre schmale Gestalt in der Bahnhofs-halle bereits ausgemacht. Werden sie ihm wieder einen üblen Streich spielen? Biermann, dem man 1976 seine ostdeutsche Staatsbürgerschaft entzogen hatte, ist nur einmal gestattet worden, in sein Land zurückzukehren – ans Krankenlager eines sterbenden Freundes. Mit der Einladung für ihn will das Neue Forum ein starkes Zeichen setzen; die Symbol-gestalt der ostdeutschen Unterdrückung, Sohn eines in Auschwitz ermordeten kommunistischen Juden und Helden des Widerstands gegen die Nazis, ist auf dem Sprung, sein Vaterland wiederzusehen.

Bärbel Bohley ist besorgt, weil sie die rundliche Gestalt des Sängers mit dem Gallier-Schnurrbart im Strom der Reisenden nicht ausmachen kann. Jenseits der Schwingtüren gibt es keinen Einspruch gegen den Bescheid: Der Offizier hat Wolf Biermann seine Papiere zurückgegeben und ihm zu verstehen gegeben, dass ihm die Einreise in die DDR verwehrt sei. Für ihn gilt die von Egon Krenz verkündete »Wende« nicht. Dem Generalsekretär der SED verweigert man nicht ungestraft den Respekt.

»Soll das ein Scherz sein, meine Liebe? Es kommt überhaupt nicht Frage, dass Ihre Kinder heute Morgen nicht in die Schule gehen!«

Barbara wird wütend. Die Direktorin lässt nicht zu, dass Simone und Boris sie zum Alexanderplatz begleiten. Was soll's, sie wird es nicht beachten. In wenigen Augenblicken wird die größte Demonstration der DDR beginnen. Nicht eine dieser lächerlichen Paraden, mit denen die SED sich selbst feiert. Ein beispielloser Demonstrationszug, der mit einer Reihe nicht von der Macht zensierter Reden zu Ende gehen wird; eine davon wird Barbara halten, die von ihren Oppositionsgefährten auf die Rednerliste gesetzt worden ist.

In einem Zug stürzen die beiden Kinder ihren Kakao hinunter; eilig ziehen sie Mantel, Schal und Mütze an. Kommt nicht in Frage, dass sie das verpassen. Diese paar Stunden werden sie stärker prägen als die jahrelange Gehirnwäsche durch die SED in der Schule.

Auf dem Rosa-Luxemburg-Platz lassen die Leute vom Ordnungsdienst vor der Volksbühne die Gruppe »Schwarz-Rot« nicht aus den Augen. Die Veranstalter – sie tragen gelbgrün gestreifte Armbinden mit der Aufschrift »Keine Gewalt« – haben sich gegenüber den Polizeiführern verpflichtet, dass die Demonstration durch keinerlei Übertretungen gestört werden soll. Doch die rund 200 jungen Leute mit rot-schwarzen Fahnen auf dem Rasen vor dem Theater scheinen das anders zu verstehen. Einige der Anarchisten-Setzlinge haben sich vermummt – sie wollen dem Westberliner »Schwarzen Block« nacheifern, der sich auf der andere Seite der Mauer dadurch hervortut, dass er sich bei jeder Gelegenheit regelrechte Schlachten mit der Polizei liefert.

Hansi, der mit seinen revolutionären Kumpeln im Gras sitzt, schwenkt ein Transparent, auf das er einen selbst erfundenen Reim gepinselt hat: »Anarchie ist machbar, Nachbar.« Er hatte die Idee mit den Standarten, mit der die Gruppe »Schwarz-Rot« sich vom übrigen Demonstrationszug abheben soll. Vorgestern haben Sven und er meterweise billigen Stoff gekauft. Freundinnen, die bei der UB gestrandet waren, haben mit drei Nähmaschinen Hunderte Fahnen und Schals genäht. Und an diesem Morgen haben die Anarchos beschlossen, etwa 50 Meter hinter allen anderen herzumarschieren, um so ihr Misstrauen auszudrücken.

Hansi und Sven betrachten diese von allen Seiten begrüßte Demonstration seit einigen Tagen mit Argwohn. Als Bannerträger der »Oktoberrevolution« haben sie gelernt, die Machenschaften der Partei und der Stasi aufzuspüren. Und heute wittern die beiden Aktivisten undeutlich einen Versuch der Rückeroberung oder gar eine Falle, die man der Opposition stellen will. Außerdem haben ihnen die Freunde vom Neuen Forum von den Verhandlungen rund um die Rednerliste erzählt und dann den Auftritt von »Reformern« der SED angekündigt. Bei diesem Wort hat Sven gespürt, wie sein Gesicht rot anlief – in der Partei reimt sich »Reformer«

derzeit auf »Opportunist«. Sein Entschluss stand sofort fest: Seine Freunde und er werden sich nicht unter die Wendehälse mischen.

Emma ist mit der Familie zur Karl-Liebknecht-Straße gekommen. Petra, eingemummelt im Kinderwagen, erkennt in der Menge nur die Gesichter ihrer Eltern und ihrer großen Brüder Jürgen und Bastian. Die vielen Unbekannten, dazu diese ungewohnte Aufregung – all das verstört das kaum ein Jahr alte Mädchen, und Emma muss sie einige Male auf den Arm nehmen, um sie zu beruhigen.

Unter einem langen Transparent mit der Aufschrift »98,85 Prozent! Wer einmal lügt, dem glaubt man nicht!« sind sie auf Nachbarn und Freunde getroffen, und mit einem Glas Schaumwein stoßen sie auf künftige Freiheiten an – nicht ohne ab und zu feindselige Sprechchöre gegen den Bürgerkundeunterricht an den Schulen und die ideologische Indoktrination schon in den Klassen der Kleinsten zu rufen.

Als sie am Palast der Republik vorbeiziehen, bemerkt Emma einen kräftigen Mann mit etwas gelichtetem Haar, der eine Brille mit rechteckigen Gläsern trägt. Sie traut ihren Augen nicht und zupft einen der Nachbarn in der Demo am Ärmel, der ihren ersten Eindruck bestätigt: Ja, das ist er wirklich! Kein Zweifel, es ist Markus Wolf. Der ehemalige Chef der Gegenspionage, intimer Freund des KGB und ein Ratgeber, auf den Erich Mielke gehört hat, demonstriert für die Meinungsfreiheit. Emma möchte sich fast kneifen, um sicherzustellen, dass sie nicht träumt. Sie dreht sich zu ihrem Mann Michael um, der ihr zerstreut zuhört: »Markus Wolf, der Januskopf der Partei! Die sind wirklich zu allem entschlossen, um die Opposition zurückzugewinnen.«

Das Kreischen der Bremsen verhallt unter der Glaskuppel des Bahnhofs Alexanderplatz. Martin und Werner, die am frühen Morgen in Leipzig aufgebrochen sind, springen auf den Bahnsteig. Sie wollen in allen Einzelheiten über das Ereignis berichten, weshalb jeder einen Fotoapparat mitgenommen hat. Martin seine vorsintflutliche Contax, Werner hat sich eine Beirette besorgt.

Auf der Treppe fragt Martin sich immer noch, ob wirklich viele Berliner kommen und ob sie den gleichen Mut zeigen werden wie die Menschen in Leipzig. Er hat da so seine Zweifel. In der Hauptstadt leben all die Funktionäre, Apparatschiks und Angestellten der Partei. Sie verkörpern die Macht. Warum sollten die Kurtisanen und Lakaien des Politbüros den Palast in Brand stecken? Schon die Vorstellung, die Demonstration sei »genehmigt«, kommt ihm grotesk vor. In Leipzig haben sie die Straße in Besitz genommen, ohne jemand um Erlaubnis zu fragen.

Draußen auf der Straße treffen Martin und Werner Demonstranten, die Blumen dabeihaben und jedem uniformierten Polizisten eine anbieten. Die beiden Leipziger sehen einander an und fangen zu lachen an. »Glaubst du, die wollen um ihre Hand anhalten?«

»Ich bin einfach zu gutmütig«, sagt Vera mit zusammengebissenen Zähnen, während sie zusieht, wie Stefan und Lukas, drei und sieben Jahre alt, hingebungsvoll aufeinander eindreschen. Es sind die Söhne einer Freundin, die sie schon vor ein paar Wochen gebeten hat, den ganzen Tag auf sie aufzupassen. Die junge Regierungsgegnerin hilft gern mal aus, doch jetzt, mit der Demo am Alexanderplatz, grenzt das schon an Selbstverleugnung. Alle ihre Freunde sind auf der Straße, und Vera brennt darauf, sich ihnen anzuschließen.

Aber hat sie das Recht, die Kinder einer anderen zu einer solchen Veranstaltung mitzunehmen? Ein Demonstrationszug, an dem Parteimitglieder und Künstler teilnehmen, kann doch nicht ausarten, das ist einfach nicht möglich, sagt sie sich noch einmal. Vera knickt ein.

Sie zieht die beiden Knaben an, setzt Stefan in den Kinderwagen, packt entschlossen die kleine behandschuhte Hand von Lukas und verschwindet in Richtung Karl-Liebknecht-Straße. Aus Sorge um die Gören geht sie den Leuten von »Schwarz-Rot« vorsichtshalber aus dem Weg. Vera bewundert Hansi und seine Kumpel; ihren unbesonnenen Radikalismus, ihre Lust, sich mit der Polizei anzulegen oder gar Konflikte zu suchen, sieht sie jedoch mit Argwohn.

Sie hat vor, sich unterwegs in die Demo einzureihen. Doch obwohl die erste Gruppe des Umzugs schon vor mehr als einer halben Stunde abmarschiert ist, warten immer noch Demonstranten darauf, dass sie sich in Bewegung setzen können. Vera und die beiden Jungen schließen sich der Demonstration an und kommen irgendwann mit kleinen Schritten voran. Der Anblick dieser bunten Menschenmenge, deren Ende sich dem Blick entzieht, macht sie schwindlig. Man könnte glauben, die ganze DDR sei auf die Straße gegangen. Junge, Alte, Angestellte, Arbeiter, Intellektuelle, Professoren, Studenten, Funktionäre, Künstler, Pastoren, Atheisten, Gammler, Sachsen, Brandenburger, Thüringer – alle sind sie dem Aufruf gefolgt.

Lukas, den diese Menschenflut ein wenig ängstlich macht, klammert sich an den Parka seiner Babysitterin. Vera tätschelt ihm den Kopf, um ihn zu beruhigen. »Du musst keine Angst haben. Die schreien viel rum, aber sie sind nicht böse, das geht schon.« Sie schaut in die Runde, beobachtet die Demonstranten, hört Gesprächsfetzen. Diese Demonstration ist anders als alle, die sie bisher erlebt hat. Neben ihr debattiert eine kleine Männergruppe mit Harzer Dialekt – Bergarbeiter, die in Bleicherode Kali abbauen.

»Ihr kommt ja von weit her, sagt mal«, spricht Vera sie an.

»Käme nicht in Frage, das hier zu verpassen«, erwidert ein stämmiger Typ mit schwieligen Händen. »Wir sind an die 30 Leute, wir sind frühmorgens mit einem Bus vom Bergwerk losgefahren. Ohne Genehmigung!«

»Dabei vergöttert die Partei die Bergleute... Ihr seid die Lieblingsarbeiter des Sozialismus, die Vorbilder.«

»Wenn sie uns so gern haben, warum schuften wir dann unter so beschissenen und gefährlichen Bedingungen? Wir haben bloß alte Ausrüstung. Die Wasserleitungen sind leck, wir arbeiten mit den Füßen im Wasser. Dauernd werden die Kumpel krank. Und das Bergwerk verschmutzt die Flüsse so sehr, dass wir im Gemüsegarten nichts mehr anbauen können. Das muss man sich mal vorstellen! So kann es nicht weitergehen!«

Ein Rentnerpaar aus Berlin, das früher an der Charité gearbeitet hatte, nickt bei den Worten des Bergmanns. Sie hätten sich nie vorstellen können, eines Tages zu demonstrieren. Am 17. Juni 1953 haben sie gesehen, wie die Rote Armee den Aufstand der Bauarbeiter niederschlug. Auf den Straßen wurden die Demonstranten von den Kugeln niedergestreckt. Als normale Passanten sind sie davongelaufen, um nicht von Vopos festgenommen zu werden, die wahllos Protestierende und Spaziergänger verhaftet haben. Der reine Terror. 36 Jahre später finden sie sich auf der Straße wieder, um die Privilegien anzuprangern.

»In den Regalen gibt es nichts als Plunder von schlechter Qualität«, sagt die Dame zu Vera. »Selbst die Polen wollen das nicht haben! Und das, wo die Eliten der SED eigene

Kaufhäuser haben, wo sie Westwaren kaufen. Noch nicht mal mit Devisen. Die Parteifunktionäre arbeiten nur halb so viel wie die anderen, haben aber den ganzen Komfort für sich.«

»Mein Schwager in Sachsen-Anhalt«, schiebt ihr Mann nach, »hat mir erzählt, dass der dortige Bezirkssekretär der Partei sich im Wald eine Jagdhütte hat bauen lassen. Da lädt er dann all seine Freunde ein, und sie veranstalten Orgien. Die fressen und saufen, das Übrige will ich Ihnen gar nicht erzählen. Das Ganze im Namen der sozialistischen Ideale. Und wo hat er das Geld her, frage ich Sie?«

Vera freut sich, dass der Demonstrationszug zum Volkstribunal wird. Jeder lässt seine Wut heraus, schimpft auf die Lasterhaftigkeit der Regierung, schreit heraus, was er sich für morgen erwartet. Für einen Moment schließt sie die Augen, um die wütenden Sprechchöre der Straße besser genießen zu können. Vera ist im siebten Himmel: Endlich hört sie, was sie seit Wochen im Untergrund gedruckt hat. Die Gespräche im Untergeschoss der UB werden heute in aller Öffentlichkeit geführt.

»Großmutter, warum hast du so große Zähne?« Im Krisenstab fällt es den um Egon Krenz versammelten Ministern schwer, ein Lächeln zu unterdrücken. Eben bringt ein Kameramann die Transparente in Naheinstellung, und das humorvolle Plakat ist voll im Bild. Der Generalsekretär der SED ist als der Wolf aus Rotkäppchen dargestellt – im Bett und mit einem weißen Häubchen auf dem Kopf.

Krenz tut so, als sei er darüber erhaben: »Das ist doch ganz normal, dass man uns angreift. Die Leute reagieren sich ab. Der Kessel steht seit Jahren unter Druck, und jetzt ist der Deckel angehoben worden. Das Politbüro, die Regierung und ich persönlich, wir müssen die Last all der in den letzten Jahren begangenen Fehler tragen.«

Vor Beginn der Sitzung hat Egon Krenz Willi Stoph beiseitegenommen. Sie haben sich untereinander geeinigt: In zwei Tagen, am 6. November, wird der Vorsitzende des Ministerrats gegenüber Krenz seinen und den Rücktritt seiner Regierung bekannt geben. Bei ihrem Treffen in Moskau hat Michail Gorbatschow seine Zustimmung signalisiert. Er hat die Verjüngung bei den Kadern gebilligt, doch er hat seinen Amtskollegen auch gebeten, den Abschied Stophs mit Fingerspitzengefühl zu gestalten. Er hat ihn daran erinnert, welche Demütigungen der Regierungschef erdulden musste und vor welchen Problemen er stand, als er mehrfach versuchte, sich Honecker zu widersetzen. Also hat Gorbatschow Krenz gebeten, Stoph im Politbüro zu halten.

Der Generalsekretär gibt sich bedeutungsschwer.

»Willi, ich würde gern mit dir über deine Zukunft und die Auswahl deines Nachfolgers reden. Du weißt, ich werde nie vergessen, dass du es warst, der im Politbüro die Debatte über unsere Fehler angestoßen hat. Ohne dich hätten wir es nicht geschafft, Erich abzulösen. Morgen trittst du als Vorsitzender des Ministerrats zurück, aber ich möchte, dass du im Politbüro bleibst. Du solltest wissen, dass Michail Sergejewitsch der gleichen Meinung ist.«

»Danke, Egon. Ich werde darüber nachdenken.«

»Ich habe vor, Hans Modrow als deinen Nachfolger zu nominieren.«

»Hast du dir das gut überlegt?«

»Ja. Wir kennen uns seit der Kommunistischen Jugend. Er hat bereits Erfahrungen in der Außenpolitik gesammelt und ein Diplom in Wirtschaftswissenschaft. Vielleicht erscheint er ein wenig spröde, als wolle er nichts nach außen durchdringen lassen, doch ich glaube, er ist wie für diese Aufgabe gemacht.«

Willi Stoph kann nur schwer akzeptieren, dass er auf dem Altar der Erneuerung geopfert werden soll. Als unermüdlicher Gegenspieler Erich Honeckers hat er in Berlin und beim Kreml seit Jahren auf seinen Sturz hingearbeitet. Doch nach kaum zwei Wochen wirft man ihn jetzt in denselben Topf wie die jeder Veränderung abholden Greise des Politbüros – er selbst ist 75. Nachdem er diese Kröte geschluckt hat, legt er dennoch Wert darauf, sein Misstrauen gegenüber seinem Nachfolger deutlich zu machen. Nach Willi Stophs Ansicht ist Modrow ein verschlagener und ehrgeiziger Mann, dem es gelungen ist, auf den Zug der Perestroika aufzuspringen, was ihm die Gunst von Gorbatschow eingebracht hat. Stoph nutzt die Gelegenheit, seinen Ärger loszuwerden und Egon Krenz zu warnen.

»Du hast Modrow zu Recht ausgesucht. Aber er ist eingebildet. Ich glaube, in Wahrheit hat er den Ehrgeiz, Generalsekretär zu werden.«

Als sie wieder im Büro sind, sehen sie auf den Bildschirmen Ansichten vom Alexanderplatz, der von Menschen überquillt. Die Menge reicht bis in die Zufahrtsstraßen hinein. Voller Angst hatten Mielkes Männer einen Aufmarsch von 500 000 Personen vorhergesagt. Nun sind es fast doppelt so viele.

So etwas hat Berlin noch nicht erlebt, nicht einmal vor der Gründung der DDR. Als der Regisseur die Spruchbänder und Transparente einfängt, kommen sie den Chefs der SED noch subversiver vor. »Freie Wahlen sofort!«, »Kein Machtmonopol für die SED!«, »Glaube nur den Zahlen, die du selbst gefälscht hast!«.

Als die Gruppe »Schwarz-Rot« den Platz erreicht, ist die von der aus Stahl und Glas konstruierten Kugel des Fernsehturms beherrschte Fläche von einer dichten Menschenmenge erfüllt, aus der Spruchbänder und Transparente aufragen.

Seit sie am Palast der Republik vorbeigekommen sind, ist Hansi unaufhörlich am Motzen. Mit Unterstützung der radikalster. Gruppenmitglieder hat er alles versucht, um seine vermummten Freunde dazu zu bringen, die Polizeiabsperrung zu durchbrechen und in die Straße Unter den Linden und Richtung Brandenburger Tor vorzudringen. »Auf geht's, Jungs, diese Demo ist zum Sterben langweilig. Das ist alles zu ruhig, zu freundlich. Da muss was passieren. Die Absperrung ist leicht zu überwinden, das garantiere ich euch.« Seine älteren Kameraden hatten alle Mühe gehabt, Hansi und seine Freunde zu bändigen.

In einiger Entfernung von der Tribüne, wo die ersten Redner ihren Auftritt vorbereiten, hat sich die Gruppe »Schwarz-Rot« nun vor dem »Haus des Lehrers« aufgestellt. Dessen Fassade wird von einem monumentalen Bildfries geziert – einem Meisterwerk des Sozialistischen Realismus. Dort stehen drei Fahnenmasten. Hansi und Sven befestigen rotschwarze Fahnen an den Seilen und ziehen sie ganz nach oben, als befänden sie sich im Hof der UB.

Ihr Verhalten bleibt nicht unbemerkt. Ebenso ihr Aufzug. Leute kommen näher und beschimpfen sie. »Gammler! Vandalen!« Die Vermummten sehen sich angegangen: »Zeigt euer Gesicht!« Einer von den Leuten, die ihnen Belehrungen erteilen, trägt am Jackenaufschlag einen ovalen Button, der eine Faust vor roter Flagge zeigt – das Parteiabzeichen der SED, »Bonbon« genannt und allein den Mitgliedern vorbehalten. »Mach lieber deinen Spezis von der Stasi Vorhaltungen!«, wirft Sven ihm an den Kopf.

Ausnahmsweise mischt Hansi sich nicht ein. Er wirkt wie erstarrt, weil er glaubt, ein Gespenst gesehen zu haben. Ein paar Schritte entfernt wartet ein Mann um die Sechzig mit Rundschädel und rötlichen Backen geduldig darauf, dass mit den Reden begonnen wird. Das Gesicht von Richter Külz, der ihn in den Knast geschickt hat, wird Hansi nie vergessen. Der hat ihm gerade noch gefehlt, damit die Farce wirklich losgehen kann.

Der Richter ist zusammen mit Gerichtsbeamten und anderen SED-Mitgliedern gekommen. Sie diskutieren, lachen, stimmen in die von der Menge gerufenen Sprechchöre »Wir sind das Volk!« ein. Einer ihrer Kollegen stößt mit einer Tasche voller Bierflaschen zu ihnen. Richter Külz öffnet ein Wernesgrüner und stößt mit den anderen geräuschvoll an. Hansi ist angewidert – fast kommt er sich wie bei einer sozialistischen Maifeier vor.

Als Initiatoren der Demonstration sprechen die Theaterleute als Erste zu der versammelten Menschenmenge. Der Schauspieler Ulrich Mühe, Mitglied im Ensemble des berühmten Deutschen Theaters, spricht von der unermesslichen Freude, in der die vielen Hunderttausend Deutschen vor ihm vereint sind, und ruft: »Wunderbar!«

Entgegen den Erwartungen der Normannenstraße kommen die Veranstalter den Vertretern der Macht kein bisschen entgegen. Als wollten sie das Publikum anheizen, ehe Markus Wolf das Wort ergreift, bitten sie Kurt Demmler auf die Bühne. Der Rock-Rebell bereitet der Stasi schon seit Jahren Probleme. Jetzt begleitet er sich selbst auf der Gitarre und stimmt den Song »Irgendeiner ist immer dabei« an. Das Lied stichelt gegen die Allgegenwart der Regierungspolizisten. Die Menge feiert ihn begeistert, und als der Stasigeneral im

Ruhestand auftritt, buht man ihn aus. Seine Worte gehen im allgemeinen Lärm unter. Stoisch hält der »Held des sozialistischen Vaterlands« zehn Minuten lang die Stellung. Er nimmt die Mitarbeiter der Staatssicherheit in Schutz, man dürfe aus ihnen nicht die Prügelknaben der Nation machen. Der Krach nimmt wieder gewaltig zu. Als er das Land auffordert, die »einmalige Chance«, Sozialismus und Demokratie zu versöhnen, nicht vorübergehen zu lassen, hört ihm niemand mehr zu.

Eine halbe Stunde später springt Günter Schabowski im blauen Regenmantel in die Höhle des Löwen. Als er das Podium betritt, wird ihm ein schrecklicher Empfang zuteil. Kaum sagt er ein paar Worte, geht seine Stimme in lauten Missfallensbekundungen unter. Die Leute pfeifen, verhöhnen und beleidigen ihn. »Das reicht! Schnauze! Raus!« Einige von den Veranstaltern versuchen vergeblich, die Menge zum Schweigen zu bringen. Sie beschwören sie, den Redner sprechen zu lassen – schließlich fordert man mit der Demonstration das Recht auf freie Meinungsäußerung »für alle«. Günter Schabowski setzt erneut an. Er versucht sich durchzusetzen, hebt die Stimme, wedelt heftig mit den Armen. Wie eine Sturmbö, die ihm voll ins Gesicht fährt und ihn vom Podium fegt, schwillt das Geschrei auf doppelte Lautstärke an. »Aufhören!«, brüllen Tausende Demonstranten. Schabowski gibt auf. Vollkommen fassungslos, mit aschfahlem Gesicht und hängenden Schultern dreht er sich um und steigt vom Podium.

Barbara wird es nie bis aufs Podium schaffen. Sie ist zu höflich und ein wenig eingeschüchtert, und so hat sie eingewilligt, ihren Platz auf der Rednerliste abzugeben und ein paar Ränge nach hinten zu rutschen. Kurz darauf kommt einer der Veranstalter zu ihr und erklärt verlegen, man habe schon mehr als 25 Redner durch, die Leute würden seit drei Stunden zuhören und es sei leider an der Zeit, die Veranstaltung zu Ende zu bringen.

Als sie frustriert und ein wenig beschämt nach Hause kommt, findet sie die Kinder vor, die der Vater früh am Nachmittag zurückgebracht hat. Voller Stolz zeigt Simona ihrer Mama ein Blatt Papier: Sie hat einen bunten, mit Spruchbändern gespickten Demonstrationszug gezeichnet.

Ein fürchterliches Fiasko! Egon Krenz muss sich dem Offensichtlichen stellen, das ihn niederdrückt: Aus der Demonstration ist eine Pleite geworden, die subtilen Machenschaften der Stasi haben sich in ein Desaster verwandelt. Die zu dem Treffen eingeteilten Genossen der SED sind einfach untergegangen, die Befürworter der neuen Parteilinie sind verhöhnt und die »gemäßigten« Parolen überhört worden. Und das Staatsfernsehen hat das ganze Debakel direkt übertragen. Mehr als eine Million Menschen auf der Straße, und der Rest der DDR vor den Bildschirmen.

In dem riesigen Büro, das er seit gerade mal 17 Tagen belegt, geht er allein auf und ab. Um ihn herum bricht alles zusammen. Was am Vortag noch stand, stürzt am folgenden Tag ein. Ist der Sozialismus in der DDR noch zu reformieren? Was wird daraus werden? Auf die Fragen, die ihn umtreiben, findet Egon Krenz keine Antworten.

Ohne Vorankündigung ruft er die Mitglieder des Politbüros ein, die sich an diesem Samstag in Berlin befinden. Jeder berichtet seine Eindrücke von der Demonstration, jeder ist bemüht, etwas Positives daran zu finden, ein Zeichen der Hoffnung daraus abzulesen. Die vom Gewittersturm erfassten Apparatschiks klammern sich an die letzten Zweige. Zwar seien die Proteste heftig gewesen, stellen sie fest, aber immerhin habe keiner der Redner die Wiedereinführung des Kapitalismus gefordert. Uff!

Als sie wieder gegangen sind, verfasst Egon Krenz ein Telegramm an alle Ersten Bezirkssekretäre der Partei:

»Es gab keine Alternative zu dieser Demonstration, wenn wir dem vom Zentralkomitee beschlossenen Grundsatz treu bleiben wollten, demzufolge den derzeit ablaufenden Vorgängen nur mit politischen Mitteln nachzugehen ist. Deshalb sind wir übereingekommen, eine Zusammenarbeit der Veranstalter des Treffens mit der Volkspolizei einzurichten. Dank ihres Einsatzes sind gewaltsame Zusammenstöße vermieden worden, und die Versammlung ist friedlich zu Ende gegangen. Das spielt eine Rolle für die Stimmung im Land«.

Großmutter, wo sind deine großen Zähne hingeraten?

Hansi hat den Alexanderplatz schon vor dem Ende der Versammlung verlassen. Auch er hat das Gefühl, als Verlierer vom Platz zu gehen. Die Anarchie, seine Träume von einem herrschaftsfreien Sozialismus, all das wird nicht realisiert werden. »Hast du diese Spießer mit den freudig erregten Gesichtern gesehen? Wie eine Hammelherde! Kleinbürger beim Saufen!«, sagt er zu Sven. Immerhin hat er nicht vollkommen verloren: Annette ist wieder in Berlin! Am Ende der Versammlung trifft er sie, und ein wenig gerührt drückt er sie an sich. Sie hat Halle an diesem Morgen verlassen, teils um in Berlin zu demonstrieren, aber vor allem, um diesen mageren Hansi wiederzusehen. Arm in Arm schlendern sie durch die Prenzlauer Allee. Der junge Mann lässt noch einmal den Film des Tages vor seinem inneren Auge ablaufen. Die »Schwarz-Roten«, wie sie ganz klein werden, der dicke

Richter Külz mit seinem Bier, Markus Wolf auf dem Podium als Freund des Volkes, die Parteimacker, wie sie der Opposition aus Leibeskräften applaudieren. Die ganze DDR versinkt in einem laschen Konsens. Man hat keine Feinde mehr, alle mögen einander.

Bakunin hätte es mit Abscheu gesehen.

Angewidert schaltet Heinrich Knopf den Fernseher aus. Heute ist die DDR gestorben, seine DDR, der er seit Jahrzehnten seine ganze Energie gewidmet hat – zu Grabe getragen von einer Million Totengräbern. Ohne Blumen, ohne Kränze.

Auf dem Bildschirm hat er so viele Gesichter wiedererkannt. Natürlich die der Regierungsgegner, die er im Lauf der Jahre im Gedächtnis gespeichert hat. Denen nimmt er es jedoch weniger übel als anderen, den treulosen Tomaten, den wetterwendischen Parteigenossen und ihren Weggefährten. Er hat Apparatschiks ausgemacht, die mit Begeisterung dabei waren, ganze Bataillone von »Deserteuren« aus Pankow, wo die Partei ihre ergebenen Diener in staatlichen Wohnungen aus goldenen Bismarck-Zeiten unterbringt. Sogar einen seiner früheren Stellvertreter, den man auf einen wichtigen Posten in Dresden versetzt hatte, hat er entdeckt.

Und dann hat er gesehen und gehört, wie die Schriftsteller, die Künstler, die Schauspieler auf das System gespuckt haben. Die Stasi hat dabei mächtig eins auf den Deckel gekriegt. Das Letzte! Er hat große Lust, sich ein paar der auf den Regalen seines Stahlschranks aufgereihten Akten herauszugreifen und der Öffentlichkeit den Inhalt zu verraten. Diese Schöngeister, diese Tugendbolde vom Alexanderplatz, diese Moralisten der letzten Stunde, sie haben die Stasi nicht immer so abstoßend gefunden. Sie bot einigen von ihnen eine

bequeme Möglichkeit, im Austausch gegen kleine Hilfs-
dienste die eigene Karriere zu fördern. Die »Folterer«, die
»Henker«, die »Mörder« – all diese Beleidigungen hat man
der Staatssicherheit entgegengebrüllt – haben manchmal
auch die gute Fee gespielt. Und das war nun der Dank dafür.

Der Opportunismus, die Feigheit, der Defätismus ekeln
Oberst Knopf an. Er hat das Gefühl, in einem Meer der Nie-
dertracht zu schwimmen. All das wegen Gorbatschow. Er,
Knopf, der sich einen unerschütterlichen Glauben in dieses
von der UdSSR protegierte sozialistische Deutschland erhalten hat, entdeckt jetzt, was der Kreml wirklich vorhat: Wenn
der Sowjetführer die DDR fallen gelassen hat, so deshalb,
weil er sie an Kohl verkauft hat.

30 Jahre bei der Stasi, und dann nimmt die Geschichte
einen solchen Ausgang! An diesem Abend wird Heinrich
Knopf früh nach Hause gehen.

14 Einladung zum Reisen

Berlin, Montag, 6. November 1989

In die Morgenzeitungen vertieft, sucht Egon Krenz nach dem Desaster der Samstagsdemonstration Gründe, die Hoffnung geben könnten. Es ist unbedingt erforderlich, dass er die Dinge wieder in den Griff bekommt, dass er seine Versprechungen einlöst und den Kurs des Wandels beibehält. Die Ankündigung des Gesetzes über Auslandsreisen steht, wie er verlangt hat, als Aufmacher auf den Titelseiten aller Tageszeitungen. Das ist doch etwas, um die Skeptiker ruhigzustellen, sagt er sich. Doch er selbst, mit Knoten im Bauch und leerem Blick, ist davon allenfalls zur Hälfte überzeugt. Er denkt noch einmal an den Besuch Schabowskis am Vortag. Sein Komplize vom Politbüro war zu ihm gekommen, nachdem er sich mit dem Anwalt Gregor Gysi beraten hatte:

»Ich bin beunruhigt, Egon. Gysi findet, das Gesetzesvorhaben sieht zu viele bürokratische Hindernisse vor. Er sagt, die Leute werden nicht darauf hereinfallen ... und ich glaube, er hat recht. Nehmen wir uns die Zeit, den Text noch einmal zu überarbeiten, ehe wir ihn übereilt veröffentlichen.«

»Du weißt genau, dass ich dieses Gesetz letzten Freitag im Fernsehen angekündigt habe«, hatte Krenz erwidert. »Jeder Aufschub wird neuen Wirbel verursachen, und das fürchtest du genauso wie ich. Dieses Vorhaben ist nicht in Stein gemeißelt. Es ist lediglich eine Diskussionsgrundlage. Nichts hält deinen Advokaten davon ab, seine Vorschläge öffentlich bekannt zu geben. Das wäre übrigens zweifellos besser ...«

Später am Nachmittag ärgert Egon Krenz sich schwarz, weil er die Folgen seines Handelns nicht richtig abgeschätzt hat – eine halbe Million Leipziger trotzt der Kälte und dem Regen und schreit »Visafrei bis Shanghai!« und »In 30 Tagen um die Welt – ohne Geld!« ...

Mit drei Regelungen des Gesetzesvorhabens ist es gelungen, die Lunte anzuzünden: Beschränkung der Auslandsaufenthalte auf 30 Tage jährlich, zwingend vorgeschriebenes Ausreisevisum und eine Deckelung des Währungsumtauschs auf einmalig 15 DDR-Mark gegen 15 D-Mark harten Westgelds pro Jahr. Dieser letzte Punkt kommt besonders schlecht an: Die Demonstranten haben den Eindruck, Opfer eines gewaltigen Betrugs zu sein. »Keine Reise ohne Geld!«, schreien sie stundenlang. Nach den Pfiffen vom Alexanderplatz, deren Echo ihn seit 48 Stunden verfolgt, ist der Generalsekretär angesichts dieses weiteren Fiaskos völlig niedergeschlagen.

Als er nach einem Empfang bei der sowjetischen Botschaft wieder zu Hause ist, klammert er sich an eine schwache Hoffnung: Vielleicht ist Bonn einverstanden, ihm ein wenig zu helfen? Der Bericht von Alexander Schalck-Golodkowski, den Ostdeutschland ins Kanzleramt gesandt hatte, um Devisen für die künftigen ostdeutschen Touristen (die DDR rechnet mit 12 bis 13 Millionen Reisen jährlich) lockerzumachen, liegt auf der Ablage in seiner Diele.

Wieder einmal hat das Gespräch keinen Erfolg gebracht. Die Demo vom 4. November hat die Regierung Kohl in ihrer abwartenden Haltung bestärkt. Rudolf Seiters hat es sehr deutlich ausgedrückt: »Der Bundestag würde es nicht verstehen, warum man der DDR zu Hilfe eilen sollte.« Schlimmer noch, er hat zu verstehen gegeben, die Bundesregierung werde gar nichts mehr unternehmen, solange Krenz sich weigere, die Oppositionsbewegungen »öffentlich« anzuerkennen und zu freien Wahlen aufzurufen. »Aber das ist doch reine Erpressung!«, klagt konsterniert der Generalsekretär der SED.

Berlin, Dienstag, 7. November 1989

Als der Generalsekretär pünktlich um neun Uhr im Politbüro ankommt, haben alle anderen Mitglieder schon Platz genommen. Sie wollen dringend darüber diskutieren, welche Kandidaten dem Zentralkomitee als Ersatz für die Ausgeschiedenen vorgeschlagen werden sollen. Egon Krenz ergänzt die Tagesordnung um einen Punkt, der seiner Ansicht nach viel dringlicher ist: Es muss ein neuer Text zur Genehmigung von Auslandsreisen verfasst werden. Er weiß, dass er seine Version schnellstmöglich überarbeiten muss. Da die Staatskasse leer ist, bleibt dies die einzige Maßnahme, mit der er die Bevölkerung unmittelbar beruhigen kann. Aus der neuen Version soll nun das gestrichen werden, was die Straße am Vortag missbilligt hat, und vor allem soll sie nicht mehr in Form eines Gesetzes, sondern als Verordnung verwirklicht werden – so geht keine Zeit damit verloren, dass die Volkskammer sie verabschieden muss. Vor den Genossen dieses Gremiums kann der Generalsekretär jedoch nicht zugeben, dass er auf Druck der Straße handelt ... Mit ernstem Ausdruck erhebt er sich und ergreift das Wort:

»Genossen, Miloš Jakeš[1] hat mich gestern angerufen, um

---

1 Vorsitzender der KP der Tschechoslowakei.

mir seine Besorgnis angesichts der seit einer Woche stattfindenden massenhaften Einreise unserer Landsleute in sein
Land mitzuteilen. Stellt euch vor, er denkt sogar daran, die
Grenze zu schließen, falls wir nichts unternehmen! Ich habe
ihm gesagt, dass daran nicht zu denken ist; wir können nicht
noch eine Grenze dichtmachen!«

Seit dem Sommer ist die Tschechoslowakei in der Tat zum
Sammelbecken der ostdeutschen Flüchtlinge geworden. Sie
richten sich auf dem Gelände der Botschaft der BRD ein,
bis sie in die Bundesrepublik ausreisen dürfen. Am 30. September hatte Honecker nach Verhandlungen mit Bonn sich
damit einverstanden erklärt, die 4000 in den Park der diplomatischen Vertretung geflüchteten Ostdeutschen in die BRD
zu lassen. Am 3. Oktober hatte der greise Generalsekretär
die Grenze schließen lassen: Ein zweites Mal würde man
ihn nicht demütigen. Am 1. November hatte Egon Krenz sie
wieder geöffnet, um sich von seinem Vorgänger abzuheben.
Doch zwei Tage darauf kampierten unter den Fenstern des
Botschafters schon wieder 6000 Menschen. Und kaum hatte
Ostberlin ihnen gestattet, in die BRD auszureisen, kamen
immer mehr Flüchtlinge nach. Am letzten Wochenende
waren nicht weniger als 23 200 Deutsche nach Prag gelangt!
Ein Fass ohne Boden.

Die Frage spaltet das Politbüro, und so kommt es zu einer
hitzigen Debatte – auf der einen Seite die Hardliner mit der
Forderung, die Grenze erneut zu schließen, auf der anderen
Seite jene, die dringend auf einer Liberalisierung der Ausreise bestehen. Krenz, den das unvorbereitet trifft, hat nur
einen Wunsch: Er will zu einer Entscheidung kommen. Auf
den genauen Inhalt kommt es nicht so sehr an, entscheidend
ist in seinen Augen, so schnell wie möglich eine Ankündigung vorzulegen. Mangels klarer politischer Ausrichtung

bringt die Auseinandersetzung einen spitzfindigen und zwei-
deutigen Text hervor, dessen vier unklar formulierte Punkte
kein Problem lösen:

1. *Genosse Fischer soll dem Zentralkomitee der SED in Abstim-*
   mung mit den Genossen Dickel und Mielke einen Vorschlag
   unterbreiten, wie der die endgültige Ausreise berührende
   Teil des Reisegesetzes durch eine sofort in Kraft tretende
   Verordnung zu ersetzen ist;

2. *Genosse Fischer informiert den Botschafter der UdSSR, Ge-*
   nossen Kotschemassow, und die tschechoslowakische Seite
   über unseren Vorschlag und den Standpunkt des Politbü-
   ros. Gleichzeitig müssen Beratungen mit der BRD stattfin-
   den.

3. *In den Medien ist in der Weise vorzugehen, dass die Bürger*
   der DDR aufzufordern sind, ihr Land nicht zu verlassen.
   Man soll über jene berichten, die zurückgekehrt sind. Ver-
   antwortlich: G. Schabowski.

4. *Genosse Schabowski wird damit beauftragt, dieses Problem*
   mit den Blockparteien zu erörtern, damit ein gemeinsamer
   Standpunkt erreicht wird.

Wjatscheslaw Kotschemassow stürmt in sein Büro. Er setzt
sich, bemüht sich, wieder zu Atem zu kommen, und greift
zum Telefon: »Verbinden Sie mich mit dem Genossen Schewardnadse.« Nach ein paar Sekunden steht die Verbindung
zwischen Berlin und Moskau.

»Eduard Amrossjewitsch, ich komme gerade vom Außenministerium. Wie Oskar Fischer mir erklärt hat, droht die
Tschechoslowakei damit, ihre Grenze zu schließen, was hier
ein wahres Erdbeben auslösen würde. Um das zu verhindern,
ist die DDR im Begriff, einen Erlass herauszugeben, der ihren
Staatsangehörigen erlaubt, das Land ständig in Richtung

BRD zu verlassen. Ehe man damit fortfährt, hat er mich selbstverständlich gebeten, dich davon in Kenntnis zu setzen und
deine Meinung zu diesem Thema einzuholen.«

»Wenn unsere deutschen Freunde glauben, dass eine solche Lösung möglich ist«, erwidert der sowjetische Außenminister, »dann werden wir uns dem nicht widersetzen. Ich
werde lediglich die Sachverständigen des Ministeriums bitten, darüber nachzudenken.«

»Sehr gut, aber du musst wissen, dass Genosse Fischer
unsere Antwort spätestens für übermorgen erwartet...«

Als Kotschemassow seine Leute versammelt, um sie über
den Vorstoß Fischers zu informieren, hagelt es sarkastische
Bemerkungen:

»Diese Konsultation im Vorhinein zeigt doch nur eines –
wie feige Krenz ist«, sagt einer der Botschaftsräte. »Er weiß
genau, dass die geplante Maßnahme praktisch auf eine Öffnung der Grenze hinausläuft, was unfassbare Folgen hätte.
Allein aus diesem Grund will er sich die Verantwortung mit
uns teilen...«

Berlin, Donnerstag, 9. November 1989

Um neun Uhr kommen vier Männer im Büro 509 des Innenministeriums zusammen – ein General und ein Oberst der
Polizei, die die Abteilung für Passwesen und Einwohnerkon-
trolle leiten, treffen auf zwei Obersten der Stasi, nämlich den
Chef der Abteilung zur Überwachung der Volkspolizei und
den der Justizabteilung. Ihre Anweisungen sind klar: Sie haben einen Text abzufassen, der den Menschen erlauben soll,
ungehindert aus der DDR auszureisen.

Ohne Umschweife erklärt Oberst Gerhard Lauter vom Innenministerium seinen drei Kollegen, der Gegenstand ihrer Konferenz sei absurd. »Wir stecken bis obenhin in Schizophrenie«, sagt er. »Wir werden Genossen diskriminieren, die bloß eine alte Tante in Hamburg besuchen und dann nach Hause zurückkehren wollen, zugunsten derer, die vorhaben, für immer auszureisen!« Bei der Stasi und bei der Volkspolizei weisen alle Berichte in dieselbe Richtung: Die überwältigende Mehrheit der Ostdeutschen will ungehindert reisen und nicht auswandern. Wenn man ihren Wünschen jedoch nicht nachkomme, dann würden sie beschließen, in die BRD umzusiedeln. Im Büro 509 sind sich alle über das Risiko einig, das die DDR eingeht, wenn sie eine Verordnung erlässt, die dem Problem nur zu einem zu kleinen Teil gerecht wird. Auf der Stelle ermächtigen die vier Männer sich selbst – was einer Missachtung der Partei gleichkommt –, über das vom Politbüro vorgegebene Mandat hinauszugehen. Sie machen sich an einen Text, der sowohl die Bedingungen für eine ständige Ausreise als auch für einen vorübergehenden Auslandsaufenthalt erleichtert.

Immerhin behalten sie – aus Vorsicht und der administrativen Diplomatie zuliebe – den von ihren Vorgesetzten vorgeschriebenen Titel bei: »*Beschluss zur Veränderung der Situation der ständigen Ausreise von DDR-Bürgern nach der BRD über die ČSSR.*« Doch von der ersten Zeile an verlässt das Projekt die Vorgaben der Überschrift: »*Privatreisen nach dem Ausland können ohne Vorliegen von Voraussetzungen (Reiseanlässe und Verwandtschaftsverhältnisse) beantragt werden. Die Genehmigungen werden kurzfristig erteilt. Versagungsgründe werden nur in besonderen Ausnahmefällen angewandt.*«

Die vier Apparatschiks wissen um die Tragweite dieser Sätze, und so empfehlen sie nachdrücklich, die Nachrich-

tenagentur ADN solle diese Informationen nicht vor dem
10. November, vier Uhr, verbreiten, damit die zuständigen
Stellen der Polizei und der Stasi sich für den Sturm auf die
Schalter, den diese Verordnung unvermeidlich auslösen
werde, vorbereiten könnten.

Kurz vor Mittag befördert Oberst Lauters Fahrer den Textentwurf zum Gebäude des Zentralkomitees, wo Egon Krenz
seit zwei Tagen Vorsitzender der Vollversammlung ist. Am
Ende der Sitzung überreicht man dem Generalsekretär das
Dokument.

Die Mittagspause beginnt pünktlich um zwölf Uhr. Mitglieder des Politbüros, von denen die meisten gerade erst in
die Staatsspitze aufgerückt sind, laufen auseinander. Egon
Krenz ruft alle zurück, die noch in Hörweite sind, und bittet
sie in einen anderen Raum. Günter Schabowski ist nicht
dabei; seit dem Vortag ist er dafür verantwortlich, die Verbindung mit den Medien aufrechtzuerhalten, weshalb er die
meiste Zeit mit Journalisten diskutiert und Interviews gibt.

Tags zuvor hat der Generalsekretär seine neuen Kollegen
vom Politbüro schon eine fette Kröte schlucken lassen – die
Legalisierung des Neuen Forums. Dabei hat er die Pressionen
aus Bonn – die doch seine Entscheidung erzwungen haben –
sorgsam ausgespart und sich mit den brüderlichen und
nachdrücklichen Ratschlägen gerechtfertigt, die er in Moskau von Michail Gorbatschow erhalten hat. Noch so eine
Unterlassungssünde ...

Dieses Mal schildert Krenz den Neulingen zunächst die
Proteste der tschechoslowakischen Genossen. Dann geht er
rasch zur Verlesung des Verordnungsentwurfs über. Vorgestern hätte die von dem Offiziersquartett verfasste Version
noch einen Aufstand hervorgerufen, doch die »harte Frak-
tion«, die alten Weggefährten Honeckers, sind aus dem

höchsten Gremium der Partei ausgeschieden. Die Neuge-
wählten achten nicht auf den Sinngehalt des Mandats, das
dem ihnen vorgelegten Textentwurf zugrunde liegt. Sie billigen ihn mit einigen rein formalen Änderungen. Nun muss
das Dokument zur Kenntnisnahme nur noch an die verschiedenen Minister weitergeleitet werden, dann wird es definitiv in Kraft gesetzt sein.

Ehe der Text innerhalb der Regierung verteilt wird, durch-
läuft er noch die Zentralabteilung des Ministerrats. Dort lässt
man den Text unverändert, fügt aber einen Vermerk an:

An die Mitglieder des Ministerrates
Sie werden gebeten, die beigefügte Beschlussvorlage
zur Übergangsregelung für Reisen und ständige
Ausreise aus der DDR vor heute Abend 18 Uhr
zu prüfen.

Die Formulierung ist eindeutig: Die Verordnung schließt die
Reisen ein. Die 44 Minister in der Regierung der DDR, an die
die Nachricht geht, werden das nicht übersehen können.

Im Innenministerium arbeitet Oberst Lauter jetzt an den
Ausführungsbestimmungen des bald in Kraft tretenden
Texts. Der Offizier feilt an dem Fernschreiben, das an alle Po-
lizeiwachen, Gemeindeämter und Bezirksverwaltungen gerichtet ist und die Verwaltungsabläufe festlegt, nach denen
Visa auszustellen sind. Außerdem bereitet er eine Benach-
richtigung der Grenzposten vor, die ebenfalls Gefahr laufen,
überrollt zu werden.

Alles ist vor 18 Uhr abgeschlossen. Im Innenministerium
wartet man nur noch auf grünes Licht von Ministerrat und
Politbüro, ehe man die Weisungen an die ausführenden Or-
gane ausgibt. Mit dem Gefühl, seine Pflicht erfüllt zu haben,

schickt Oberst Lauter sich nun an, das Ministerium zu verlassen, um sich gegen 19 Uhr am Theater mit seiner Frau zu treffen.

Das Zentralkomitee hat dagegen seine Arbeit wieder aufgenommen. Vor dem Plenum verliest Egon Krenz den vollständigen Text. Im dritten Absatz ist von einer Pressemitteilung die Rede, die »am 10. November veröffentlicht werden soll«. Der Generalsekretär, der dieses Dokument ebenfalls erhalten hat, stellt dessen Inhalt vor:

»Die Presseabteilung des Innenministeriums teilt mit, dass der Ministerrat bis zur Verabschiedung einer entsprechenden Regelung durch die Volkskammer eine zeitweilige Übergangsregelung für Reisen und die ständige Ausreise aus der DDR erlassen hat.«

Die vier Punkte, die Krenz schon vorher vorgestellt hat, verliest er kein zweites Mal. Er fügt einen illusionslosen persönlichen Kommentar an:

»Ich sagte: Wie wir es machen, machen wir es verkehrt. Aber das ist die einzige Lösung, die uns die Probleme erspart, alles über Drittstaaten zu machen, was dem internationalen Ansehen der DDR nicht förderlich ist.«

Die anschließende Debatte betrifft ein paar Änderungen. Auf Anregung des Kulturministers wird das Wort »zeitweilig«, das eine Verdoppelung darstellt, gestrichen. Sein Kollege vom Innenministerium wiederum schlägt vor, die Ankündigung solle nicht durch sein Ministerium, sondern durch die Regierung erfolgen. Egon Krenz ist einverstanden:

»Ich würde vorschlagen, dass das der Regierungssprecher gleich macht.«

Dieser kleine Satz wird den Lauf der Geschichte beschleunigen.

Gegen 17.15 Uhr kommt Günter Schabowski zu Egon Krenz,

um sich abzumelden. Er muss vom Zentralkomitee ins IPZ, das Internationale Pressezentrum, wo um 18 Uhr eine Pressekonferenz beginnen soll. Zu diesem Zeitpunkt hätte das Plenum des ZK bereits beendet sein müssen, doch aufgrund der zu umfangreichen Tagesordnung ist sie vom Generalsekretär um zwei Stunden verlängert worden. Die beiden Genossen beraten sich kurz. Schabowski, der den wesentlichen Teil der Debatten nicht mitbekommen hat, lässt sich über die wichtigen Punkte des Tages informieren. Er hat nicht einmal den Text zur neuen Reiseverordnung erhalten. Egon Krenz übergibt ihm sein eigenes Exemplar.

»Das musst du unbedingt weitergeben. Das ist eine Weltnachricht!«

Der Regierungssprecher nimmt das Papier an sich. Ohne es zu lesen, steckt er es beiläufig in einen kartonierten Umschlag.

Im IPZ an der Mohrenstraße hält Günter Schabowski also seine zweite Pressekonferenz ab. Bei der ersten am Tag zuvor hat er von der Tagesarbeit in der Vollversammlung des Zentralkomitees berichtet. Diese Zusammenkünfte mit den Medien sind von einem in der DDR vollkommen unbekannten, einige Tage zuvor noch unvorstellbaren Ablauf geprägt. Das DDR-Fernsehen strahlt sie ungekürzt und direkt aus; die Korrespondenten aus aller Welt können jede Frage stellen, die ihnen einfällt: Eine kopernikanische Wende in diesem Teil Deutschlands, wo – abgesehen von Sportereignissen, Variétéveranstaltungen und am letzten Samstag das Treffen vom Alexanderplatz – nichts »live« gesendet wurde und die ausländischen Journalisten niemals Zugang zu den Mitgliedern des Politbüros gehabt hatten!

Günter Schabowski, grauer Anzug, blassrosa Hemd, schlecht gebundener Krawattenknoten, geht mit großen Schritten durch den Mittelgang des zum Bersten gefüllten Raums im ersten Stock des IPZ. Die Journalisten haben auf den Sitzreihen in kräftigem Rot Platz genommen, manche stehen am Rand. Hinter der letzten Reihe sind die Objektive von etwa 20 auf Stative montierten Kameras auf das Podium gerichtet. Flankiert von der Vorsitzenden der Gewerkschaft Unterricht und Erziehung, dem Außenhandelsminister und Manfred Banaschak, dem Chefredakteur der Zeitschrift *Einheit*[2], lässt Günter Schabowski sich vor einem khakifarbenen Faltenvorhang nieder. Vor ihm sind sechs Mikrofone aufgebaut. Die Korrespondenten der Presseagenturen stellen ihre Tonbandgeräte am Tischrand ab.

Seit einigen Wochen belegt die DDR in den internationalen Nachrichten die vorderen Ränge, und voller Aufregung erwarten die Medien der ganzen Welt täglich Neues. Doch die Pressekonferenz versinkt rasch in Trübsinn. Müde verkündet der auf seinem Stuhl zusammengesunkene Günter Schabowski mit monotoner Stimme seinen Bericht über die Debatten, die während des Tages im Zentralkomitee abgelaufen sind. Die Journalisten legen ihre Notizblöcke ab oder kritzeln nur noch ein paar Satzfetzen darauf. Aus diesen Politikphrasen lassen sich keine fetten Schlagzeilen für die Titelseiten gewinnen! Ganz anders als am Vortag, wo eben dieser Günter Schabowski ihnen den kraftvollen Säuberungsakt geschildert hatte, den das Politbüro erlebt hatte. Mit einer gnadenlosen Jagd auf die alten Krokodile, darunter der gefürchtete Mielke, war die Ära Honecker beendet worden. Von dem Bericht über dieses »Massaker« hatten die Korrespondenten keine Silbe verpasst. Und sie hatten ihren Aufmacher für die Titelseite gehabt.

---

2 Das offizielle Organ des Zentralkomitees der SED, in dem vor allem theoretische Artikel über Sozialismus und Marxismus-Leninismus veröffentlicht wurden.

Heute Abend hat die Presse den Eindruck, wieder in der Eiszeit der DDR angekommen zu sein. Weitschweifige Auslassungen über eine nachfolgende Parteikonferenz der SED (die einem außerordentlichen Parteitag vorgezogen wurde), allgemeine Äußerungen über das Programm der SED, eine Kleinigkeit zum Wahlgesetz. Gähnen und gelangweilte Seufzer wetteifern miteinander. Um die für die Pressekonferenz vorgesehene Stunde irgendwie zu füllen – das Fernsehen überträgt live –, überlässt Günter Schabowski dem exzellenten Professor Banaschak das Wort. Der Theoretiker der SED erledigt das Publikum mit seinen pathetisch verschnarchten Formulierungen vollends. Keine einzige Frage unterbricht den Monolog des Chefs der *Einheit*.

Ins Café Moskau? Ins Ganymed? Oder ins Café Becher? Es ist 18.53 Uhr, und die Korrespondenten überlegen schon, in welchem Ostberliner Restaurant sie essen gehen, wenn sie aus dem IPZ raus sind. Da steht ein italienischer Journalist auf und bittet ums Wort.

»Mein Name ist Riccardo Ehrman. Ich vertrete die italienische Presseagentur ANSA. Herr Schabowski, Sie haben von Fehlern gesprochen. Glauben Sie nicht, dass die Einführung des neuen Reisegesetzes vor ein paar Tagen ein großer Fehler war?«

Der ANSA-Journalist hat offenkundig einen wunden Punkt erwischt. Schabowski ist in der Tat der Meinung, dass Egon Krenz, als er einen Text verkündet hat, der nichts regelt, einen Fehler begangen hat. Dabei hatte er ihn gewarnt. Doch das ist nicht der Augenblick, das zuzugeben oder von den Unstimmigkeiten innerhalb der Parteiführung zu reden. Zögernd und langsam sprechend versucht er sich in wirren Erklärungen. Während er einen hohlen Satz an den anderen reiht, sucht er nach einem Weg, wie er sich aus dieser Fangfrage herauswinden kann. Er stellt das Wort Fehler infrage. Dann preist er die Politik der Erneuerung, die von der neuen Mannschaft eingeleitet wurde, da diese dafür sorgen werde, dass die Bürger das Land nicht mehr verlassen wollen.

Günter Schabowski weiß, dass seine Worte von Millionen Ostdeutschen verfolgt werden. Er stellt sich vor, wie sie vor den Fernsehgeräten sitzen, ungeduldig und fordernd wie jene, die ihn am Samstag auf dem Alexanderplatz am Reden gehindert haben. Einer solchen Prüfung ist er noch nie ausgesetzt gewesen, und er erkennt plötzlich, wie schwer das hier ist.

Auf einmal fallen ihm die Anweisungen des Politbüros wieder ein. Es geht darum, die Ausreisewilligen abzuschrecken, man hat ihn gebeten, von denen zu sprechen, die nach einigen mühseligen Wochen in der Bundesrepublik enttäuscht in die DDR zurückgekehrt sind.

»Die Unterbringungsmöglichkeiten der BRD sind ausgeschöpft. Wenn die Leute unterkommen wollen, können sie nur noch mit mehr oder weniger provisorischen Lösungen rechnen. Dabei ist ein Dach über dem Kopf das Mindeste, wenn man sich eine Existenz aufbauen will! Entscheidend ist es, Arbeit zu finden und die notwendige Integration in eine Gesellschaft zu schaffen, und davon ist man weit entfernt, wenn man im Zelt oder einer Notunterkunft haust oder arbeitslos ist...«

Uff! Er hat einen Trumpf aus dem Ärmel gezogen. Die BRD ist kein Eldorado, das sollte man sich gesagt sein lassen! Er kommt auf das Reisegesetz zurück und stellt es als schlichten Entwurf vor, der in dieser Form nicht verabschiedet werden wird. Plötzlich fällt es ihm wieder ein: Diese Anordnung, von der Egon Krenz gesprochen hat... Er schaut seine Nachbarn

auf dem Podium kurz an, um sich ihrer Zustimmung zu vergewissern, dann spricht er die Angelegenheit an.

»Auf Empfehlung des Politbüros tritt ein Teil eines Gesetzesvorhabens in Kraft, das die ständige Ausreise aus dem
Staatsgebiet betrifft. Denn es ist nicht hinzunehmen, dass sie
über ein befreundetes Land geht, was für diesen Staat nicht
einfach ist. Deshalb ist heute beschlossen worden, eine Regelung zu treffen, die es jedem Bürger der DDR möglich macht,
über Grenzübergangspunkte der DDR auszureisen.«

Plötzlich löst sich die Erstarrung der Pressekonferenz. Die
Journalisten heben die Augenlider und spitzen die Ohren.
Endlich eine berichtenswerte Information! Hände heben
sich, es werden Fragen gestellt.

»Wann tritt das in Kraft?«

Überrumpelt setzt Günter Schabowski seine Brille auf und
fummelt, während er weiterspricht, in seinen Unterlagen. Er
ist irritiert und wundert sich, dass die Journalisten nicht
über das Communiqué verfügen. Er zieht das Papier hervor,
das Egon Krenz ihm überreicht hat, als er das Plenum des
Zentralkomitees verließ. Er verliest es, ohne Luft zu holen
oder den Kopf zu heben:

»Privatreisen nach dem Ausland können ohne Vorliegen
von Voraussetzungen (Reiseanlässe und Verwandtschaftsverhältnisse) beantragt werden. Die Genehmigungen werden
kurzfristig erteilt. Die zuständigen Abteilungen Pass- und
Meldewesen der VPKÄ – der Volkspolizeikreisämter – sind angewiesen, Visa zur ständigen Ausreise unverzüglich zu erteilen,
ohne dass dafür noch geltende Voraussetzungen für eine ständige Ausreise vorliegen müssen. Ständige Ausreisen können
über alle Grenzübergangsstellen der DDR zur BRD erfolgen.
Damit entfällt die vorübergehend ermöglichte Erteilung von
entsprechenden Genehmigungen in Auslandsvertretungen

der DDR bzw. die ständige Ausreise mit dem Personalausweis der DDR über Drittstaaten.«

Günter Schabowski blickt auf. Der Inhalt des Dokuments ist ihm erst beim Vorlesen bewusst geworden. Er ist nicht in der Lage, die Verordnung näher zu erläutern. Zunächst lässt er das Publikum wissen, dass er auf technische Fragen nicht eingehen werde, insbesondere nicht auf die Frage der Pässe. Fragend schaut er seine Nebenleute an, doch die sind ihm kaum eine Hilfe. Professor Banaschak wagt eine vernünftige Überlegung:

»Entscheidend ist ja die inhaltliche Aussage.«

Nun sind die Journalisten wirklich wach. Sie überfliegen ihre Notizen noch einmal. *»Privatreisen«, »ohne besondere Voraussetzung«, »unverzüglich«:* Die DDR ist nicht mehr die DDR. Das Gefängnis unter offenem Himmel hat seine Gitterzäune geöffnet.

Wieder gehen Arme hoch. Günter Schabowski soll mehr dazu sagen, soll präzisieren, wiederholen. Die Nachricht ist so unerhört, dass man es nicht bei einer so kurzen Deklaration belassen kann. Ein westdeutscher Korrespondent wiederholt die Frage, auf die der Parteisekretär noch immer keine Antwort gegeben hat:

»Wann tritt das in Kraft?«

Günter Schabowski scheint überfordert. Angesichts der Ungeduld im Raum erinnert er sich an Egon Krenz' Worte – »das ist eine Weltnachricht!« Nervös und unsicher sucht er nach einer Antwort, während er erneut in seinen Papieren kramt. Die Kameras bleiben auf Sendung. Sein Schweigen wird allmählich peinlich. Er muss eine schnelle, eindeutige und unmissverständliche Antwort geben.

»Das tritt nach meiner Kenntnis ... ist das ... sofort, unverzüglich.«

Auf einmal fangen die Journalisten an, verstärkt miteinander zu reden. Aus dem Stimmengewirr kristallisiert sich eine Frage heraus.

»Sie haben nur BRD gesagt, gilt das auch für Westberlin?«

Günter Schabowski drückt sich noch stärker in seinen Sessel und liest schnell und abgehackt weiter:

»[...] hat der Ministerrat beschlossen, dass bis zum Inkrafttreten einer entsprechenden gesetzlichen Regelung durch die Volkskammer diese Übergangsregelung in Kraft gesetzt wird.«

»Gilt das auch für Berlin-West?«

Günter Schabowski hebt die Schultern und senkt die Nase wieder in seine Unterlagen, um dann mit unsicherer Stimme zu erklären:

»Ja. Ja. ›Ständige Ausreisen können über alle Grenzübergangsstellen der DDR zur BRD... bzw. zu Berlin (West) erfolgen.‹«

Im Saal kommt Unruhe auf. Die Journalisten vergleichen ihre Notizen. Sie ordnen ihre Gedanken und bemühen sich, die Tragweite des soeben Gehörten zu verstehen.

Allmählich wird Günter Schabowski klar, was durch seine Ankündigung ausgelöst werden wird. Im Augenblick selbstverständlich nur in den Medien. Doch im Saal geht es zu wie in einem Bienenstock. Ist das der Grund, weshalb er gleich noch einen von Vorsicht geprägten Satz nachschiebt, der auch dem Wunsch entspringt, die Verantwortung mit anderen zu teilen? Der eingeschliffene Reflex des Partei-Apparatschiks, ein am Leben gebliebener Selbsterhaltungsinstinkt, den er im Moskau Leonid Breschnews erworben hat...

»Ich sage das unter Vorbehalt, da ich bei dieser Frage nicht

sehr auf dem Laufenden bin ... Man hat mir diese Informa-
tion in die Hand gedrückt, kurz bevor ich hierher gekommen
bin ...«

Während einige Journalisten den Saal eilig verlassen,
kommt eine weitere Frage auf.

»Herr Schabowski, was wird aus der Berliner Mauer?«

Ehe er antwortet, erinnert er die Journalisten daran, dass
es bereits 19 Uhr und deshalb die allerletzte Frage ist.

»Die Möglichkeit, die Mauer von unserer Seite aus zu über-
schreiten, hat nichts mit der Frage zu tun, welche Bedeutung
die – sagen wir – befestigte Grenze der DDR hat.«

Anschließend beginnt Günter Schabowski eine der gewohnten Tiraden über die jeweiligen Verdienste des Westens und des Ostens in Friedensangelegenheiten. Formulierungen, die geradewegs aus dem vorgeblich pazifistischen
Gebetbuch des sozialistischen Blocks stammen. Seine letzten Überlegungen gehen in der Hektik und dem Hin und Her
unter, die das Ende der Pressekonferenz markieren.

Nachdem Günter Schabowski den Zuhörern gedankt hat,
steht er auf und geht zum Ausgang. Ein Journalist eines
Westberliner Senders hält ihm das Mikro hin und fragt, ob er
einen Massenansturm von Flüchtlingen fürchte.

»Ich hoffe, dass es nicht so weit kommt.«

Im Saal hat ein elegant gekleideter Amerikaner mit ange-
grautem Haar die ganze Pressekonferenz hindurch einem
neben ihm sitzenden Dolmetscher zugehört. Der Fernseh-
star Tom Brokaw präsentiert jeden Abend die *NBC Nightly*
News, die große Nachrichtensendung des Senders. Gleich
nach dem Vortrag Günter Schabowskis ist er mit ihm für ein
Interview verabredet. Als erfahrener Pressemann – er war
während der Watergate-Affäre beim Weißen Haus akkredi-
tiert gewesen – weiß der Reporter, dass er da an einem sen-

sationellen Thema dran ist. Er steht dem Mann gegenüber, der gerade die Berliner Mauer geöffnet hat.

Man hat vereinbart, das Interview auf Englisch zu führen. Brokaw geht gleich im ersten Satz zum Angriff über: Er will von seinem Gesprächspartner eine eindeutige Aussage.

»*Herr Schabowski, habe ich das richtig verstanden? Die Bürger der DDR dürfen aus persönlichen Gründen über eine Grenzkontrollstation ihrer Wahl ausreisen. Sie müssen nicht mehr über ein Drittland reisen?*«

»*Sie sind nicht mehr gezwungen, die DDR im Transit über ein anderes Land zu verlassen.*«

»*Können sie über die Mauer ausreisen?*«

»*Sie haben die Möglichkeit, die Grenze*3 *zu überschreiten.*«

»*Reisefreiheit?*«

»*Ja, natürlich. Aber das ist nicht einfach nur eine Frage des Tourismus. Es ist die Genehmigung, die DDR wirklich zu verlassen.*«

Tom Brokaw versteht gar nichts mehr. Während des Gesprächs hat Günter Schabowski mehrfach sein Papier überflogen, als wäre er sich der Maßnahmen, mit deren Ankündigung man ihn beauftragt hatte, nicht sicher.

In den Büros des IPZ sind die Journalisten, die an der Pressekonferenz teilgenommen haben, über Standleitungen mit ihren Redaktionen verbunden. Andere hören das Band ihres Aufzeichnungsgeräts noch einmal ab, um sich zu vergewissern, was sie da gehört haben. Viele zögern noch, die wahre Bedeutung der angekündigten Maßnahmen zu bewerten. Ihre Überlegungen kreisen um die schwammigen Formulierungen des Verantwortlichen aus dem Politbüro. Doch die Vertreter der Agenturen, für die jede Sekunde zählt, haben

---

3 Offizielle Vertreter der DDR vermieden in ihren Erklärungen das Wort »Mauer« und ersetzten es so oft wie möglich durch das Wort »Grenze«.

bereits ihre »Eilnachricht« in die Fernschreiber eingegeben. Günter Schabowski hat erklärt, die Ostdeutschen könnten »*ab sofort*« ausreisen. Seit dem 13. August 1961 am frühen Morgen, als Maurer unter der Bewachung durch Soldaten eine Mauer aus Hohlblocksteinen quer durch die Hauptstadt zogen, waren sie eingesperrt gewesen. 28 Jahre im Gefängnis.

Die Redaktionen werden von einer Lawine von Depeschen überschüttet.

15 »Aufmachen!«

Berlin, Donnerstag, 9. November 1989

»Was ist das denn für ein Scheiß!? Was erzählt der da?« In der Kantine des Grenzpostens Bornholmer Straße geht Oberstleutnant Harald Jäger hoch, als er hört, was Schabowski da sagt. Die Polizisten, Zollbeamten und Grenzwachen um ihn herum verstummen – sie hatten der direkt übertragenen Pressekonferenz keine Beachtung geschenkt. Erstaunt schauen sie auf den Befehlshaber ihres Postens, der hervorstößt: »Schabowski ist verrückt geworden! Er hat eben verkündet, dass die Grenzen geöffnet sind und die Bürger der DDR das Land über jede beliebige Grenzkontrollstelle verlassen können!«

Harald Jäger springt auf, stürzt aus dem Speisesaal und ins Büro des diensthabenden Offiziers. Er schnappt sich das Telefon, das direkt mit dem Operativen Leitzentrum Schönweide[1] verbunden ist, um einen Vorgesetzten der Abteilung VI der Stasi[2] zu sprechen. Heftig drückt er den roten Knopf nieder. Der Offizier vom Dienst, MfS-Oberst Rudi Ziegenhorn, hebt ab.

»Hier Oberstleutnant Jäger vom Grenzposten Bornholmer Straße.«

---

1 Das Viertel liegt im Südosten Berlins an der Spree.
2 Die Grenzkontrollstellen waren mit Polizisten, Zollbeamten und Grenzwachen besetzt, während als Postenkommandanten ausschließlich Offiziere der Stasi eingesetzt wurden.

»Was ist los. Jäger? Hast du auch den Schwachsinn von Schabowski gehört?«

»Ja.«

»Und deswegen rufst du an?«

»Was hat das zu bedeuten?«

»Nichts! Was sollte es denn zu bedeuten haben? Er hat nichts von dem begriffen, was er da erzählt hat, das ist alles! Sind bei dir schon welche, die ausreisen wollen?«

»Keine Ahnung. Von hier aus kann ich das nicht sehen.«

»Erkunde erst einmal die Lage und ruf mich dann wieder an.«

Der Oberstleutnant hastet auf die Straße hinaus. Absolute Ruhe. Aber Schabowski hat die Lawine ja auch erst vor kaum zehn Minuten losgetreten. Drei Spaziergänger, die sich hinter dem Schutzgitter des Grenzpostens aufgebaut haben, beobachten aufmerksam das Schaulaufen der Offiziere. Während Jäger seine Untergebenen befragt, schließen sich den Neugierigen zwei weitere Personen an. Vom Wachhäuschen aus ruft der Offizier wieder beim Obersten an.

»Also, es sind fünf... Nein, inzwischen sind es sieben ...«

»Wenn sie bis zum Grenzposten kommen, schick sie wieder nach Hause. Wir haben noch keine neuen Anweisungen bekommen. Aus unserer Sicht hat sich also nichts geändert.«

Jäger übermittelt den Befehl an den sprachlosen Melder, der von der Aussage Schabowskis absolut keine Ahnung hat. Warum gibt er sich so ernst, um persönlich einen so absurden Befehl zu geben? Er zuckt mit den Schultern: Seit 28 Jahren schickt man die Leute wieder nach Hause, wenn sie ohne Erlaubnis über die Grenze wollen ...

In der sowjetischen Botschaft stellt Igor Maximytschew den Ton seines Fernsehers lauter, aber das ändert nichts daran, dass er glaubt, nicht richtig zu hören. Hat doch Günter Schabowski soeben live im Fernsehen die Öffnung der Mauer verkündet, ohne die diplomatische Vertretung der Sowjetunion vorzuwarnen! Die Nummer zwei der Botschaft kennt das Vorhaben, das der Außenminister der DDR ihnen unterbreitet hat. Doch das bezieht sich absolut nicht auf den sehr speziellen Fall Berlin. Der Verkehr in der früheren Reichshauptstadt ist durch Abkommen der vier alliierten Mächte des letzten Krieges geregelt. Die Sowjetunion hätte darüber informiert werden müssen, dass die Bürger der DDR ungehindert nach Westberlin wechseln können, und das hätte sie dann den Amerikanern, Franzosen und Briten mitgeteilt, die für die Sicherheit im Westteil der Stadt verantwortlich sind.

»Was für ein Volk, diese neue Mannschaft der SED! Was sagt man dazu? Nicht zuverlässiger als die Vorgänger ...« Mit zornrotem Kopf schimpft er auf das Politbüro der SED. Für ihn wie die übrigen Botschaftsräte ist das alles zwangsläufig so abgelaufen: Egon Krenz hat auf alle diplomatischen Gepflogenheiten gepfiffen und sich direkter Kanäle bedient, wahrscheinlich jener der Stasi und des KGB, um sich von Gorbatschow oder Schewardnadse grünes Licht geben zu lassen. Und wie so oft haben die es unterlassen, die Botschaft zu unterrichten. Wenn nicht einfach dieser alte Trottel Kotschemassow vergessen hat, die Nachricht weiterzuleiten ...

Seit dem Abend drucken Vera und Sven im Keller der Umweltbibliothek Flugblätter. Eine Sklavenarbeit! Sie schleppen Papierstapel heran, überwachen das vorsintflutliche Vervielfältigungsgerät, prüfen den Zustand der Matrizen und bringen Tinte auf die Rollen auf. In einer Ecke des Raumes läuft ein alter Fernseher mit instabilem und verschneitem Bild. Ohne dem Geschehen besondere Aufmerksamkeit zu widmen, haben sie die Vorstellung Schabowskis mitbekommen. Wegen des Maschinenlärms ist der Ton der Pressekonferenz nicht bis zu ihnen durchgedrungen. Doch um 19.30 Uhr informiert die blonde Moderatorin der Nachrichtensendung »Aktuelle Kamera« im ersten Kanal der DDR die Fernsehzuschauer, dass »ab sofort Anträge auf Privatreisen ins Ausland ohne besondere Anlässe gestellt werden können«. Und um 20 Uhr berichtet die »Tagesschau« der westdeutschen ARD gleich zu Anfang über Schabowski. Der vom Sprecher verlesene Titel lässt kaum noch Zweifel zu: »Die DDR öffnet ihre Grenze.« Mit dem Bericht über die Ostberliner Pressekonferenz sind dann endgültig alle Ungewissheiten ausgeräumt. Als wolle er unterstreichen, wie bedeutsam dieser Augenblick ist, richtet der Sprecher sich auf, während er seinen Kommentar mit einem unmissverständlichen Satz beendet: »Damit ist die Mauer von heute Abend an nicht mehr unüberwindbar!«

»Ständige Ausreise erlaubt«, »Frei reisen ohne Anlass«, »Grenze offen«. Sven will mehr darüber erfahren. Er zieht seine Jacke an.

»Wo gehst du hin?«, fragt Vera.

»Ich möchte nachsehen, ob das alles Blödsinn ist, oder ob man wirklich über die Grenze kommt.«

»Aber wir haben doch noch wahnsinnig viel zu tun!«

»Reg dich nicht auf, ich bin gleich wieder zurück.«

Sven rennt in rekordverdächtigem Tempo zum Bahnhof Friedrichstraße. Das Stadtzentrum ist ruhig und wird wie jeden Tag um diese Zeit allmählich menschenleer. Es ist kalt und feucht, das lädt keinen zum Spaziergang ein. Das bleiche Licht der Straßenlaternen beleuchtet ein paar warm eingepackte Passanten, die es eilig haben, nach Hause zu kommen. Keiner kommt auf die Idee, einen Schaufensterbummel zu machen – die Auslagen der Läden sind sowieso leer. Er betritt einen seelenlosen Behelfsbau, eine Art graues Anhängsel entlang der Bahnhofshalle, wo man die Kontrollen hinter sich bringt, wenn man den Osten verlässt und die U- oder S-Bahn Richtung Westberlin nimmt. Er nähert sich einem um diese späte Stunde eher unterbeschäftigten Offizier.

»Stimmt es, dass man von heute Abend an ohne Genehmigung ausreisen kann?«

»Es gibt nichts Neues«, erwidert der junge Offizier verkniffen.

»Genosse Schabowski hat aber erklärt …«

»Ich habe Ihnen doch gesagt, dass sich NICHTS geändert hat!«

Sven hakt nicht nach. Er ist erkennbar nicht der Erste, der diese Frage gestellt hat. Nichtsdestoweniger weitet er seine Erkundung bis zum Haus des Reisens[3] auf dem Alexanderplatz aus. Dort trifft er auf ungefähr 30 Berliner, die wie er vergeblich versuchen, mehr zu erfahren. Die Türen sind verschlossen, und im Schaufenster ist kein Hinweis angebracht. Vor dem Gebäude klagt jeder sein Leid über die ewigen Zaubersprüche der DDR: Immer das Gleiche, das Politbüro verkündet etwas, und die Bürokratie ist nicht in der Lage, es in die Tat umzusetzen. Was glauben die, wie lange sie sich noch so über die Leute lustig machen können? Sven lässt sich von den Nörglern nicht aufhalten. In der Gewissheit, von Vera heruntergeputzt zu werden, weil er sie zu lange allein hat arbeiten lassen, hastet er zur UB zurück.

---

3 Sitz des zentralen Reisebüros der DDR und der Büros der DDR-Fluggesellschaft Interflug.

Helmut Kohl, der einen Staatsbesuch in Warschau absolviert, wird von der Ankündigung Günter Schabowskis kalt erwischt. Während dieser seine Pressekonferenz eröffnete, unterhielt der Kanzler sich gerade mit Lech Walesa. Der Solidarność-Vorsitzende, dessen Freunde seit August in Polen regieren, hat ihm gesagt, seiner Meinung nach werde die Berliner Mauer allenfalls noch eine oder zwei Wochen stehen ...

Kurz darauf, als der Bundeskanzler sich mit seinen Gastgebern im Regierungspalast zu einem offiziellen Essen niedergelassen hat, erfährt er von einem dringenden Anruf aus dem Kanzleramt. Kohl entschuldigt sich bei Ministerpräsident Mazowiecki und zieht sich zurück, um den Anruf entgegenzunehmen. Sein treuer Berater Eduard Ackermann am anderen Ende der Leitung scheint äußerst aufgeregt zu sein.

»Herr Bundeskanzler, halten Sie sich fest, die DDR-Leute machen die Mauer auf!«

»Sind Sie sicher?«

»Das Fernsehen überträgt es live aus Berlin, ich kann es mit eigenen Augen sehen.«

Schweigen.

»Das ist unfassbar!«

Wenig später übermittelt Helmut Kohl, der im polnischen Staatspalast von einem Journalisten interviewt wird, dem ZDF seine ersten Eindrücke. Das kurze Gespräch wird im »Heute-Journal« um 21.45 Uhr gesendet. Er steht noch unter dem Schock der Nachricht und bleibt vorsichtig abwartend. Die Entscheidung Ostberlins nimmt er wohlwollend zur Kenntnis, doch es scheint, dass er weder ihre Folgen noch ihre historische Tragweite ermessen kann.

Mehrere Mitglieder seiner Delegation raten ihm voller

Aufregung dringend, seinen Aufenthalt in Polen abzubrechen und sich so schnell wie möglich nach Berlin zu begeben. Doch der Kanzler mag es nicht, wenn ihm sein Verhalten von den Ereignissen diktiert wird. Er ist nach Warschau gereist, um jene zu beglückwünschen, die den Kommunisten die Macht entrissen haben. Da kommt es nicht in Frage, sie einfach sitzen zu lassen. Helmut Kohl weigert sich, sein Besuchsprogramm umzustoßen. Er nimmt wieder am Tisch Platz und bringt einen Trinkspruch auf die Rückkehr der Freiheit in Polen aus.

Im Bundestag debattieren die Abgeordneten gerade über Subventionen für Verbände. Von der Bundestagspräsidentin wird ein bayrischer Abgeordneter aufgerufen, der aufgeregt und mit einer Eilmeldung in der Hand nach vorn eilt. Bewegt verliest er den Text: »Die Bürger der DDR können ab sofort über Grenzkontrollposten ihrer Wahl in die Bundesrepublik einreisen.« Die Nachricht wird mit tosendem Beifall aufgenommen.

Rudolf Seiters platzt in Begleitung von drei Fraktionsvorsitzenden in den Bundestag und bittet ums Wort. In feierlichem Tonfall verliest er eine Regierungserklärung, mit der er die von der DDR angekündigte Maßnahme zu Protokoll gibt. »Das ist ein beachtlicher Schritt«, sagt er zum Schluss.

In den Sitzreihen erheben sich spontan drei Abgeordnete und stimmen die Nationalhymne an. Einer nach dem anderen folgen die Abgeordneten ihrem Beispiel und singen aus voller Kehle. Als die letzten Töne von Haydns Melodie verklingen, holen viele Abgeordnete ihr Taschentuch heraus. Die Präsidentin hebt die Sitzung auf. Willy Brandt, der ehemalige regierende Bürgermeister von Berlin, der neben John F. Kennedy stand, als dieser der Welt seinen Satz »Ich bin ein

Berliner!« entgegenrief, ist zutiefst erschüttert. Der Altkanzler, der wegen des DDR-Spions Guillaume zurückgetreten war, verlässt mit feuchten Augen seinen Platz.

Es ist fast 21 Uhr. Egon Krenz hält sich noch im Gebäude des Zentralkomitees auf, als Erich Mielke ihn auf der internen Verbindungsleitung der Ministerien anruft. Der Stasipensionär will die Zügel definitiv nicht aus der Hand geben! Er erzählt, man habe ihm von Berlinern berichtet, die sich gruppenweise in Richtung Grenze bewegten. Nach seinen Quellen solle Schabowski während der Pressekonferenz etwas gesagt haben, was diese Massenbewegung ausgelöst habe. Er werde versuchen, mehr darüber in Erfahrung zu bringen.

Ein paar Minuten später ist Mielke wieder am Apparat. Dieses Mal wirkt er vollkommen aufgelöst.

»Es sind tatsächlich Tausende, die sich zu den Grenzkontrollstellen begeben, zu Fuß und im Auto. Von überallher kommen welche. Was sollen wir machen? Egon, wenn wir nicht sehr schnell reagieren, werden wir vollkommen die Kontrolle über die Situation verlieren.«

»Was schlägst du vor, Erich? Du hast die Erfahrung ...«

»Aber du bist der Chef!«

Erdrückende Verantwortung legt sich auf Egon Krenz. Ungeachtet seiner Jahrzehnte bei der Stasi kneift der alte Mielke. Was tun? Eine Anweisung an die Grenzposten, um jeden Preis standzuhalten, würde direkt in die Katastrophe führen. Schüsse, Blut, Tote. Die Grenzen zu öffnen hieße, der Masse nachzugeben – damit wäre dem Staat jede Autorität genommen, seine eigene Macht verlöre jegliche Legitimation, es würde sicherlich das Ende der DDR einläuten.

Sein Puls geht schneller, in den Schläfen hämmert es. Der Generalsekretär zögert, überdenkt alle Optionen und findet

keine, an der er sich festhalten könnte. Definitiv ist nicht er
der Chef, das ist Gorbatschow. Er beschließt, ihn anzurufen –
er wird wissen, was zu tun ist. Schließlich ist die Sowjetunion
nicht nur die Schutzmacht der DDR, sondern hat dem Vier-
mächtestatut zufolge bei jeder Berlin betreffenden Entscheidung mitzureden. Die Telefonistin versucht, den Kreml zu
erreichen. In Moskau ist es jedoch schon Mitternacht, und
man sagt ihr, der Generalsekretär der KPdSU sei nach Hause
gefahren. Es sei heikel, ihn zu so später Stunde zu stören, betont man. Egon Krenz könnte darauf bestehen, doch er zögert
und lässt es schließlich bleiben. So verzweifelt wird die Lage
schon nicht sein, sagt er sich.

Oberstleutnant Jäger bekommt es allmählich mit der Angst
zu tun. Aus jedem an der Endstation Bornholmer Straße an-
kommenden Straßenbahnzug steigen Dutzende Fahrgäste,
die sich vor dem Grenzposten gegenüber dem Wachhäuschen und auf der Fahrbahn zusammenrotten. Die mutiger
gewordenen, aber immer noch etwas eingeschüchterten
Ostberliner sprechen die Wachposten durch den Gitterzaun
an. Sie wollen in den Westen, so wie Schabowski es gesagt
hat. Der junge diensthabende Hauptmann hat große Schwierigkeiten, sich bei den Leuten Gehör zu verschaffen. Hartnäckig, aber ohne wirklich den Ton zu verschärfen, versucht
er sie dazu zu überreden, wieder nach Hause zu gehen. Harald
Jäger geht auf die Straße hinaus, um ihn zu unterstützen. Als
er hinter der Schranke in Hörweite der Menschenansamm-
lung ist, ruft er:

»Ihr kriegt alle eine Erlaubnis. Aber die wird nicht von uns
bewilligt, sondern von der Polizei. Also müsst ihr euch gedul-
den, bis ...«

»Schabowski hat sofort gesagt. Ja, sofort!«

In diesem Augenblick fährt ein Streifenwagen der Volkspolizei am Grenzposten vor. Ein Leutnant steigt aus und bahnt sich mühsam einen Weg durch die gegen die Absperrung drängende Menge.

»Hast du neue Informationen für uns, Genosse?«, fragt Harald Jäger.

»Was Neues? Ich hatte eher gehofft, ihr könntet mir etwas sagen...«

Verlegen kehrt der Offizier der Vopo zu seinem Wagen zurück und greift nach dem Mikrofon, das mit dem Lautsprecher auf dem Wagendach verbunden ist. Auf dem Beifahrersitz, die graue Dienstmütze bis zu den Augenbrauen heruntergezogen, wendet er sich mit unsicherer Stimme an die Umstehenden. Der Lautsprecher pfeift; der Polizist versucht in mehreren Anläufen, seinen Landsleuten klarzumachen, dass man sie unmöglich hier und jetzt ausreisen lassen könne, dass die Genehmigungen auf den Polizeirevieren ausgegeben würden.

Daran soll es nicht liegen, sagen sich zahlreiche Berliner und begeben sich in lockerer Marschordnung zum nächstgelegenen Polizeirevier, das nur 200 Meter entfernt liegt. Als sie eine Viertelstunde darauf zurückkommen, sind sie schwer verärgert: Natürlich haben sie von den diensthabenden Polizisten eine Abfuhr erhalten. Ihre Geduld wird allmählich ernsthaft auf die Probe gestellt. Die vor dem Grenzposten versammelte Menge – mittlerweile sind es mehrere Hundert zunehmend entschlossene Leute – skandiert: »Wir wollen da durch! Wir wollen da durch!«

In der Bornholmer Straße hält der Zustrom an. Der Verkehr ist mittlerweile vollständig zum Erliegen gekommen. Eine lange Reihe von Trabbis und Wartburgs mit aufgeblendeten Scheinwerfern zieht sich bis außer Sichtweite hin. Gegen 21 Uhr staut sich die Schlange bis zur Schönhauser Allee zurück – das ist mehr als einen Kilometer von den Gebäuden des Grenzpostens entfernt. Durch den Krach werden die Bewohner des Viertels aufmerksam; sie gehen auf die Straße, um herauszufinden, was da los ist. Kaum haben sie begriffen, was vor sich geht, stimmen sie in die Rufe der Leute ein. Die Hupen geben den Takt vor, der Lärm ist ohrenbetäubend.

Mittlerweile hat Harald Jäger Angst um seine Männer. Die Masse der vor ihm versammelten Individuen und deren wachsender Ärger lassen nichts Gutes erwarten. Der Posten ist mit ungefähr 20 Polizisten besetzt. Selbst mit einer Pistole pro Mann und vier automatischen Waffen als Reserve wäre es unmöglich, eine solche Horde in Schach zu halten. »Wenn wir eingreifen, hängen sie uns an den Lichtmasten auf«, denkt der Oberstleutnant. Er ruft noch einmal Ziegenhorn beim OLZ an:

»Ich muss eine Entscheidung treffen, so kann das nicht weitergehen!«

»Jäger, du weißt doch, wie das läuft. Ich kann dir keine Anweisung geben, ohne dass sie von ganz oben kommt. Und die haben mir nichts gesagt.«

Erstmals in seiner Karriere gehorcht der Oberstleutnant nicht. Er schlägt bei Parteimitgliedern Alarm. Seine Untergebenen telefonieren eine vorbereitete Liste von etwa 50 SED-Angehörigen mit Wohnsitz im Viertel ab und fordern sie dringend auf, sich umgehend im Grenzposten Bornholmer Straße einzufinden. Als Verstärkung eher dünn, aber es ist alles, was ihm zur Verfügung steht.

Zehn Minuten später ruft er erneut bei Ziegenhorn an und berichtet von seinem nicht regelkonformen Vorstoß. Der Oberst geht nicht einmal darauf ein.

»Wie viele Leute sind vor der Schranke versammelt?«

»Autos und Menschen stauen sich bis zur Schönhauser Allee.«

»Bleib, wo du bist! Ich rufe den Minister an.«

Einige Minuten darauf meldet sich der Vorgesetzte wieder.

»Hör zu, wir machen es so: Lass die Aufsässigsten einfach raus. Denen macht ihr im Ausweis einen Stempel halb über das Lichtbild und tragt sie dann sofort ins Fahndungsbuch ein – die kommen nicht wieder rein!«

Harald Jäger befiehlt einigen seiner Männer, in der Menge die entsprechende Auswahl zu treffen. Man lässt die »Aufsässigen« in kleinen Gruppen in den Grenzposten kommen. Die Wachen schließen die Tür hinter ihnen und führen sie zu einem der drei Schalter. Dort stempeln die Funktionäre Papiere und Fotos nach den Anweisungen eines Offiziers. Nach wenigen Minuten finden sich die »Rebellen« – sie wissen nicht, dass man sie soeben ausgebürgert hat – mit einem Lächeln auf der in den Westen führenden Eisenbrücke über die Bahngleise wieder. Es ist 21.45 Uhr. Allmählich bekommt die Berliner Mauer Risse.

Weil die Leitung der Stasi eine Handvoll Berliner ausreisen lässt, glaubt sie, ein Sicherheitsventil geöffnet zu haben. Unbegrenztes Warten in der Kälte, so hofft sie, werde die weniger entschlossenen Bürger bald dazu veranlassen, nach Hause zu gehen und dort friedlich den nächsten Tag abzuwarten, um dann in aller Form einen Reiseantrag zu stellen.

Doch es geschieht genau das Gegenteil. Der Anblick Dutzender von den Grenzposten ausgewählter Landsleute, die über die Brücke gehen und gen Westen verschwinden, lässt die Wut derer wachsen, die diesseits der Grenze zurückbleiben. Sie empfinden sich erneut als Opfer der Willkür der Regierung. Doch so wird es heute Abend nicht wieder ablaufen! Im nächtlichen Berlin erhebt sich ein Aufschrei aus vielen Tausend Kehlen: »Aufmachen!«

Am Checkpoint Charlie, der Grenzkontrollstation, die am 28. Oktober 1961 zum Mythos geworden war – damals standen sowjetische und amerikanische Panzer einander stundenlang drohend gegenüber –, ist auf der Westseite einiges los. Seit die unfassbare Nachricht im Fernsehen verbreitet wurde, sind der Chef des Café Adler – dessen Fenster auf die Mauer sehen – und einige seiner Gäste zu den ostdeutschen Grenzwachen hinübergegangen. Auf einem Tablett haben sie ihnen Schampus und Kaffee mitgebracht. Nachdem die Grenzbeamten höflich abgelehnt haben, haben sie den Spaßvogel und Kaffeehausbesitzer samt seinen fröhlichen Gästen gebeten, hinter die weiße Linie zurückzutreten, welche die Trennung Ost/West markiert.

Doch der Checkpoint Charlie liegt in Kreuzberg, dieser Hochburg der Westberliner Linken, der Künstler und der Nachtschwärmer. In der folgenden Stunde ist ein anarchistisches und witzelndes Völkchen zum Kontrollposten geeilt; es geht so hoch her, dass der Kommandant sich gezwungen sieht, einige Schritte von der Demarkationslinie entfernt einen Sicherheitskordon aufzuziehen.

Gegen 23 Uhr fürchtet der Offizier, seine Leute könnten überrannt werden. Er beschließt, den Sperrzaun zu schließen. Ein politisch nicht ungefährlicher Akt. Am Checkpoint Charlie wechseln zu jeder Tages- und Nachtzeit Fahrzeuge der Alliierten von einer Seite der Stadt zur anderen. Mit einer Schließung riskiert er einen diplomatischen Zwischenfall. »Lasst uns rein!«, johlt die Kreuzberger Festgemeinde im

Chor. Auf der anderen Seite haben sich, vom Radau auf der Westseite angestachelt, einige Hundert Ostdeutsche versammelt, die als Echo zurückrufen: »Lasst uns raus!«

An der Bornholmer Straße wird die Lage langsam unhaltbar. Die immer dichter werdende Menschenmenge übt wachsenden Druck aus – der Sperrzaun droht nachzugeben. Die Wachen fühlen sich zunehmend unwohl. Denn inzwischen sind sie ins Kreuzfeuer geraten: Einige von den »Aufsässigen«, denen sie kurz zuvor den Grenzübertritt erlaubt haben, sind schon wieder zurück. Und denen wird nun klar, dass man sie nicht mehr in die DDR lassen will. Mütter werden von Verzweiflung gepackt und flehen die Posten an – sie haben ihre Kinder allein zu Hause gelassen. Die Abgewiesenen rasten fast aus vor Zorn. »Wir kommen zurück!«, schreien sie. Als jene Berliner, denen man dieses Privileg verweigert hat, den Trick der Stasi durchschauen, werden sie ihrerseits aufsässig.

Harald Jäger steht kurz vor einem Nervenzusammenbruch. Es scheint, als stünde der Sturm unmittelbar bevor, und seine Leute, die sich hilflos und umzingelt vorkommen, lassen allmählich Anzeichen von Panik erkennen. Der Offizier weiß nicht mehr, auf welches Argument er zurückgreifen könnte, um die Menge zu beeinflussen, welche Tricks er anwenden soll, um wieder für Ruhe zu sorgen. Weil ihm absolut nichts mehr einfällt, greift er zum Telefon und sendet Ziegelhorn zum x-ten Mal einen Notruf:

»Hier Oberstleutnant Jäger.«

»Ich habe keine anderen Anweisungen! Du kennst die Befehle, Jäger!«

Außer sich knallt der Oberst im OLZ den Hörer auf die Gabel. Der Kommandant der Bornholmer Straße kommt sich verlassen vor, allein angesichts einer tobenden Menge, die die Berliner Mauer bedroht und die DDR mit sich reißen könnte. Seine Untergebenen schauen ihn an; sie warten auf einen Befehl.

»Wir könnten die Schranken öffnen und die Personenkontrollen einstellen…«, sagt er in den Raum, als wolle er die Reaktion seiner Leute prüfen.

Niemand protestiert.

»Aber ihr kennt die Befehle. Wir müssen stattdessen die Stellung halten. Und wenn einer der Provokateure zu weit geht, wenn er sich zu körperlicher Aggression hinreißen lässt, dann muss das Feuer eröffnet werden.«

Die Erwähnung eines Waffeneinsatzes genügt, um den Männern jede Moral zu rauben – sie werfen einander erschrockene Blicke zu. Jeder weiß, diese Lösung würde geradewegs in ein Massaker ausarten. Auf beiden Seiten.

Es ist die Menschenmenge, die das Gewissen des Oberstleutnants mit der vorbildlichen Beurteilung erleichtert. Die Verriegelung des Sperrgitters hat nachgegeben. Die Leute drängen sich jetzt gegen die Schranke, einen Meter von den unglücklichen Wachsoldaten entfernt, die der Postenführer zur Sicherung der Grenze aufgereiht hat. Im Augenblick gehen sie nicht weiter; sie bleiben diesseits der weißen Linie, gehen die Posten jetzt aber direkt an, klopfen ihnen auf die Schulter und skandieren abwechselnd wütende Parolen und die Aufforderung, sich ihnen anzuschließen. »Sei doch nicht blöd!«, sagt ein kleiner Lockenkopf zu einem Offizier, um ihn zum Aufmachen zu bewegen.

Wie viele mögen es sein? 20 000? 30 000? Unmöglich, das abzuschätzen. Um 23 Uhr 30 kommen immer noch Leute dazu. Die westdeutschen Fernseh- und Rundfunksender haben ihre Programme geändert, einer nach dem anderen geht zur Direktübertragung über. Und aufgrund ihrer Berichte werden immer mehr Ostberliner dazu angeregt, sich der Bewegung anzuschließen.

Harald Jäger versucht es mit einem letzten Anruf bei Ziegenhorn:

»Wir können nicht mehr standhalten, wir müssen aufmachen. Ich stelle die Kontrollen ein und lasse die Leute raus.«

Ohne eine Antwort abzuwarten, legt er auf.

Plötzlich beugt sich ein Wachtposten vor und beginnt, die rotweiß gestreifte Schranke anzuheben. Die Menschenmenge drängt sich mit solcher Gewalt durch, dass er beinahe niedergetrampelt wird und sich an einer Stange festklammern muss. Tausende schreien ein siegesgewisses »Ja!«; sie pfeifen und jubeln aus Leibeskräften. Fäuste werden hochgereckt, Finger zum Sieges-V gespreizt. Weit öffnen sich die Schleusentore. Eine ununterbrochene Flut von Berlinern stürzt von der anderen Seite der bislang bestgesichertsten Grenze Europas herein. Ohnmächtig und überwältigt, aber auch ein wenig erleichtert haben Jägers Männer sich vorsichtshalber zurückgezogen; an das nun überflüssig gewordene Wachhäuschen gelehnt beobachten sie mit hängenden Armen oder mit einer Zigarette zwischen den Lippen, wie ihre Landsleute voller Freude und von Gefühlen überwältigt an ihnen vorbeimarschieren, ohne sie eines Blickes zu würdigen. Die Leute auf der Brücke lachen, weinen, umarmen einander, rufen »Wahnsinn!«. Die Westberliner auf der anderen Seite empfangen sie wie Helden. Improvisierte Spruchbänder heißen sie im Westen willkommen. Menschen, die sich nie zuvor begegnet sind, umarmen einander wie Brüder und Schwestern. Sie fallen einander um den Hals, beglückwünschen sich. Starke Kerle beginnen zu schluchzen; alte Leute schicken Fürbitten gen Himmel; eine Frau mit

Fellkappe küsst den Boden, als sei sie im gelobten Land angekommen.

Als die ersten Autos das Ende der Brücke erreichen, nehmen die Beifallsrufe zu. Die Anwohner bilden ein Ehrenspalier und schlagen als Willkommenszeichen mit der Faust auf die Autodächer. Über die Windschutzscheibe des ersten Trabbi schüttet die Menge wie bei einer Schiffstaufe oder einer Siegerehrung der Formel 1 Schampus und Coca-Cola. Lachend schaltet der Fahrer die Scheibenwischer an, während sich ihm Hände entgegenstrecken, um ihm Schokolade oder Marshmallows zu reichen ... »Darauf haben wir 28 Jahre gewartet! 28 Jahre!«, versichern sich Ost- wie Westberliner immer wieder.

Einer nach dem anderen, wie fallende Dominosteine, werden jetzt die Grenzkontrollposten in der geteilten Stadt geöffnet. Nachdem sie von der kampflosen Übergabe an der Bornholmer Straße gehört haben, machen die anderen Postenführer dasselbe wie Harald Jäger. Sonnenallee, Invalidenstraße, Chausseestraße, Checkpoint Charlie, Heinrich-Heine-Straße, Oberbaumbrücke: Die Berliner überwinden nacheinander alle Pforten der Mauer. Überall steigt der gleiche Radau gen Himmel.

»Wahnsinn!«, »Wahnsinn!«, »Wahnsinn!« Noch ungläubig, aber freudetrunken führt Berlin nur noch dieses eine Wort im Mund. Die Hauptstadt wirkt wie eine einzige Familie, die sich nach 28 Jahren in einem Tohuwabohu aus Geschrei, Böllern wie zu Sylvester, Hup- und Pfeifkonzerten wiedertrifft. Eine überschäumende und anarchische Ode an die Freiheit!

16 »Wahnsinn!«

Seit der Demonstration vom 4. November ist Marina krank-geschrieben. Berlin kommt ihr viel zu aufregend vor, als dass sie wieder in die Einkaufsabteilung des Kieswerks am Elb-ufer zurückkehren wollte. Sie hat sich bei ihrer Freundin Katia einquartiert. Heute Abend hängen sie vor dem Fern-seher ab – bei abgedrehtem Ton – und hören Musik. Gegen 22 Uhr bleibt Marinas Blick an den Bildern der Menschen-menge in Berlin hängen. Sie dreht den Ton lauter. Ein Repor-ter erklärt, Ostdeutsche hätten die DDR verlassen können; andere würden demonstrieren, um ebenfalls ausreisen zu dürfen. Mit der Zeit kommen immer mehr Live-Bilder. Die beiden jungen Frauen sehen, wie die Erregung zunimmt. Dann erkennen sie, dass die Schranken hochgehen und die freudetrunkene Menge in den Westen stürmt.

Katia beginnt vor Glück zu tanzen. Marina fängt zu lachen an. Sie denkt sofort an ihren Bruder. Er ist gestern in die Tschechoslowakei gefahren, um sich von dort in die BRD ab-zusetzen!

»Der arme Gerhard. Das musst du dir mal vorstellen, Katia. Er dümpelt in Prag rum, während wir im Westen Ramba-zamba machen!«

In aller Eile werfen sie ihre Mäntel über, poltern die Treppen hinunter und rennen zur Bornholmer Straße. Als sie atemlos die Menschenmenge erreichen, herrscht ein un-beschreibliches Gedränge. Die Masse ist so dicht, dass sie von einer Bewegung erfasst werden, die unaufhaltsam scheint. Um sich herum sehen sie, so weit das Auge reicht, nur die lachenden oder weinenden Gesichter der Berliner, die sich zum Grenzkontrollposten voranschieben. Gelegentlich berühren sie nicht einmal mehr den Boden. Sie nehmen kaum wahr, dass sie die Grenze überschritten haben.

Marina und Katia haben nie einen Fuß in den Westen gesetzt. Am anderen Ende der Brücke entdecken sie das Stadtviertel Wedding. Eine Woge der Euphorie reißt sie mit sich fort. Anwohner in Pantoffeln schließen sie in die Arme, bieten ihnen Getränke und Essen an oder Zigaretten. Ein Fernsehteam nimmt die Szene auf und hält den beiden jungen Frauen ein Mikro hin.

»Das ist einfach unglaublich! Einfach unglaublich! Unvorstellbar, jetzt kann man ein- und ausreisen, wie man will!«, schreien sie der Journalistin von der ARD zu. Dann umarmen sie sie und brechen anschließend in Tränen aus.

Keine zehn Meter weiter kommt ein Bus nur unter Schwierigkeiten voran. Alle applaudieren und rufen »Gorbi! Gorbi!«, als sie auf der Bordwand Werbung für Wodka Gorbatschow entdecken …

Marina und Katia kommen genau in dem Moment wieder ein wenig zu sich, als ein untadeliger junger Mann ihnen eine Besichtigungstour durch Westberlin im Auto vorschlägt. In einem Opel Coupé mit offenen Fenstern jauchzen sie vor Freude, während ihr dienstbereiter Ritter sie mit Dauerhupen und voll aufgedrehtem Radio Richtung Kurfürstendamm mit seinen Neonreklamen kutschiert.

Emma irrt schon eine ganze Weile durch die Straßen Ostberlins. Sie betrachtet den um sie herum herrschenden verrückten Trubel, ohne im Geringsten daran teilzunehmen. Ihr

Kopf ist leer; sie fühlt sich wie erschlagen. Vor einer Stunde noch hat sie einen runden Tisch zum Thema Erziehung geleitet. Die Initiative des Neuen Forums hatte Dutzende Teilnehmer angelockt, und die Ideen – von völlig vernünftig bis absolut abwegig – gingen in alle Richtungen. Ein Augenblick kreativer Freiheit, so etwas wie das Jahr null, in dem alles vorstellbar ist auf der Baustelle DDR.

Und dann stürzt da eine Gruppe Störenfriede in den Raum und schreit: »Die Mauer ist offen!« Drei Viertel der Teilnehmer sind sofort aufgesprungen und wie ein Schwarm Spatzen davongeschwirrt. Die anderen haben dann beschlossen, die Sitzung aufzuheben.

Emma braucht sich das nicht anzusehen. Sie kann sich die Leute sehr gut vorstellen, die nach Westberlin pilgern. Es sind die gleichen, die sie letzten Samstag am Alexanderplatz gesehen hat – die fand sie ekelhaft. So, wie sie aus reinem Opportunismus angefangen haben, die Machthaber zu beschimpfen und auszupfeifen, werden sie auch den Westen und sein kapitalistisches System bedenkenlos annehmen. Ihre »Traumrepublik« wird es nie geben. Die Hammelherde zertrampelt sie, während sie auf die andere Seite der Mauer rennt.

Emma stößt die Haustür auf. Im Treppenhaus werden ihr die Beine schwer. In ihrer Wohnung brennt kein Licht. Jürgen, Bastian und Petra schlafen mit geballten Fäusten, aber es ist keiner da, der auf sie aufpasst. Ihr Ehemann Michael hat ihr eine Nachricht auf dem Küchentisch hinterlassen.

»Liebes, wir feiern! Ich bin mit Freunden vom Kombinat auf die andere Seite. Ich konnte nicht widerstehen!«

»Dieser Mann wird es sicher nie begreifen!«, schimpft sie – ihre Einsamkeit in dieser rauschhaften Nacht drückt sie nieder.

Ehe er von der Botschaft in seine Residenz am Rheinufer gefahren ist, hat Vernon Walters alle seine Abteilungen ermahnt: Wer eine neue Nachricht zur Lage in Berlin hat, soll ihn unverzüglich anrufen, ungeachtet der Uhrzeit. Heute Abend findet er Bonn unerträglich. Die Botschaftsviertel, die von übermäßig gepflegten Gärten umgebenen Villen, die leeren Straßen – diese ganze ruhige und geschichtslose Provinzstadt geht ihm auf die Nerven. Mit einem Glas in der Hand geht er im Salon auf und ab und lässt die Eiswürfel in seinem Drink klimpern.

Schabowskis Pressekonferenz findet er nach wie vor erstaunlich. Weder der Bundesregierung noch dem Westberliner Senat war etwas mitgeteilt worden. Kein Wort der Sowjets gegenüber den westlichen Alliierten, obwohl das Schicksal der Stadt sie doch unmittelbar angeht. All das riecht nach Improvisation, nach Panik, nach Chaos.

Walters zappt durch die Fernsehkanäle. Dort wird berichtet, die Menschen warteten ungeduldig darauf, dass die Grenzen nach Westberlin geöffnet würden; die Stimmung werde gereizter, die ostdeutschen Machthaber würden seit Stunden nichts von sich hören lassen. Was steckt dahinter?

Das Telefon klingelt. Sofort hebt der Botschafter ab. Es ist Westberlin.

»Herr Botschafter, die Grenzkontrollen brechen zusammen, die DDR hat die Schranken geöffnet. In der ganzen Stadt überschreiten Tausende Menschen die Grenze.«

Die Augen Vernon Walters leuchten auf. Unverzüglich lässt er Washington informieren. Dann ruft er das Militärhauptquartier an. Nicht in diplomatischem, sondern in kriegerischem Ton. Hier erteilt der General im Ruhestand die Befehle.

»Ich fliege sofort nach Berlin. Stellt mir bei meiner Landung in Tempelhof einen Hubschrauber zur Verfügung. Ich will mir das von oben ansehen.«

»Das können Sie nicht machen! Wir wissen noch nicht, wie die Sowjets reagieren werden. Wir erreichen keinen von denen. Stellen Sie sich vor, die halten unser Vorgehen für eine Provokation...«

Walters bleibt unnachgiebig.

»Auch wenn Sie ein persönlicher Freund des Präsidenten sind«, erwidert man ihm, »heute Abend wird kein Hubschrauber abheben, das garantiere ich Ihnen!«

Ein Berater mahnt später zur Besonnenheit:

»Die Lage ist zu ungewiss. Sie sollten hier in Bonn bei der Regierung sein.«

»Na schön, aber ich bleibe nur bis morgen früh. Wenn die Rote Armee sich nach dem Wecken nicht gerührt hat, verschwinde ich nach Berlin.«

Es ist fast Mitternacht. Sven und Vera stellen ihre Pakete mit den frisch vervielfältigten Flugblättern zusammen. Da klopft es an der Tür. Noch vor wenigen Wochen wären sie bei einer solchen nächtlichen Visite erschrocken. Doch das Gespenst der Stasi hat sich inzwischen verflüchtigt. Vera schließt auf. Ein langer Kerl mit Backenbart baut sich in der Tür auf. Es ist Ralf, ein Veteran der UB, dem man zwei Monate zuvor die ständige Ausreise aus der DDR gestattet hatte, der nun einen kleinen Job in einer Kreuzberger Kneipe hat.

»Ralf! Was zum Teufel machst du hier?«, fragt Vera.

»Ich bin beim Checkpoint Charlie über die Mauer. Die haben alles aufgemacht, das ist der Wahnsinn. Man kommt ohne Kontrolle durch. In Kreuzberg ist ganz Ostberlin am Tanzen. Und Leute aus dem Westen ziehen haufenweise Unter den Linden und am Alex umher. In alle Richtungen sind Trabis unterwegs. Auf den Bürgersteigen trinken sie Sekt. Es ist irre, sag ich euch!«

Da will Sven natürlich auch dabei sein.

»Komm, Vera, das müssen wir sehen.«

Westberlin! Die junge Frau muss plötzlich an Thomas denken, der seit ihrer schon einige Jahre zurückliegenden Trennung dort lebt – einer Trennung, von der sie sich nie erholt hat. Wenn sie sich auf die andere Seite der Mauer begibt, so ihre tiefe Überzeugung, wird sie Thomas wieder verfallen. Es ist absurd, aber nicht zu leugnen: Die Vorstellung kommt ihr unerträglich vor.

»Nein, Sven, ich hab keine Lust, hinzugehen.«

»Red keinen Quatsch! Du siehst aus, als hättest du es noch nicht kapiert: Die Mauer ist of-fen, of-fen! Also los, zieh den Mantel an, dann hauen wir hier ab.«

»Und ich sage dir, ich gehe nicht mit. Lass mich in Ruhe. Ich bleibe hier.«

Sprachlos zuckt Sven mit den Schultern und verzieht sich zusammen mit Ralf.

Vera bleibt allein zurück. Mit leerem Blick denkt sie an Thomas, vor allem aber an die Zukunft ihres Landes. Wenn die Mauer nicht mehr steht, was bringt es dann noch, weiterzumachen? All unsere Projekte für eine bessere DDR haben keinen Sinn mehr. Die engstirnigen Spießer werden leben wollen wie die in der BRD: Ein Haus kaufen, einen Volkswagen, auf Mallorca in der Sonne liegen, dem Geld nachlaufen. Sie schaut auf die nutzlos gewordenen Flugblätter und tritt gegen einen Stapel, dass er auseinanderfliegt.

Sie greift in ihre Tasche und holt eine Strickarbeit heraus, an der sie in Mußestunden strickt, um ihre Nerven zu beruhigen. Eins links, eins rechts. Das Klicken der Nadeln wird schneller, die Maschenreihen folgen immer schneller aufeinander, als plötzlich eine Nadel bricht. Es ist wohl wirklich nicht ihr Abend.

Vor den Fenstern der Botschaft der UdSSR sieht es auf der Straße Unter den Linden aus wie bei einem Volksfest. Vor der Marmorbüste Lenins feiern die über den Checkpoint Charlie gekommenen Westberliner zusammen mit ihren Landsleuten aus dem Osten, die sich ihrerseits anschicken, die Grenze zu passieren. Ihr Geschrei dringt bis ins Büro von Igor Maximytschew. Der zweite Mann der sowjetischen Vertretung ist völlig fertig. Ohnmächtig muss er einer Katastrophe historischen Ausmaßes zusehen. Für den Karrierediplomaten, der seit Jahrzehnten über die Interessen Moskaus wacht, stehen das Lachen und die Gesänge auf der Straße für den angekündigten Tod der DDR, dieses Schmuckstücks des Imperiums. Eine mit dem Blut der Soldaten der Roten Armee eroberte Trophäe, verschleudert von ein paar unfähigen Figuren an der Spitze der SED, während ein im Kreml sitzender inkompetenter Haufen gleichgültig zusieht.

Was ist zu tun? Zu dieser späten Stunde ist er allein auf der Kommandobrücke. Der Botschafter ist schon lange im Bett, und die lärmenden Freudenkundgebungen, die für Leben auf den Straßen der Hauptstadt sorgen, stören seinen Schlaf offenbar nicht. Was würde es nützen, ihn zu wecken? Kotschemassow ist die Vorsicht in Person. Er fürchtet sich so sehr davor, höheren Ortes Missfallen zu erregen, dass er immer erst die Moskauer Temperatur fühlt, ehe er dem Kreml oder dem Ministerium irgendetwas übermittelt. Der tapfere Parteisoldat kennt die Regeln: Den Vorgesetzten ist nur das zu schreiben, was sie gerne lesen. Igor Maximytschew verzichtet darauf, ihn aus dem Bett zu holen. Die

Dringlichkeit der Lage würde nichts daran ändern – er würde auf alle Fälle bis zum Morgen abwarten, ehe er den MID benachrichtigte.

Draußen, einen Steinwurf von der Botschaft entfernt, dringen die ersten Feiernden in die Verbotszone unter dem Brandenburger Tor ein. Einen Augenblick lang erwägt der Diplomat, seine Befugnisse zu überschreiten, Moskau auf eigene Verantwortung zu benachrichtigen und das Alarmsignal auszulösen, damit die Sowjetmacht die DDR auffordert, dem unanständigen Berliner Karneval ein Ende zu setzen. Auch darauf verzichtet er. Wer wird es da unten lesen, wenn er mitten in der Nacht eine dringende Nachricht übermittelt? Falls die Nachricht einem Hardliner in die Hand fiele, könnte der andere Anhänger einer Politik der Stärke davon in Kenntnis setzen. Maximytschew weiß, wie viel Mühe es die Rote Armee kostet, ihren Zorn zu zügeln, und wie sehr sie es dem Kreml verübelt, dass er seine Leute in die Kasernen verbannt und ihnen strengstens verboten hat, sich in der DDR einzumischen. Er hat die drohenden Worte des Generals Snetkov gehört. Außerdem ist ihm nicht entgangen, dass eine ganze Clique des KGB die aktuelle Entwicklung in Ostberlin missbilligt. Das Risiko ist zu groß. Er wird nicht derjenige sein, der die »chinesische Lösung« in Gang gesetzt hat. Er wird denen, die die DDR mit Panzern auf den Straßen erledigen wollen, keinen Vorwand liefern.

Ehe er das Licht ausmacht, wirft Igor Maximytschew einen letzten Blick auf sein Büro. Vier Jahrzehnte lang ist das Schicksal der DDR hier entschieden worden, auf dieser Etage, in diesem imponierenden weißen Gebäude. Das ist wohl vorbei.

In dem Lada, der den Prenzlauer Berg hinabrollt, kurbelt Barbara die Scheibe herunter. Sie ist ein wenig beschwipst, ihr ist sehr heiß – sie braucht frische Luft. Das kommt davon, dass sie den Geburtstag ihrer Freundin Viola ein wenig zu sehr begossen hat. An diesem Abend haben alle so viel getrunken, dass Peter, der Lebensgefährte Violas, mitten in der Feier in die Kneipe an der Ecke musste, um Nachschub zu besorgen. Bei seiner Rückkehr ist er dann in einem solchen Zustand gewesen, dass alle geglaubt haben, er hätte unterwegs eine ganze Flasche allein weggesüffelt. Atemlos und schwitzend hat er geschrieen:

»Die haben die Mauer aufgemacht!«

Im nächsten Augenblick hat sich die ganze Bande in drei Autos – acht pro Fahrzeug – gezwängt und ist zum Brandenburger Tor gefahren.

Am Ende der Straße Unter den Linden kommt der Konvoi zum Stehen. Ein einmaliger Anblick: Unter den Augen der Wachposten besetzen Dutzende Berliner den Pariser Platz, der sich vor dem mit einer Quadriga gekrönten Tor erstreckt. Im Hintergrund trinken und tanzen die Leute zu Hunderten auf der Mauer selbst.

Barbara und ihre Freunde lassen die Autos zurück, gehen unter dem Tor durch und bis hin zur Mauer. Hände strecken sich ihnen entgegen.

»Kommt rauf! Wir helfen euch.«

Ein kräftiger Kerl mit Bart hievt Barbara auf den Betonwall. Sie findet sich an der Seite einer Westberlinerin wieder, die über ihrem Nachthemd einfach einen Mantel angezogen hat. Die Frau drückt ihr eine Flasche Sekt in die Hand. Barbara packt den Flaschenhals und nimmt einen ordentlichen Schluck. Sie ist von einem tiefen Freiheitsgefühl durchdrungen. Vor ihr liegt der Westen: Die lange und geradeaus verlaufende Straße des 17. Juni[1], die den Tiergarten durchquert, die Siegessäule, die massige Silhouette des Reichstags. Immer wieder von Gelächter unterbrochen, schreien die Leute in Barbaras Umgebung aus Leibeskräften in die Stadt: »Nur wer tot ist, schläft heut Nacht!«

Als Barbara Richtung Westen hinunterspringt, folgen ihr ein paar Leute. Per Anhalter schaffen sie es zum Viertel der Nachtschwärmer am Savignyplatz. Tattersall, Zwiebelfisch, Schwarzes Café: Zunehmend beschwipst ziehen sie von einer Kneipe zur nächsten. Überall werden sie zur Feier ihres ersten Tages in der Freiheit auf ein Glas eingeladen.

Auf dem Rückweg sind die Bürgersteige dann voller Menschen, auf den Straßen stauen sich Fahrzeuge mit DDR-Kennzeichen. Die Nacht ist eisig, doch keiner kommt auf die Idee, sich über die Kälte zu beklagen. Die Deutschen aus dem Osten wollen alles entdecken, alles kennenlernen, sich richtig sattsehen. Da macht es gar nichts, dass die Kaufhäuser geschlossen haben – sie begeistern sich vor den hell erleuchteten Schaufenstern, den Neonlichtern, den Leuchtreklamen. Vor den Reisebüros träumen sie von fernen, bislang unerreichbaren Zielen: Paris, London, Mallorca, Ägypten, Bali, Thailand, New York! Zwölf Stunden zuvor hatten sie auf einem anderen Planeten gelebt.

Barbara und ihre Begleiter gehen erneut in der Nähe des Brandenburger Tores an der Mauer entlang. Die Stimmung ist noch viel ausgelassener als auf dem Hinweg. Ein junger Typ aus dem Westen mit schwarzer Lederjacke ist mit einer Spitzhacke hinaufgeklettert. Angefeuert von Hunderten in seiner Nähe, die jeden Schlag mit einem Freudengebrüll be-

1 Die Straße erhielt den Namen vom Westberliner Senat, der damit die Opfer des Arbeiteraufstands des Jahres 1953 in der DDR ehren wollte. Der Aufstand war von Polizei und Roter Armee blutig niedergeworfen worden.

gleiten, hämmert er bis zur Erschöpfung auf den Beton ein. Als er nicht mehr kann und seine Finger klamm werden, nimmt ihm ein Kerl im Parka das Werkzeug aus der Hand und klopft weiter. Allmählich, Schlag um Schlag, zerbröckelt die Mauer und lässt ihre Eisenarmierung ans Licht kommen. »Die Mauer ist weg!«, singen die Umstehenden voller Begeisterung. Am frühen Morgen, als die letzten Abbruchspezialisten erschöpft ins Bett sinken, ist die Mauerkrone von vieler Tausend leeren Flaschen bedeckt.

Als Barbara den Grenzposten Invalidenstraße passiert, merkt sie, dass sie nicht einmal ihren Personalausweis dabei hat. Sie bekommt ein wenig Bammel, doch die Polizisten winken sie spöttisch durch ...

Berlin, Freitag, 10. November 1989

Gegen 22.30 Uhr hat Hansi sich vom »Treffen der Anarchie« verabschieden müssen. Er hat seine in einem verqualmten Raum der UB zur Neuerschaffung der Welt versammelte Bande von Anarchos zurückgelassen und sich für seinen Nachtdienst ins Krankenhaus begeben.

Im Personalraum sitzen alle vor dem kleinen Fernseher. Assistenzärzte, Krankenschwestern und Reinigungspersonal lauern auf die nächste Live-Übertragung bei einem der Westsender.

»Was ist los? Hat Honecker einen Putsch gegen Krenz angeleiert?«, fragt Hansi fröhlich.

»Hast du nicht mitgekriegt, was da läuft? Die probieren zu Tausenden, nach Westberlin zu kommen. Die brüllen überall rum.«

»Wahnsinn!«

Hans macht hastig seine Runde, damit er schnell wieder vor den Fernseher kommt – gerade rechtzeitig, um die ersten Berliner zu sehen, die die Mauer passieren. Das ganze Personal vom Nachtdienst starrt wie gebannt auf den Bildschirm. Die Kranken können warten.

Um sechs Uhr ist die Nachtschicht vorüber. Hansi ist zwar übermüdet, doch er zögert keinen Augenblick. Ein Ausflug in den Westen drängt sich auf: Richtung Grenzposten Oberbaumbrücke. Keiner kontrolliert ihn, er sieht nicht einmal Grenzwachen hinter den Schaltern. Er überquert die Brücke, die sich über die Spree spannt. Am anderen Ufer liegt Kreuzberg. Wie ein Moslem, der das erste Mal Mekka entdeckt, macht Hansi seine ersten Schritte im Paradies der Anarchos. Besetzte Häuser, Graffiti, Klamottenläden, die nur schwarze Ware verkaufen, Kneipen an jeder Straßenecke, zugedröhnte Typen, die unter Hausdurchgängen eingepennt sind... in echt ist das alles noch viel besser!

Oliver, ein Kumpel aus Jena, den man letztes Jahr aus der DDR ausgebürgert hat, wohnt ganz in der Nähe. Hansi findet das Mietshaus und klingelt an der Sprechanlage. Eine schwerfällige Stimme meldet sich.

»Oli, ich bin's, Hansi. Ich bin gerade durch die Mauer gekommen.«

»Genial. Komm hoch, es ist im sechsten Stock.«

Mit zerzauster Frisur empfängt Oliver seinen Kumpel und drückt ihn an sich.

»Verdammt, Hansi, was für eine Nacht!«

»Wahnsinn! Hast du was zu trinken?«

»Ich mach dir Kaffee.«

»Nee, ein Bier. Unser Wiedersehen feiern wir nicht mit Sockenaufguss. Gib mir ein kapitalistisches Pils! Mal sehen, ob es genauso schmeckt wie in der Fernsehwerbung...«

Michail Gorbatschow hat sich noch nicht fertig rasiert, als das interne Telefon der Regierung in seiner Privatwohnung läutet. Sein Freund Anatoli Tschernajew ist dran.

»Tola, was willst du so früh am Morgen?«

»Michail Sergejewitsch, halt dich gut fest: Krenz und seine Bande haben in der Nacht die Berliner Mauer geöffnet!«

Der oberste Sowjetführer lässt ein nervöses Lachen hören, das seinen Berater irritiert.

»Siehst du, ich habe gesagt, dass es so kommen würde.«

Als der Generalsekretär sein Büro im Kreml erreicht, ist er ruhig und gut gelaunt. Während bei den hohen Beamten des Außenministeriums mit Ausnahme von Eduard Schewardnadse angesichts der Agenturmeldungen Verzweiflung herrscht, betrachtet man das Ende der Mauer im Kreml lediglich als Anwendung der »Sinatra-Doktrin[2]«: Jedem Staat des sozialistischen Blocks steht es frei, seinen eigenen Weg zu gehen.

Die Lage in der DDR macht Gorbatschow nur auf einem ganz anderen Gebiet Sorgen. Er ruft Tschernajew an:

»Benachrichtige Berlin, damit der Botschafter unsere Anweisungen für General Snetkov noch einmal unterstreicht: *Wir werden uns nicht in die Dinge einmischen*, die in der DDR geschehen, auch nicht nach Öffnung der Mauer!«

Als der General ein paar Stunden später in Wünsdorf den Telefonhörer abnimmt, drückt sich der ergebene Wjatscheslaw Kotschemassow deutlicher aus als der Generalsekretär der UdSSR: »Bleibt in euren Garnisonen, und rührt euch vor allem nicht von der Stelle.«

---

2 Geprägt wurde der Begriff von Gennadi Gerassimow, dem Sprecher des sowjetischen Außenministeriums. Als Gast der Sendung *Good Morning America* des Senders ABC hatte er am 25. Oktober 1989 erklärt, Moskau überlasse es von nun an jedem Satellitenstaat, seinen Weg selbst zu bestimmen, frei nach Sinatras Song *I did it my way*.

›

Siggi, der seit 6.30 Uhr auf den Beinen ist, sagt sich, dass er sich mit Sicherheit nie an die Brutalität des Weckens beim Militär gewöhnen wird. Eisige Dusche, exakte Rasur, einmal mit dem Kamm durch die Frisur. Untadelige Erscheinung, um nicht den Unwillen der Vorgesetzten auf sich zu lenken.

Anders als vorgestern verkündet der Oberst nicht, dass das Regiment die Wache am Brandenburger Tor verstärken wird. Siggi, der die Reise jedes Mal mitzumachen hat, beglückwünscht sich.

Im Hof trifft er auf Major Radeberg, der sichtlich besorgt wirkt. Der Politkommissar des Regiments, der gewöhnlich strikt auf die Einhaltung der Dienstordnung achtet, reagiert kaum auf den Gruß seines Untergebenen. Siggi erkundigt sich bei einem Unteroffizierskollegen:

»Heute schaut Radeberg aber belämmert drein!«

»Gerüchteweise ist zu hören, dass sie in der Nacht die Mauer geöffnet haben.«

»Unmöglich!«

»Doch, doch. Ein paar von den Jungs haben es im Radio gehört.«

Siggi überlegt einen Augenblick. Dann zieht ein Lächeln über sein Gesicht.

»He, aber wenn es keine Mauer mehr gibt ...«

»Genau, dann werden wir nicht mehr gebraucht!«

»Martin, bist du da? Mach auf!« Erregt trommelt ein Mann mit ausländischem Akzent an die Wohnungstür. Martin fällt es schwer, überhaupt die Augen aufzukriegen. Einen guten Teil der Nacht hat er damit zugebracht, die Aufrufe des Neuen Forums zu bearbeiten. Jetzt, wo die Organisation legalisiert worden ist, muss man schleunigst Büros, Material und

Freiwillige auftreiben. Bei Martin wächst sich das zur Obsession aus. Politik, das ist vor allem die Logistik, der Krieg mit anderen Mitteln. Vor allem gegenüber der SED, die ihnen nichts schenken wird, auch jetzt nicht.

»MARTIN! MARTIN!«

Dieser Idiot tritt noch die Tür ein. Der Krankenpfleger steht auf, zieht sich Jeans an und macht die Tür auf. Im Treppenhaus findet er drei Typen vor; einer hat eine Kamera mit der Aufschrift NOS auf der Schulter. Es ist das holländische Fernsehteam, das ihn vorigen Montag interviewt hat.

»Wir wollen von dir erfahren, was du von alledem hältst, was heute Nacht in Berlin passiert ist«, erklärt der Reporter.

»Was soll in Berlin passiert sein?«

»Du weißt schon, die Mauer!«

»Was ist mit der Mauer?«

»Also, die haben sie aufgemacht!«

Über Martin stürzt der Himmel ein. Die holländischen Journalisten hatten erwartet, er würde freudige Luftsprünge machen, doch er wirkt niedergeschlagen und verstört. Er bittet sie, später wiederzukommen. Ehe er im Namen des Neuen Forums Leipzig etwas sagt, möchte er nähere Informationen einholen.

Martin schlägt die Tür zu und bleibt kraftlos eine Weile auf einem Stuhl sitzen. Dabei müsste er doch glücklich sein. Schließlich setzt er sich seit Monaten für die Freiheit ein. Doch er merkt, dass ihn ein unerwartetes Gefühl der Frustration überfällt. »Klar musste sie aufgemacht werden. Aber nicht so schnell. Und nicht so! Nicht jetzt! Wir waren noch nicht dafür bereit!« So hat er all diese Wochen damit zugebracht, hinter der Zeit herzulaufen. Ohne sie je einzuholen.

Um sieben Uhr hat Egon Krenz zusammen mit Fritz Streletz, dem Generalstabschef der Volksarmee, in seinem Büro beim Zentralkomitee Platz genommen. Er hat die ganze Nacht kein Auge zugemacht. Am Abend zuvor ist er gegen 23 Uhr mit verwirrtem Ausdruck durch das Gebäude geirrt. »Aber was kann ich denn tun?«, hat er zwei verschreckte Mitglieder des Zentralkomitees gefragt, denen er in einem Flur begegnet ist.

Diesen Morgen wird er sich wieder fangen, das ist klar. Der Generalsekretär bittet Streletz, ein Eingreifkommando einzurichten, das die Lage wieder in den Griff bekommen soll. Insbesondere verlangt er, das Durcheinander am Brandenburger Tor zu beenden; dazu sollen die bewaffneten Kräfte alle aufhalten, die die Mauer von Westen her überklettern.

»Auf der Mauer tanzen Tausende herum. Einige springen auf das Gebiet der DDR. Das sind Grenzverletzungen. So etwas kann jeden Augenblick militärische Operationen auslösen.«

Als Egon Krenz zwei Stunden später das Plenum des Zentralkomitees eröffnet, entscheidet er sich dafür, die Ereignisse der Nacht zu übergehen. Als wäre nichts geschehen, nimmt der Staatschef die Debatte über das Aktionsprogramm der Partei wieder auf. Alle brennen darauf, mehr zu erfahren und zu verstehen, wie es zu einer solchen Katastrophe kommen konnte, aber keiner aus dem Saal wagt es, ums Wort zu bitten.

Gegen zehn Uhr kommt Streletz und flüstert ihm ein paar Worte ins Ohr. Er teilt mit, Kotschemassow habe bereits dreimal angerufen.

»Er sagt, Moskau sei wütend wegen der Mauer... Er verlangt Erklärungen von der Führung der SED und fordert, dass du sofort Gorbatschow anrufst.«

Egon Krenz weist den General an, ein Telegramm zu verfassen, das den Kreml beruhigen und vor allem die Öffnung der Grenzen als spontane Reaktion der Führung des Landes darstellen soll.

Die mit Krenz unterzeichnete Botschaft informiert den Sowjetführer, die Regierung der DDR habe zur Vermeidung schwerwiegender Folgen einer größeren Ansammlung von Menschen die Ausreise genehmigt. Streletz, eine Koryphäe der Tarnung, hat noch hinzugefügt, die Grundsätze des Viermächteabkommens seien nicht berührt, da es die Genehmigung über Ausreisen zu Verwandten nach Berlin (West) schon jetzt gebe.

Als Wjatscheslaw Kotschemassow erneut bei Egon Krenz anruft, wirkt der Diplomat erleichtert.

»Genosse Krenz, im Namen Gorbatschows und der gesamten sowjetischen Führung übermittle ich Ihnen und allen unseren deutschen Freunden unsere Glückwünsche für die mutige Initiative, die Mauer in Berlin geöffnet zu haben.«

Krenz ist zunächst sprachlos, dann stammelt er ein paar Dankesworte und legt auf. Wenn er denn mit Glückwünschen gerechnet hätte, dann ganz sicher nicht mit denen des Generalsekretärs der KPdSU!

Dieses Mal ist es nicht mehr möglich, die Dinge wieder in den Griff zu bekommen. Mit seinem Beifall verbietet ihm der Kreml jeden Rückgriff auf gewaltsame und autoritäre Maßnahmen. Zwei Eliteregimenter aus der Region Potsdam waren auf seine Anforderung hin in Alarmbereitschaft versetzt worden und bereit, die Mauer und die Grenzkontrollposten mit militärischen Mitteln wieder unter Kontrolle zu bringen. Doch was sollte das jetzt noch bringen?

Erst seit 22 Tagen steht er an der Spitze der SED, doch er fühlt sich älter und verbrauchter als Honecker nach 18 Jahren. Eine schlaflose Nacht nach der anderen, und die Angst, die ihn bei der Machtübernahme ergriffen hat, hat nie aufgehört, in seinem Inneren zu nagen. Seit dem 18. Oktober durchlebt er einen Albtraum: Ungeheure Demonstrationen, bei denen sein Name nur Schmähungen und Pfiffe hervorruft, sich überschlagende Reformen, die niemanden zufriedenstellen, eine aufsässige SED-Basis, Kohl, der ihm den Kopf unter Wasser drückt, und dann der letzte Dolchstoß aus Moskau! Der Kreml beantwortet die Nachricht vom Hinscheiden der Mauer mit Glückwünschen! Wahrhaftig, Michail Gorbatschow hat nicht die gleiche Vorstellung von Deutschland wie seine Vorgänger. Will er nach wie vor zwei deutsche Staaten? Sein nächtlicher Besucher in Moskau hat die Wahrheit gesagt, und Honecker hatte vielleicht nicht unrecht: Ja, Michail Sergejewitsch ist ein Zauberlehrling. Am Ende hat er die DDR liquidiert ...

In seinem Krankenzimmer im Park-Krankenhaus Leipzig erholt Christoph Wonneberger sich allmählich von seinem Schlaganfall. Sein physischer Zustand stellt die Mediziner zufrieden, doch er kann weiterhin nicht sprechen.

Als er an diesem Morgen aufwacht, sieht er die Bilder aus Berlin im Fernsehen. Ein Reporter spricht unmittelbar vor der Mauer. Hinter ihm passieren Autos voller euphorischer Mitfahrer den Checkpoint Charlie. Beim Durchfahren schreien sie ihre Freude in das Mikrofon, das ihnen der Journalist hinhält. Christoph Wonneberger wird unruhig. Schweigend deutet er mit dem Finger auf das Fernsehgerät, um die Krankenschwester, die ihm seine Medikamente bringt, darauf aufmerksam zu machen.

»Ja, ja, Herr Pastor. Die haben gestern Abend die Mauer aufgemacht.«

Sie schüttelt ihm kräftig die Hand. Die Augen des Pastors füllen sich mit Tränen.

Rudolf Seiters hat keine Zeit verloren. Nach einer schlaflosen Nacht hat er den amerikanischen, den britischen und den französischen Botschafter ins Kanzleramt gebeten. Wenn es um Berlin geht, muss die Bundesrepublik mit ihren wichtigsten Verbündeten reden.

Die drei Diplomaten treffen um 11.30 Uhr ein. Erst der Brite Christopher Mallaby, dann der Franzose Serge Boidevaix und schließlich der Amerikaner Vernon Walters. Man begrüßt sich herzlich, aber auch sorgenvoll.

Gleich zu Beginn gibt Seiters bekannt, dass der Kanzler seinen Terminplan umgestoßen hat. Er habe seinen Besuch in Polen abgebrochen und werde am Nachmittag an einem Treffen im Westberliner Rathaus Schöneberg teilnehmen. Außerdem wünsche der Kanzler, so schnell wie möglich mit François Mitterrand, Margaret Thatcher und George Bush sowie mit Michail Gorbatschow zu sprechen.

Der Kanzleramtsminister sagt, man müsse mit einer beispiellosen Flüchtlingswelle rechnen. Er fragt an, ob sie in Westberlin Unterkünfte zur Verfügung stellen könnten.

Vernon Walters hört nur halb zu; es hält ihn nicht mehr auf seinem Platz. Am Flughafen Köln/Bonn wartet ein Flugzeug auf ihn – sobald die Konferenz zu Ende ist, will er nach Berlin fliegen.

Unter strahlend blauem Himmel überfliegt Vernon Walters zwei Stunden später an Bord eines Hubschraubers der US-Armee die feiernde Stadt. Ungeheure Menschenmassen und nicht abreißende Autoschlangen treffen in wahren Engpässen zusammen. Man hat alle Übergänge von Ost nach West – selbst die seit Jahren gesperrten – geöffnet, doch das reicht nicht aus. Jetzt sind es nicht mehr die Partygänger der vergangenen Nacht, sondern ganze Familien, die die Mauer passieren. Das führt dazu, dass der Stillstand nach und nach alle wichtigen Verkehrsadern Berlins betrifft. Volkswagen und Mercedes mischen sich unter die Sturmflut aus qualmenden und knatternden Trabbis. Man könnte meinen, die ganz DDR habe sich in den Westen aufgemacht.

Vernon Walters macht große Augen. Er bittet den Piloten, einen bestimmten Punkt anzufliegen, dann den nächsten. Kreuzberg, Kurfürstendamm, Charlottenburg, Wedding, Schöneberg, Tiergarten: Die Stadtviertel Westberlins werden im Sturm genommen. Hunderttausende Besucher, die nur ein paar Hundert oder Tausend Meter entfernt gelebt hatten, können die für sie verbotene Stadt endlich erkunden. Der Botschafter genießt das Schauspiel in vollen Zügen – der Kalte Krieg ist gewonnen! 40 Jahre lang hat er auf diesen Augenblick gehofft und hingelebt.

»Test the West.« Mit dem Blick auf ihre Packung *West* bestätigt Marina den auf dem Zigarettenautomaten angebrachten Werbespruch.

Hier in der Sonne, wo sie nebeneinander auf einer Bank am Wittenbergplatz sitzen, spüren Marina und Katia nicht einmal die Müdigkeit, die sie einer schlaflosen Nacht verdanken. Sie haben getrunken, gesungen, getanzt. In jeder Kneipe, jeder Diskothek hat man die Ankömmlinge aus dem Osten als Helden empfangen, beglückwünscht, eingeladen, umarmt.

Ihr Schutzengel Markus kommt mit zwei Bechern Kaffee zurück, die er am Imbiss der U-Bahn-Station besorgt hat. In seiner Tasche steckt eine aktuelle Tageszeitung, die *BZ*. Der Herold der Berliner Schnauze verkündet in Balkenlettern: »Berlin ist wieder Berlin!«

»Los, los, ihr Zauberprinzessinnen«, sagt Markus. »Wir hauen ab, bevor meine Kutsche abgeschleppt wird.«

Auf dem Weg zu seinem Opel kommen sie an einem kleinen Supermarkt vorbei. Ein Angestellter ist gerade dabei, vor dem Laden die letzten Steigen mit dem täglichen Angebot an Obst und Gemüse auf die Gestelle zu legen. Die beiden junger Frauen geraten in Verzückung. Berge von Bananen, Ananas, Orangen in Hülle und Fülle – so viel davon haben sie noch nie auf einem Haufen gesehen. Wenn in der DDR ein Geschäft endlich seine Lieferung bekommt, bildet sich sofort eine Käuferschlange, und binnen fünf Minuten ist alles weg.

In der Auslage entdecken die beiden jungen Frauen jede Menge unbekannter Produkte.

»Markus, was ist das, diese braunen Dinger mit Pelz?«, fragt Katia.

»Kiwis, meine Hübschen.«

»Und das grüne, glänzende Zeug?«

»Avocados.«

Markus, den ihre Begeisterung amüsiert, geht in den Laden und wendet sich an den Verkäufer.

»Ich nehme alle Bananen, die Sie draußen habe.«

»Alle?«

»Ja, alle. Die bringen wir nach Ostberlin. Dazu nehme ich dann noch eine Ananas, ein Kilo Kiwis, drei Avocados und zwei Kilo Orangen.«

Markus verlässt den Laden mit zwei prall gefüllten Tüten, die er den jungen Frauen hinhält. Zusätzlich zu den Früchten hat er noch Schokolade und Pralinen gekauft.

Im Wedding öffnet Markus den Kofferraum und holt die Tüten heraus. Eine gibt er Marina. Das Gewicht ist fast zu viel für die junge Frau.

»Tut mir wirklich leid, aber ich habe euch so weit mitgenommen, wie es möglich war. Der Verkehr steht still. Es würde mindestens zwei Stunden dauern, euch bis zum Kiez am Prenzlauer Berg zu bringen, und ich muss zur Arbeit. Bei der Agentur werden sie sich schon fragen, wo ich abgeblieben bin. Von hier sind es 200 Meter bis zur Bornholmer Straße. Wenn ihr dort vorbeigeht, erwischt ihr die Tram.«

»Danke für den Supermarkt! Du kriegst das Geld, sobald wir ...«

»Vergiss es. Es war mir ein Vergnügen. Wir sehen uns wieder, jetzt, wo die Mauer offen ist. Du lädst mich auf eine sozialistische Currywurst ein. Tschüss, Mädels.«

Markus klemmt sich wieder hinters Steuer und versucht zu wenden – mitten im Chaos der im Schritttempo rollenden ostdeutschen Autos, die den Anliegern ihre stinkenden Zweitaktfahnen um die Nase wehen lassen und dafür mit Beifall belohnt werden. Keiner beschwert sich. Alle haben sich lieb an diesem Morgen. In allen Autos sieht man nichts als strahlendes Lächeln und Freudentränen.

Die ersten »Ausflügler« kehren in die DDR zurück. Auf den überfüllten Bürgersteigen erkennt man sie daran, dass sie schwer an ihren ersten Einkäufen im Westen zu schleppen haben. Seit dem Morgen werden die Banken und Sparkassen gestürmt – sie bieten jedem ostdeutschen Bürger, der sich an einem ihrer Schalter meldet, 100 D-Mark Begrüßungsgeld. Das Geld war allzu schnell ausgegeben ... und vor allem in Bananen investiert! Aber die Einkaufstüten quellen auch über von einem unwahrscheinlichen Mischmasch aus Schnickschnack jeder Art. Die einen haben einen Staubsauger erbeutet, andere einen Haartrockner. Eine Mutter hat für ihre Töchter drei Barbie-Puppen erstanden. Ihr Gatte stolziert mit zwei Stangen Marlboro unter dem Arm und Großpackungen mit Coca-Cola-Dosen einher.

In der Umgebung des Grenzpostens Bornholmer Straße geht es drunter und drüber. Die Brücke ist zu schmal und kann nicht gleichzeitig von allen passiert werden. Doch es gibt keinen, der die Ellenbogen einsetzen würde. Nach ihrem ersten Besuch in Westberlin sind die Leute friedlich und berichten einander von ihren Erfahrungen. Man tauscht sich über die Eindrücke von KaDeWe, Kudamm, Europacenter, Mercedes-Händlern, Elektromärkten, Möbelhäusern, Bekleidungshäusern und Spielzeuggeschäften aus. Sie haben die Schatzhöhle Ali Babas besucht. »Und die Bullen sind höflich und behandeln einen nicht wie einen Hund, das ist mal was anderes als mit den Vopos!«, merkt ein kleiner Mann mit Mütze an, und alle pflichten ihm bei.

Schritt für Schritt kommen die beiden jungen Frauen zum Grenzposten voran. Trotz der Befehle des Generalstabs haben die Wachsoldaten die Kontrollen nicht wieder aufgenommen. Manche gestehen den Passanten, sie würden sich gerne Zivilkleidung anziehen und mit ihnen den Westen besuchen. An der Bornholmer Straße ist der Stau noch beeindruckender als am Vortag.

Ein junger Autofahrer streckt den Kopf aus dem Fenster seines Wartburgs und spricht Marina an.

»Na, wie ist es so auf der anderen Seite?«

»Besser, als du dir hast träumen lassen!«

EPILOG

Berlin, Samstag, 11. November 1989

Ein von Paris kommender Privatjet landet auf dem Flughafen Tegel. Der einzige Passagier ist Mstislaw Rostropowitsch. Während der Cellist, geblendet von der Sonne Berlins, die wenigen Stufen auf das Vorfeld hinabsteigt, hält er sein kostbares Instrument fest an sich gepresst.

Tags zuvor hat er in seiner Wohnung an der Pariser Avenue Georges Mandel nicht mehr stillsitzen können. In seinem Salon, dessen Vorhänge mit den Wappen der Romanoffs bestickt sind, hat er den Fernseher nicht aus den Augen gelassen. Stundenlang hat er sich alle Sondersendungen über den Fall der Mauer angesehen. Das Schauspiel dieses Volkes, das nach so vielen Jahren kommunistischer Tyrannei die Freiheit wiederentdeckt, hat ihn zutiefst erschüttert.

Sein Freund, der Industrielle Antoine Riboud, hat ihn am Morgen angerufen, um diesen historischen Augenblick mit ihm zu teilen. Dabei hat ihm der Musiker anvertraut, wie sehr er es bedauere, nicht an der Seite der Berliner gewesen zu sein.

»Wollen Sie nach Berlin?«, hat Riboud ihn gefragt.

»Das würde ich liebend gern.«

»Ich stelle Ihnen mein Privatflugzeug zur Verfügung; Sie fliegen morgen am Vormittag.«

332

Vor dem Flughafen Tegel zwängt der Musiker sich in ein Taxi.

»Fahren Sie mich zur Mauer«, sagt er zu dem Fahrer.

»Die Mauer? Die Mauer! Da sind Sie immer richtig, alle wollen zur Mauer! Aber wohin an der Mauer? Die ist nämlich lang, die Mauer, werter Herr!«

»Wohin Sie wollen, fahren Sie mich an eine Stelle, wo viele Menschen in den Westen herüberkommen.«

Der Fahrer schlägt die Richtung zum Checkpoint Charlie ein. Während sie durch Charlottenburg fahren, verlangt Mstislaw Rostropowitsch plötzlich, er solle sofort anhalten und einen Augenblick warten. Der Musiker geht zu einer Dame auf dem Bürgersteig und spricht sie an:

»Guten Tag, Madame, ich bin der Cellist Rostropowitsch. Ich bin auf dem Weg, um vor der Mauer zu spielen, aber ich habe keinen Stuhl dabei. Könnten Sie einen für mich besorgen, bitte?«

Angesichts der zwei verrückten Tage, die sie erlebt hat, wundert sich die Berlinerin nur wenig über die Bitte und verschwindet in einem Haus in der Nähe. Ein paar Minuten später kommt sie strahlend wieder – wie eine Trophäe schwenkt sie einen alten ramponierten Bürostuhl, der mit Stoff bezogen ist. Der Konzertmusiker bedankt sich überschwänglich, als hätte sie ihm eine Kostbarkeit überreicht; den Sessel verstaut er schlecht und recht im Kofferraum des Taxis, dann fährt er weiter.

Als er in der Nähe der Mauer ist, hört Mstislaw Rostropowitsch das Hämmern der Mauerspechte, die mit Meißeln und Hämmern über den Beton herfallen. Die Polizei im Osten wie im Westen sieht lächelnd zu, ohne einzugreifen.

Der durch sein Instrument und den Sessel behinderte Cellist bahnt sich einen Weg durch die Menge und bleibt am

Fuß des Sperrwalls stehen – etwa hundert Meter vom Checkpoint Charlie entfernt und genau vor einer der hölzernen Plattformen, die der Berliner Senat hat errichten lassen, damit die Leute auf die andere Seite schauen können. Zunächst beginnt er, in aller Ruhe sein Cello zu stimmen, dann setzt er sich vor eine riesige Micky Maus, die ein Sprayer auf die Mauer gesprüht hat. Allmählich verstummen die Menschen; sie gehen ein wenig auf Abstand und bilden einen Ring um den Künstler. Journalisten richten ihre Kameras auf ihn.

An diesem Ort, in diesem Augenblick, kann er nur Bach spielen. Natürlich deswegen, weil Bach ein Deutscher war. Und weil er an der Orgel der Thomaskirche in Leipzig, wo alles begonnen hat, seine Zuhörer verzaubert hat.

Auf einmal schweben die Töne der ersten Suite für Violoncello über der Mauer, als sollte so die Schande abgewaschen werden. Der Dissident aus Russland spielt hier den Begräbnismarsch für den Mauerring aus Stahlbeton. Er spielt für die um ihn versammelten unbekannten Menschen, die ihren Augen und Ohren nicht trauen wollen. Ihnen allen gibt er ein Morgenständchen, hier, in aller Öffentlichkeit. Um jene zu würdigen, die gestorben sind, niedergemacht von den Grenzposten. Um denen zu danken, die es unter Lebensgefahr gewagt haben, »Wir sind das Volk!« zu schreien und die Mauer niederzureißen.

Ehrhart Neubert
Unsere Revolution

Die Geschichte der Jahre 1989/90.
520 Seiten mit 16 Seiten s/w-Bildteil. Gebunden

Die friedliche Revolution 1988 bis 1990 und die Wiedervereinigung sind einzigartig – ebenso unwahrscheinlich in
ihrem Verlauf wie in der Schnelligkeit und Wucht, mit der sie
die Richtung der Weltgeschichte änderten. Zwanzig Jahre
später unternimmt es Ehrhart Neubert zum ersten Mal, eine
Gesamtdarstellung zu schreiben. Als Mithandelnder am
Runden Tisch damals und Wissenschaftler heute vermag er
das vielschichtige Geschehen nicht nur aus erster Hand zu
erzählen, sondern es auch zu deuten und zu strukturieren.
So kann er zeigen, wie der eine historische Augenblick
möglich wurde, in dem sich die deutsche Revolution von
unten entfalten, eine buchstäblich betonierte Herrschaft
stürzen und die Weltpolitik verändern konnte.

01/1812/01/L